이 한 권으로 누구나 할 수 있는!

새로운 이탈리아 요리

[수정 제2판]

NEW ITALIAN COOK BOOK

지구문화사
JIGU PUBLISHING Co.

머리말

경제성장과 국민소득 향상에 따라 사회 환경과 생활양식이 변화하여 행복한 삶의 질에 대한 관심과 건강에 대한 욕구가 증가하고 있습니다.

우리가 음식을 먹을 때 누구와, 어디에서 먹느냐에 따라 흥미와 맛은 달라집니다. 음식을 만들 때에는 정성껏 만들어 좋은 사람들과 함께 즐기는 것은 행복이며, 그 기쁨은 훨씬 늘어나기 마련입니다.

음식은 단순히 배를 채우고 육체의 활동 기능을 하는 것뿐 아니라, 한 문화가 자신의 가치관을 표현하고 그것을 다른 문화와 나누기 위해 발전시킨 문화적 가치입니다. 그러하기에 한 나라의 문화와 그 나라의 요리는 더욱더 밀접한 관계를 형성하고 있습니다.

이탈리아는 고대와 르네상스를 거치며 꽃을 피운 곳으로, 도시 자체가 하나의 예술 작품이라 일컬을 수 있습니다. 또한 지중해 가운데에 위치하여 서양 문화의 중심으로 발전해 온 장소이기도 합니다. 이처럼 이탈리아는 유럽 문명과 정신의 중심지로 시대를 불문하고 사람들을 매혹시키는 특유의 매력이 있습니다.

이처럼 다양한 매력이 있는 곳이자 서양의 중심지로서 음식 문화 또한 다채롭게 발달한 이탈리아의 요리를 한 번에 모두 소개하기란 쉬운 일이 아닙니다. 이 책에서는 이탈리아 요리의 최대한 많은 부분을 다루고자 노력하였고,

제1부는 이탈리아의 환경과 식문화의 소개로

제1장 이탈리아의 요리와 식문화

제2장 채소류 및 식재료

제3장 허브와 향신료,

제2부는 이탈리아요리 만들기 준비과정으로

제4장 치즈의 종류와 관리

제5장 파스타반죽 만들기

제6장 소스의 종류와 만들기

제3부에서는 식전음식(Aperetvo)

제4부에서는 전채요리(Antipasti)

제5부에서는 샐러드(Insalata)

제6부에서는 수 프(Suppa)

제7부에서는 파스타(Pasta)

제8부에서는 리조토(Risotto) & 피자(Pizza)

제9부는 육류 및 가금류(Came on Pollame) 요리

제10부는 생선(Pesce) 요리

제11부는 디저트(Dolce)

부록으로 이탈리아 요리를 전공하는 학생들이나 조리사들에게 필수적인 이탈리아 조리 전문용어를 실었습니다.

저자가 호텔현장에서 경험했던 부분과 오랜 시간 동안 준비하고 정리하여 만들었으나 미흡하고 부족한 부분이 많이 있으리라 사료됩니다.

앞으로 부족한 부분은 선, 후배님들의 조언을 받아 수정 보완하여 더 좋은 책이 될 수 있도록 노력하겠으며, 이 책이 나오기까지 많은 도움을 주신 선, 후배님들과 출판을 맡아주신 지구문화사 사장님 이하 모든 분들의 노고에 진심으로 감사드립니다.

정유년 봄에

대표 저자

차 례

Contents

Part II 이탈리아 요리 준비과정

차 례

Part III 식전 음식 (Aperetivo)

Part IV 전채요리 (Antipasti)

Contents

Part V 샐러드 (Insalata)

차 례

Part VI 수 프 (Suppa)

Contents

Part VII 파스타 (Pasta)

차 례

Part VIII 리조또(Risotto) & 피자(Pizza)

Part IX 육류 및 가금류(Carne on Pollame) 요리

Part X 생선 (Pesce) 요리

차 례

Part XI 디저트 (Dolce)

Part I

이탈리아의 환경과 식문화

1. 이탈리아 요리와 식문화
2. 이탈리아 요리 식재료
3. 허브 및 향신료

Chapter 1

이탈리아 요리와 식문화

1. 이탈리아 요리와 환경

이탈리아는 지형적으로 지중해와 접해 있는 남유럽의 반도 국가로서 삼면이 바다로 둘러싸여 있다. 날씨는 지중해성 기후이므로 여름에는 매우 덥고 건조하며, 겨울에는 습도가 높은 온대기후가 형성되어 있다.

이탈리아 영토는 우리나라 남북한 전체 면적의 약 1.5배이며, 북쪽으로는 알프스 산맥, 프랑스, 오스트리아, 스위스, 크로아티아 및 슬로베니아와 경계로 이루어져 있다. 문화적으로는 독일과 영국 및 프랑스의 영향을 받기도 했으나 스페인과 함께 라틴 문화의 종주국으로 알려져 있다.

이탈리아 요리는 정치적 · 종교적 · 이념적인 차원에서 오랜 세월 동안 세계 음식문화의 중심지로 인정받아 오던 과거의 중요한 흔적들을 간직하고 있다. 유럽 국가들 중에서도 오랫동안 수많은 자치 도시들과 지역 국가로 분열되어 있었던 이탈리아는 복잡한 역사와 자연환경으로 인하여 다양한 음식문화를 꽃피울 수 있었다. 반도 국가도시의 지형적인 특징과 지중해성 기후의 혜택은 이러한 환경을 뒷받침하고 있으며, 게다가 반도인의 창조성은 그 지역의 문화 전통을 훌륭하게 발전시키고 보전해 왔다.

주로 생산되는 농작물은 농지에서는 밀, 보리, 옥수수, 쌀 등이며 산이 많아 목축지로 이용됨으로써 축산업이 발달되어 있다. 그 밖의 주요 생산 농작물은 감자, 포도, 올리브, 오렌지 등이라고 할 수 있다. 특히 남부 지방에서 생산되는 밀은 유명한 파스타의 원료로 사용되고 있으며 쌀이나 밀 등의 식량자원은 북부지방에서 많이 생산된다.

뿐만 아니라 산악지대는 물론, 삼면이 바다로 둘러싸여 있어서 해산물을 쉽게 구할 수 있으며, 발달된 축산기술로 소, 말, 돼지 등을 키움으로써 육류와 우유, 치즈 등을 주로 생산해 왔다. 이와같이 여러 지역에서 생산되는 식재료를 이용함으로써 신선함과 각 지역의 전통적인 요리방식을 고집해 왔다. 이탈리아 요리를 넓게 보면 지중해식 요리라고 할 수 있지만, 유럽 대륙 요리와 지중해식 요리가 공존하고 있으며 그 차이점은 재료에서 찾을 수 있다.

유럽의 요리는 육류와 동물성 지방을 기본 바탕으로 두고 소고기와 버터를 주재료로 만든 음식이 많은 반면, 지중해식 요리는 생선과 올리브 오일이 기본 바탕이 되는 음식이 많아서 의외로 많은 양의 지방을 섭취하게 된다. 그러나 이는 지방의 대부분을 올리브유로 섭취하는 것이므로 동물성 지방을 균형있게 조절해 준다. 올리브유는 혈액 내의 콜레스테롤 수치를 낮추는 역할을 하기도 한다.

대표적인 요리는 '파스타(Pasta)'이고, 각 지방마다 다른 방식의 조리법이 있으며 그 중 유명한 파스타는 미트 소스를 곁들인 생 파스타이다. 수프 대신에 소스를 곁들인 파스타(Pasta)를 먹는 것이 특징이며, 가장 즐겨먹는 음식이기도 하다.

이탈리아 사람들은 음식에 대한 애정이 남달라 요리를 하거나 식사를 하는 동안에는 그에 해당하는 식재료와 시간을 아낌없이 쓰는 편이어서 요리에 대한 자부심이 매우 강하다. 해산물이나 육류 등과 토마토를 이용해 만든 소스까지 각 지방에서 만든 요리들은 우리 식탁의 건강을 지켜 준다. 그리고 현대에 이르러서도 이탈리아 요리가 세계인의 입맛을 사로잡은 이유는 요리에 대한 끊임없는 노력과 전통을 유지하고 좋은 식재료를 사용하여 건강까지 생각한 요리를 만들기 때문이다.

2. 이탈리아 요리의 역사

(1) 로마시대

이탈리아 요리의 역사는 고대 그리스 때부터 전해져 내려왔다. 그리스의 문화와 예술을 이어받아서 이를 대중화한 것이 '만냐 그레챠(Magna Grecia)'이며 에스투리아인에서부터 시작되었다.

이 시대에 일반적으로 먹던 음식 중 하나가 '폴렌타(Polenta)'로 옥수수가루 또는 보리로 만든 죽 형태의 전통적인 음식이다. 대부분 식사는 돼지고기, 절인 생선, 병아리 콩, 올리브, 피클, 말린 과일 등으로 간단하게 먹었다.

중세까지 로마인들과 그리스인들은 사회 전반에 성립된 질서 체계를 엄격히 따르며 검소한 식사를 하였다. 하루에 2번의 식사를 하였는데, 원래는 아침 식사를 하지 않고 '프란디움(Prandium)'이라고 일컫는 점심과 저녁을 먹는 습관이 있었지만, 점차 아침 식사의 관습이 도입되면서 포도와 같은 과일, 올리브, 우유, 와인을 곁들인 빵을 먹기 시작하였다.

점심 식사는 애피타이저로 쉽게 먹을 수 있는 차갑게 식힌 고기나 파스타를 먹었으며, 저녁 식사는 정찬으로 돼지고기나 송아지고기 등 육류나 생선, 해산물로 만든 요리를 메인 요리로 하여 따듯한 음식과 와인, 그리고 디저트로는 꿀을 곁들인 과자나 신선한 과일을 먹는 순서로 긴 시간에 걸쳐서 식사를 하였다.

(2) 중세시대

중세시대에는 로마제국이 분열되면서 다른 국가에 의해 침입을 받았고, 점차 다른 나라의 영향을 받은 요리들이 나타나기 시작하였다. 그 중 베네치아와 밀라노가 가장 특색 있고 진한 맛을 내는 요리를 발달시켰다. 로마시대에는 풍부한 고기 · 오븐에 구운 빵 · 속을 채운 과자류가 대표적이었다. 그 반면에 중세시대에는 농업이 발달하여 곡물과 채소 그리고 쌀이 풍부하였고, 버터나 치즈 등의 유제품이 많이 생산되었으며 이것이 이탈리아인의 주식이 되었다.

11세기에는 이탈리아를 포함한 서유럽의 여러 지역에서 농업혁명이 일어나 상업과 사회적인 활동이 함께 시작되면서 쌀이나 밀을 비롯한 곡물 등의 생산이 급격히 증가하여 경제적으로 성장하였다. 그러나 일부 농민들만 재산을 축적하였고 대부분의 농민들은 옥수수가루와 보리로 만든 '폴렌타(Polenta)' 죽이나 밀을 제외한 다른 곡물을 먹었다.

중세 초기만 하여도 이미 향료의 거래는 있었지만, 십자군 원정으로 의약품과 요리에 대한 수요가 증가하자 무역활동이 활발히 진행되면서 향료는 비싼 가격임에도 불구하고 육류나 생선에 첨가함으로써 장시간 보존할 수 있다는 점과 음식의 맛을 더욱 높일 수 있다는 점에서 매우 유용했다.

무역으로 인해 다양한 나라의 상품들이 이탈리아에 유입되는 중에 북부지역에 널리 퍼진 옥수수(Maize)로 만든 폴렌타(Polenta)가 일반적인 음식인 죽의 기초가 되었다. 이 시기에 파스타(Pasta)는 이탈리아의 대표 음식이 되었고, 가장 보편적인 파스타가 바로 마카로니였다.

이때 만들어진 마카로니는 밀가루, 치즈, 버터로 만든 투박한 음식으로 물에 익히거나 기름에 튀긴 후에 채소 및 육류와 곁들여 요리한 것을 일컬었다.

(3) 르네상스 시대

14~15세기경에 이탈리아는 다른 유럽 국가보다 먼저 다양한 요리법을 이용하여 향료를 즐겨 사용했으며, 일반 가정에서는 설치하기 힘든 커다란 화덕을 이용해 요리를 만들었다. 대량으로 요리를 만들기 시작하면서 주로 도시민을 상대로 판매하는 전문 음식점이 생겨났다.

이 때가 이탈리아 음식이 가장 풍요로운 시기이며 이전 시대의 요리를 바탕으로 요리법을 개발하여 다양한 요리와 음식이 더욱 풍성해졌고, 르네상스 시대에는 농민계층과 지배계층 사이에서의 변화가 두드러지게 나타났다. 궁정의 연회는 거대하고 세련되었으며, 일반 농민들은 수프, 죽, 옥수수, 감자, 병아리콩, 렌즈콩, 치즈, 양고기 등 수수한 음식을 먹었다.

17~19세기경 프랑스의 영향을 받아서 맑은 수프(Consimme)와, 다임(Thyme)을 첨가해 만든 소스, 퓌레(Puree) 디저트 등이 식문화에 커다란 변화를 주었다. 새로운 요리법이나 식재료로 인해 더 세련되며 풍부한 요리가 늘어남으로써 모든 공식적인 행사에는 식전 요리, 전채요리, 디저트 등 코스 요리가 생겨나기 시작했다. 그리고 음료로는 영국에서 들어온 차와 커피가 알려지기 시작하면서 레스토랑이나 카페의 가장 인기 있는 음료가 되었다.

(4) 21세기 이후의 요리

21세기 현재에 이르러서도 이탈리아 요리는 현대인들의 입맛을 돋우고 있다. 그 이유는 급변하는 사회에서도 음식에 대한 개발과 보관방법의 변화에 능숙하게 대처해 왔으며, 식재료의 본 맛을 없애지 않고 신선함을 유지하는 새로운 조리법을 개발해 오고 있다. 여전히 이탈리아인들은 이탈리아의 전통 음식을 지키려는 노력과 본연의 맛을 되찾기 위해 끊임없이 노력하고 있다.

그래서 이탈리아 요리는, 현대 사회에서 빠르고 쉽게 먹을 수 있는 인스턴트 음식에 익숙한 우리에게 자연 그대로의 맛을 전해주며 건강을 지켜주는 음식이다.

3. 이탈리아 요리와 지역적 환경

(1) 북부지역의 요리

북부지역의 요리는 프랑스와 스위스의 영향을 많이 받아서 음식의 맛이 강하며, 북부의 대표적인 요리로는 옥수수를 이용한 폴렌타와 쌀을 이용한 리조또가 유명하다. 폴렌타(Polenta)는 파스타라고 할 수는 없지만, 북부의 대표적인 음식으로 옥수수 가루와 물을 끓여서 만든 죽이며 빵 대신 먹는 음식으로 주로 북부의 가난한 사람들의 주식이었다.

이 지역의 대표적인 리조또로는 밀라노풍 리조또와 피에몬떼풍 리조또가 있다. 북부에서는 집약적 농사가 이루어지며 중 · 소 농업을 중심으로 직접 경작하는 자영농업의 문화가 자리 잡았으며 2차 세계대전 이후에는 기업농업화가 이루어짐으로써 높은 생산성을 올리고 있다. 북부지역 요리는 아드리아해에서 잡히는 게 · 정어리 · 뱀장어 등을 비롯하여 알프스에서 잡히는 송어 등을 이용한 생선요리가 있으며, 육류요리로는 밀라노풍의 뼈가 붙은 송아지 다리를 백포도주로 조리한 것과 쇠고기를 이용한 포도주 찜, 소 내장을 이용한 요리, 카레, 달팽이, 소시지 등이 있다.

① 프리울리 베네치아 줄리아 지역(Regione Friuli–Venezia Giulia)

이탈리아의 북동부에 위치하였으며 슬로베니아 및 오스트리아와 국경을 맞대고 있어서 문화적 교류와 영향을 받았다. 베네치아는 비잔틴의 지배를 받으면서 해상무역의 본거지로 성장하여 7세기 말에는 무역의 중심지가 되었고, 10세기 말에는 동부 지중해 지역과의 무역으로 이탈리아에서 가장 부강한 도시로 성장하여 한때는 지중해 전역에 세력을 떨쳤던 해상 공화국의 요지였다. 프리울리 지역의 식사는 주로 수프나 폴렌타를 주식으로 한다. '사워크라우트(Sauerkraut)'라고 하는 소금에 절인 양배추와 완두콩, 베이컨, 양파, 허브 등을 끓여 만든 수프 또는 폴렌타에 우유, 베이컨, 양파, 허브 등을 넣은 전통 수프를 먹는다.

산 다니엘레 마을의 전통 음식으로 '프로슈토 디 산 다니엘레(Procciutto di San Daniele)'라는 소금에 절인 햄이 유명하다. 몬타시오 치즈(Montasio Cheese)'라고 불리는 수분 함량이 적고 단단한 경질 치즈도 있다.

카르니아(Carnia) 지역에는 '찰촌스(Cialzons)'라고 하는 반달 모양의 파스타와 전통적인 '라비올리(Ravioli)'가 있다. 밀가루를 반죽하여 속을 고기, 세이지, 시금치, 허브 등으로 채워 만든다.

그리고 밀가루 반죽을 하여 속을 달콤한 자두로 채워서 만든 '뇨끼(Gnocchi)'도 유명하다.

② 에밀리아로마냐 지역 (Emilia–Romagna)

풍부한 양질의 토양을 갖고 있으므로 농업뿐만 아니라 낙농업도 활발한 지역이다. 밀, 옥수수 등과 버터, 치즈 고기 등을 얻을 수 있어서 다양한 요리가 만들어졌다. 에밀리아로마냐 지역은 이탈리아에서도 미식의 도시로서 서쪽에는 에밀리아 그리고 로마냐로 나누어지며 좋은 음식을 먹는 것을 최고라고 생각하는 이 지역 사람들은 먹거리를 매우 중요시한다.

이 지역 음식은 곳곳마다 특색 있는 전통 요리로 만들어졌으며 음식이 섬세하고 깔끔하여 대부분 사람들의 입맛에 맞는다. 그 중 에밀리아로마냐 지역에 속해 있는 볼로냐에서는 달걀이 들어간 파스타가 유명한데, 밀가루와 달걀 등을 반죽하여 반달 모양으로 만든 후에 양끝을 붙여서 만두 모양의 '토르텔리니(Tortellini)'라고 하는 파스타이다. 밀가루 반죽을 하여 데친 시금치, 리코타 치즈, 모짜렐라 치즈 등을 넣어 속을 채워서 파르데산 치즈와 달걀을 둘러서 만든다. 소스는 주로 바질 페스토(Basil Pesto)나 크림 소스 등을 얹어 먹는다.

'그라미냐(Gramigna)'라는 파스타는 꼬불꼬불한 면 중간에 구멍을 뚫은 것으로 이처럼 짧은 면을 이용한 파스타도 유명하며, '라자냐 알라 볼로네세(Lasagne alla Bolognese)'는 밀가루 반죽을 얇게 직사각형으로 밀어서 반죽과 파마산 치즈 및 고기와 전통 소스인 '라구(Ragu)'를 넣고 겹겹이 쌓은 후에 모짜렐라 치즈를 뿌리고 오븐에 구운 파스타이다. '라구'는 잘게 썬 고기와 토마토를 넣고 만든 고기 소스를 일컫는다.

③ 리구리아 지역 (Regione Liguria)

이탈리아의 대표적인 서쪽 해안 도시이며 주식은 '포카치아(Focaccia)'라고 불리는 빵으로 서민들이 즐겨 먹는데, 밀가루 반죽에 올리브 오일, 소금, 향신료 등을 넣어서 오븐에 구워 만든다.

리구리아주의 수도인 제노바에는 전통적인 파스타가 유명하며, 그 중 '트레네테(Trenette)'는 달걀을 넣지 않고 반죽하여 페스토 소스와 함께 먹는다. 달걀을 넣지 않는 이유는 리구리아 사람들이 검소하여 달걀을 조금만 사용하는 이유도 있지만, 달걀을 사용한 파스타보다 그냥 반죽한 파스타가 맛이 좋기 때문이다.

바다에서 생산되는 다양한 종류의 생선 해산물요리는 다른 지역과 차별화되어 부야베이스(Bouilobasse)식의 생선 수프가 유명하다.

제노바 사람들은 이탈리아식 사각형 만두로 불리는 '라비올리(Ravioli)'를 삶아서 토마토 소스를 얹어 먹는데, 라비올리는 밀가루, 달걀, 소금 등을 반죽하여 얇게 민 다음에 사각형으로 잘라 다진 쇠고기와 리코타 치즈를 섞어 넣은 후, 데쳐서 소스를 뿌려 먹는다. 속재료는 생선, 채소, 허브 등을 넣어 만들 수 있다. 토마토 소스는 마늘, 토마토, 버터, 마조람 등의 향신료를 첨가해 만든다.

④ 피에몬테 지역 (Regione Piemonte)

알프스 산맥과 포 계곡 사이에 위치하여 자연적 · 생태적으로 풍부한 먹거리가 생산되었으며 낙농업이 발달하면서 치즈나 버터 등의 주요 생산 · 공급처가 되었다. 환경적으로 산과 물이 풍부해 이 지역에서는 자연에서 구한 식재료를 이용하여 재료 본연의 맛을 중시한 조리법이 사용되었다. 그리고 이탈리아 지역 중 다양한 요리와 전통 요리가 발달한 곳 중의 하나이다.

이탈리아 최고의 쌀 생산지로서 파스타를 주식으로 먹지만, 파스타보다는 쌀과 버터 및 치즈 등을 넣어 우유나 크림을 첨가해 만든 '리조또(Risotto)'가 유명하다. 그리고 버터, 우유, 달걀노른자와 치즈를 중탕하여 녹여 빵이나 햄을 찍어 먹는 스위스의 '퐁듀(Fondue)'와 비슷한 '폰두타(Fonduta)'라는 음식도 있다.

'바냐 카우다(Bagna càuda)'는 이탈리아어로 '뜨거운 소스'라는 뜻으로 찍어 먹는 소스이다. 재료는 앤초비, 마늘, 올리브유, 버터 등을 넣어 요리하여 따듯하게 데워 먹는다. 다른 요리로는 라비올리의 일종으로 밀가루 반죽을 평평하게 하여 가운데에 고기와 채소 및 치즈 등으로 속을 채워 만든 '아뇰로티(Agnolotti)'라고 불리는 파스타가 유명하다.

모양새는 만두와 비슷한 형태이며 처음 만들어졌을 때는 육류보다는 채소와 치즈를 넣어서 소스를 얹어 먹는 형태였다. 그리고 자연에서 재배한 '트뤼프(Truffe)'라 불리는 송로버섯을 이용한 파스타 요리로는 '타야린 알 트뤼프(Tajarin ai Truffe)'와 '탈리에리니(Taglierini)'라는 리본 모양의 파스타 면을 버터에 볶아서 슬라이스한 트뤼프를 파르메산 치즈와 함께 얹어 먹는 요리가 있다. 트뤼프의 특성상 고급 식재료에 해당하며 향이 강해 소량을 파스타나 스테이크 위에 얹어 먹는다.

⑤ 베네토 지역 (Regione del Veneto)

전통적으로 만들어지고 있는 '비골리(Bigoli)'라고 불리는 베네토 전통 파스타가 있다. 비골리는 길고 튜브와 같은 형태로 생겼으며, 메밀을 주재료로 사용하여 만든다. 이 지역 사람들은 가정에서 직접 손으로 만들었으며 현재에 와서는 메밀보다는 듀럼 밀(Durum wheat)을 사용하게 되었다. 비골리는 밀가루에 물, 달걀, 우유, 버터 등을 반죽하여 만들며, 베네치아 지역의 정어리로 만든 소스를 곁들인다. 다른 지역에서는 정어리 대신에 안초비(Anchovy)를 쓰기도 한다.

베네토의 또 다른 파스타로 '탈리아텔레(tagliatelle)'라는 납작하고 긴 파스타와 파 '파르델레(pappardelle)'라는 납작한 리본 형태가 있다. 거위고기는 파스타와 함께 먹는 요리 중 하나인데, 3개월 정도 거위고기를 숙성시켜 적당한 크기로 잘라서 파스타와 함께 곁들여 먹으면 풍미가 상당한 파스타가 된다.

이탈리아의 롬바르디아주는 리조또(Risotto)와 수프가 유명한데, 리조또는 우리가 흔히 알고 있는 리조또와 동일하다. 롬바르디아주는 쌀이 풍부한 지역으로 쌀을 주재료로 사용한 음식이 많으며, 이 주에 위치한 베르가모(Bergamo) 지역에서는 '카손세이(casonsel)'라는 파스타가 유명하다. 그리고 낙농업이 발달하여 치즈와 같은 유제품의 생산이 활발하여, 버터나 치즈의 생산량이 많기 때문에 리조또나 수프를 만들 때 많이 사용되었다. 리조또의 종류로는 '레시에비시(resi e bisi)'라고 불리는 쌀과 완두콩을 주재료로 만든 것이 유명하며 이뿐만 아니라 해산물과 채소 등 다양한 식재료를 사용해 만들었다.

(2) 중부지역의 요리

중부지역은 토스카나, 움브리아, 사르데냐, 라치오, 아브루초 등 7개 주로 분류되어 있다. 로마와 피렌체가 대표적인 중심 도시이다. 이곳의 음식은 진한 맛과 강한 소스를 사용하며 대표적인 스파게티는 '까르보나라'가 유명하다. 피렌체를 중심으로 한 토스카나(Toscana) 지역에서는 콩을 주재료로 한 요리가 많고, 로마에는 다양한 파스타 요리가 유명하며, 그 중에 '뇨끼(Gnocchi)'라고 불리는 파스타가 있는데 북부지역과 달리 버터와 치즈, 삶은 감자, 달걀을 넣어 버무린 수제비 모양의 파스타이다.

① 움브리아 지역 (Regione Umbria)

움브리아는 이탈리아 중부에 있는 지역으로 산지와 계곡이 있으며 조용하고 전원적인 지역이다.

숲과 산지, 비옥한 토지가 있어 농업과 자연재배가 가능하여 다양한 요리가 발달하였다. 이 지역에서는 트뤼프(Truffe)와 송어 및 렌즈 모양의 콩으로 단백질이 풍부한 렌틸 콩(Lentil Bean)이나 올리브 등이 생산되고 있다.

움브리아의 전통 파스타 요리로는 '치리올레(Ciriole)'라는 파스타가 있는데 스파게티 면보다는 두꺼운 사각형 모양으로 롱 파스타에 속한다. '피치(Pici)'는 스파게티 면보다 살짝 굵고 밀가루 반죽을 길고 두껍게 민 다음에 손으로 말아서 만든다.

스폴레토(Spoleto)의 대표 요리인 '스트린고치(Stringozzi)'는 이탈리아어로 '신발끈'이라는 의미를 가졌으며 면이 길고 사각형 모양의 밀반죽을 손으로 반죽한 파스타로 고기, 트뤼프와 향신료, 토마토 소스를 이용해 만든다.

② 토스카나 지역 (Toscana)

이탈리아 북쪽의 플로렌스와 남쪽의 로마 사이에 위치한 토스카나는 르네상스의 중심 도시이다. 이곳은 이탈리아 반도를 세로로 지나는 아펜니노(Appennino)산맥과 아름다운 티레니아(Tyrrhenian)해로부터 나오는 자연 산물이 풍부하며, 해변도시에서는 향기가 좋은 포르치니 버섯과 올리브유가 생산되고 있으며 키아나 협곡에서 방목하는 키아나 소고기는 피렌체풍의 비프 스테이크로 전 세계적으로 인정받은 유명한 소고기이다. 그리고 이탈리아 와인이라고 하면 가장 먼저 떠오르는 '끼안띠 와인'도 토스카나 지역의 생산품이다.

또한 토스카나 지역은 이탈리아의 중심이라고 말할 수 있으며, 로마가 생성되기 전에 이미 에투루스칸의 문명은 높은 수준으로 발달되어 있었고, 올리브 나무, 밀, 포도나무의 고대 근원지이기도 하다. 토스카나 음식은 복잡하지 않으며 자연식이 많고 풍부한 재료를 바탕으로 담백하고 간단하게 준비하는 음식이 많다.

③ 라치오 지역 (Lazio)

라치오 지역의 동쪽으로는 끝없는 티레니아 해가 펼쳐져 있어 싱싱한 생선이 풍부하다. 손으로 직접 잡은 신선한 조개를 저녁 식탁에 올릴 수 있다는 자연스러움이 라치오 지역의 장점이라고 할 수 있다.

한편 로마는 이탈리아 중부의 아펜니노 산맥에서 발원하는 테베레강 하류에 위치한 이탈리아의 수도이다. 로마는 현대 이탈리아 문화의 중심지이며, 또 그 오랜 역사를 반영하여 고대로부터 르네상스 · 바로크 시대에 이르기까지에 많은 문화유산을 지니고 있다. 로마는 특히 수륙교통의 중심지이다.

테베레강 하구의 오스티아를 외항으로 하고, 또 로마를 중심으로 수많은 길이 이탈리아 각지로 뻗어 있다. "모든 길은 로마로 통한다."라는 말도 고대부터 로마의 교통이 잘 발달된 데에서 비롯된 말이다.

로마의 음식은 허브와 향에 치우치는데 민트, 로즈마리, 세이지, 타라곤, 페퍼, 마늘, 계피향이 있고 올리브유와 돼지기름을 주로 사용하고 있다. 그리고 이 지역의 음식의 특징으로는 여러 가지 튀긴 요리, 파스타, 콩류와 쌀 음식, 스튜, 구운 육류 요리 등이 있다.

(3) 남부지역의 요리

남부지역은 긴 해안이 있어 아름답고 나폴리 인근에는 베수비오 화산이 있다. 오랫동안의 외국의 통치와 여러 요인들은 남브 이탈리아인들의 생활을 예측할 수 없이 어렵게 만들었다. 경제적으로는 낙후되어 있지만 풍요로운 자연조건으로 음식문화가 가장 발달된 지역이며, 올리브 오일과 토마토 및 건조 파스타를 이용한 요리가 풍부하다.

포도주를 가장 많이 생산하는 나폴리는 이탈리아 피자의 고향이라고 하며, 섬 지역에 있는 시칠리아 섬은 파스타의 고향이라고 한다.

'모짜렐라 치즈'가 유명하고 해산물이 풍부하며 이를 이용한 요리가 발달했다. 남부지역은 나폴리의 피자(Pizza)와 스파게티(Spaghetti) 등이 유명하고 마케로니(Maccheroni) 등 건조 파스타를 사용하는 것이 특징이다.

① 캄파니아 지방의 요리 (Campania)

나폴리는 이탈리아 캄파니아주의 주도이며 거대한 항구도시이자 지적 활동의 중심지이며, 이탈리아 남부 지역에서 전통적으로 빈곤한 메초조르노의 금융 중심지이다. 고대 그리스의 식민지인 네아폴리스 이래 긴 역사를 자랑하는 나폴리는 이탈리아 통일 이전에는 이탈리아 전체를 다스리는 나폴리 왕국의 수도로 성장해 독자적인 문화를 발전시켜 왔다.

전형적인 지중해성 기후로서 최저 평균 기온이 8℃ 이하로 내려가지 않고 연교차가 적어서 이탈리아의 도시 중 기후가 가장 좋다.

풍부한 태양의 혜택을 받아 찬란하게 빛나는 나폴리를 중심으로 한 캄파니아 지방의 음식은 세계적으로 유명하고 그 중 피자와 파스타는 단연 대표적 음식이다.

캄파니아를 비롯한 이탈리아 남부지역에서는 스파게티나 마카로니 등 건조 파스타가 많이 생겨났다. 지금은 건조 파스타가 이탈리아의 대표적인 음식이 되었다. 이 지역에서 밀이 많이 생산되고 기후가 건조하여 파스타를 생산하는 데 적당하다.

이 지역의 특징인 길고 뜨거운 여름과 화산지대의 토질에서 생산되는 토마토는 캄파니아 요리의 특징이기도 하다.

② 칼라브리아 (Calabria)

아름다운 해변가와 산의 뛰어난 경관을 자랑하는 칼라브리아는 농업을 하기에는 적합하지 않지만, 이 지역의 환경에 맞게 채소와 과일을 재배하고 있다. 채소를 많이 넣어 만든 요리와 고추의 매운맛이 이 지역 요리의 특징이며, 손으로 만든 파스타가 유명하다.

또한 송로버섯을 넣어 만든 요리가 인기 있으며, 양고기를 즐겨 먹는 이 지방에서는 양의 젖으로 만든 치즈도 매우 유명하다. 또한 송아지 고기 요리는 이탈리아에서 가장 맛있기로 유명하다.

③ 시칠리아 지역 (Sicilia)

이탈리아 서남단에 위치한 지중해 최대의 섬이다. 아랍의 통치를 200년 동안 받아 무슬림 문명의 영향으로, 음식문화는 아랍 문화의 전통적인 면을 추구하며 계속 전해지고 있다. 시칠리아 지역의 도시인 몬레알레(Monreale)에는 이탈리아 전통 파스타 중 하나인 '카넬로니(Canneloni)'라는 대표적인 파스타가 있다.

이는 이탈리아어로 '큰 튜브' 라고 하며, 밀가루 반죽을 직사각형으로 밀어서 자른 고기나 생선 또는 시금치 및 치즈를 올려서 감은 후, 접시에 담아 치즈와 토마토 소스 또는 크림소스를 얹어 오븐에 구운 요리이다.

다른 파스타 종류로 '부카티니(Bucatini)'는 가운데에 구멍이 뚫린 모양의 굵은 스파게티로 이탈리아어로 '구멍'이라는 의미를 가졌다. 주로 정어리 부카티니(Bucatini con le Sarde)를 만든다. 버터, 안초비, 채소와 정어리로 만든 요리도 유명하다.

시칠리아 지역의 대표 식재료로 토마토, 올리브, 모짜렐라 치즈, 해산물 등이 있다. 지형적으로 섬이라 생선과 해산물이 많이 잡히며 신선하기 때문에 조리할 때 생선 내장을 버리지 않고 식재료르 사용하며 샐러드나 파스타 등 다양한 해산물 요리가 많다. 또한 레몬, 오렌지가 많이 열리는 초여름에 시칠리아는 섬 전체가 꽃 향기로 그윽하다. 그리고 지중해의 해물 요리와 북아프리카 요리인 쿠스쿠스, 아랍 특유의 향신료를 사용한 요리가 있다.

4. 이탈리아 요리와 식생활 문화

(1) 이탈리아 요리의 정찬 코스

① **아페르티보** (Aperitivo) 식전주와 식전음식

아페르티보는 식전음식으로 간단히 먹을 수 있게 만든 요리이다. 이는 결혼식 또는 큰 행사나 명절에 먹는 요리로, 스탠딩 형식으로 서서 와인(식전주)과 함께 먹는다. 음식의 종류로는 '브루스케타(Bruschetta)', '올리베 알 아스콜라나(Olive al ascolana)', '포카차(Focaccia)' 등이 있다. 곁들여서 이탈리아의 스파클링 와인(Sparkling wine)의 종류인 '스푸만테(Spumante)'와 포도주 등을 마신다.

② **안티파스토** (Antipasto) : 전채요리

안티파스토는 식전에 맛과 시각을 자극하는 화려한 색과 향으로 입맛을 돋우는 요리로 차갑거나 뜨거운 전채요리를 일컫는다. 재료는 육류나 연어 및 참치로 요리한 음식을 주로 먹는다. 차가운 전채요리인 '프레도(antipasto freddo)'는 연어 요리나 참치 요리가 주로 나가고, 따듯한 전채요리로 '깔도(antipasto caldo)'가 있다.

③ **프리모** (Primo piatto) : 첫 번째 요리

프리모는 첫 번째로 나가는 코스로, 면이나 쌀로 만들어진 요리를 말한다. 종류로는 파스타(Pasta), 뇨끼(Gnocchi), 리조또(Risotto), 폴렌타(Polenta), 수프(Soup) 등이 있다.

④ **세콘도** (Secondo piatti) : 두 번째 요리

세콘도는 두 번째로 나가는 코스로 메인 요리에 해당한다. 주로 생선이나 육류(송아지, 양고기, 닭고기)로 만든 요리를 먹는다.

전통적으로는 집에서 먹는 돼지고기나 닭고기 요리가 흔했으며, 주요리에 '콘토르노(Contorno)'라는 생 채소나 익힌 채소 샐러드를 함께 곁들여 먹는다.

⑤ 포르마조 (Formaggio) : 치즈

포르마조는 치즈이며, 이탈리아인들은 개인의 취향에 따라 다양한 치즈를 먹는다. 기호에 따라 조리를 하는 경우도 있는데, 파르메산 치즈(Parmesan cheese)나 그라나 파다노(Grana Padano)에 밀가루 반죽을 입혀 겉만 살짝 익혀 먹기도 한다.

⑥ 돌체 (Dolce) : 디저트

돌체는 디저트(Dessert)로 음식을 먹고 난 뒤 입가심으로 먹는다. 식사가 끝난 후 후식으로 달콤하거나 산뜻한 맛의 아이스크림이나 과일을 비롯해 과자나 케이크를 먹는다. 이 중 가장 유명한 디저트(Dessert)는 '티라미수(Tiramesù)'로 커피에 적신 사보이아르디(savoiardi : 스펀지 빵의 종류) 및 마스카포네(Mascarpone)로 만든 무스 케이크가 있다.

⑦ 피콜라 파스티체리아 (Piccola pasticceria) : 과자

피콜라 파스티체리아는 달콤한 쿠키나 작은 과자를 말한다. 집에서 간단하게 만들어 먹거나, 흔히 이탈리아의 제과점에서 파는 제품을 입맛에 맞게 사서 먹는다.

⑧ 디제스티보 (Digestivo) : 식후주

디제스티보는 소화를 돕는다는 뜻이며, 식사 후 마시는 식후주로는 '그라빠(Grappa)'라고 불리는 포도주 찌꺼기로 만든 증류수가 있고, '리몬첼로(limoncello)'는 이탈리아의 전통주로 레몬맛이 강한 레몬리큐어이다.

⑨ 카페 (Caffè) : 커피와 차

카페(Caffè)는 마지막으로 먹는 커피와 차다. 이탈리아식 커피는 에스프레소'(Espresso)'라고 불리며 커피의 진한 향과 맛이 나며, 대개 강한 맛의 커피를 즐겨 마신다.

Chapter 2

이탈리아 요리 식재료

1. 채소류 (Vegetables)

채소류는 식물체에 유해한 성분이 포함되지 않아 먹을 수 있는 부위를 말하며 이용하는 부위에 따라 경채류, 엽채류, 근채류, 과채류로 크게 구분한다. 그리고 채소로 구분되는 과채류, 씨 부분을 주로 먹는 종실류, 채소의 꽃 부분을 먹는 화채류, 새싹이나 순을 먹는 새순류 등으로도 구분이 가능하다.

종류에 따라 여러 가지 독특한 맛과 향기가 있어 식욕을 증진시키며 채소에 많이 들어 있는 섬유소는 소화를 돕는 효과가 있다. 특히 채소에는 수분이 70~80% 정도가 있는 반면, 칼로리와 단백질 함량이 적어 체중을 줄이는 식이요법에 많이 이용되고 있다. 그리고 알칼리성 식품이므로 산성인 고기나 생선 등과 곁들이면 영양학적으로 균형을 맞추는 데 매우 중요한 의미를 지니고 있다.

채소는 밭에 심어서 가꾸어 먹는 식물로 초본식물의 신선한 상태로 식용할 수 있는 부위, 즉 뿌리 · 줄기 · 잎 · 꽃 또는 열매를 가리킨다. 날것으로 먹거나 여러 방법으로 요리해서 먹을 수 있고 무수한 종류와 다양한 영양, 그리고 색채의 아름다움 때문에 우리 식생활과 떨어질 수 없는 관계에 있다. 또한 채소는 다양한 맛, 조직, 색으로 구성되어 있고 영양학적으로도 특수한 비타민과 무기질을 많이 함유하고 있다. 그러므로 다양한 요리를 준비하는 데 필수적인 재료 중 하나로 메뉴의 구성에 중요한 위치를 차지하고 있다. 따라서 기본재료로 사용될 뿐만 아니라 곁들여 먹는 음식(contorni)과 코스의 첫 요리로 자주 사용된다.

채소류는 음식에 색과 비타민이나 무기질 등의 영양소를 제공한다. 섬유소와 카로틴(carotene), 리코펜(lycophene)과 같은 피토케미칼(phytochemicals)과 섬유소를 포함하고 있어 암과 심장병과 같은 대사증후군 위험요인을 감소시킨다.

엽채류에 속하는 채소는 줄기를 함께 먹는 일이 많으므로 엽경채류라고 부르기도 한다.

2. 채소류의 분류 및 종류

(1) 엽채류 채소 (Leaves Vegetable)

채소류의 분류

엽채류 채소 (Leaves Vegetable)	경채류 채소 (Stalks Vegetable)	근채류 채소 (Roots&Bulb Vegetable)	과채류 채소 (Fruits Vegetable)	화채류 채소 (Flowers Vegetable)	버섯류 (Mushroom)
• 겨자 잎 (Mustard greens) • 단델리온 (Dandelion) • 로메인 레터스 (Romane lettuce) • 브뤼셀 수프라우트 (Brussels sprouts) • 시금치 (Spinach) • 양배추 (Cabbage) • 적 근대 (Red beet) • 치커리 (chicory) • 그린비타민 (Green vitamin) • 라디치오 (Radicchio) • 롤라로사 (Lolla rossa) • 비트잎 (Beet leaves) • 아루굴라 (Arugula) • 양상추 (Lettuce) • 청경채 (Pak choy) • 케일(Kale)	• 대파 (Leek) • 아스파라거스 (Asparagus) • 펜넬 (Fennel) • 양파 (Onion) • 샬롯 (Shallot) • 루바브 (Rhubarb) • 셀러리 (Celery) • 엔다이브 (Endive) • 콜라비 (Kohlrabi) • 마늘 (Garlic) • 죽순 (Bamboo Shoot)	• 감자 (Potato) • 당근 (Carrot) • 래디시 (Radish) • 비트 (Beet) • 샬롯 (Shallot) • 셀러리악 (Celeriac) • 생강 (ginger) • 순무 (Turnip) • 연근 (Lotus) • 파스닙 (Parsnip) • 도라지 (Platycodon) • 우엉 (Burdock) • 토란 (Taro) • 고구마 (Sweet potato) • 마 (Yam)	• 가지 (Egg plant) • 늙은 호박 (Pumpkin) • 렌틸콩 (Lentil Bean) • 방울토마토 (cherry tomato) • 스트링 빈스 (String Beans) • 아보카도 (avocado) • 애호박 (Zucchini) • 오이 (cucumber) • 옥수수 (Corn) • 완두콩 (Green peas) • 이탈리아 토마토 (Plum tomato) • 토마토 (Tomato) • 파프리카 (Paprika) • 피클 (Pickle) • 오크라 (okra)	• 브로콜리 (broccoli) • 아티초크 (Artichokes) • 오이꽃 (Cucumber flower) • 유채꽃 (Rape flower) • 콜리플라워 (Cauliflower) • 국화 (Chrysanthe mum)	• 느타리 (Oyster Mushroom) • 송로버섯 (Truffle) • 송이버섯 (Songi mushroom) • 양송이 (Mushroom) • 팽이버섯 (winter mushroom) • 표고버섯 (Shiitake) • 모렐 (Morel)

양상추와 로메인 레터스, 시금치, 파슬리, 양배추, 적채, 쑥갓 등 식물의 잎을 식용으로 사용하는 채소이다. 수분 함량이 높고 비타민과 무기질의 중요한 공급원이다. 샐러드에 있어서 가장 기본이 되는 채소의 종류가 바로 엽채류이다.

① 겨자 잎 (Mustard greens)

톡 쏘는 매운맛과 향기가 특징이며 잎은 자홍색을 띤 것과 청색에 적색을 띤 것이 있다. 갓과 흡사하지만 갓과는 달리, 생으로 먹기에 좋다. 잎이나 잎맥에 생생한 활력이 있고 엽맥에 광택이 있는 두꺼운 잎이 신선한 것이다. 비타민 A와 C가 풍부하고 칼슘과 철이 많이 함유되어 있다.

② 그린비타민 (Green vitamin)

원산지는 아시아이고 어린잎인데 각종 비타민이 풍부하며, 혈액순환 및 위를 튼튼하게 하는 효과와 지혈, 해독, 당뇨, 빈혈에 좋다. 생김새가 큰 샐러드, 맛슈, 청경채 등과 모양이 비슷해서 혼동을 일으킬 때가 있다. 주로 샐러드로 이용한다.

③ 단델리온 (Dandelion)

원산지는 유럽이며, 잎은 뿌리에서 뭉쳐서 나고 사방으로 퍼지며 타원 모양에 끝이 예리하고 뾰족하여 깊게 갈라졌으며 가장자리가 밋밋하다. 서양의 민들레라고도 한다.

④ 라디치오 (Radicchio)

라디치오에는 인티빈이 들어 있어 쓴맛이 나나 소화를 촉진시키고, 잎이 둥글며 백색의 잎줄기와 붉은색의 잎이 조화를 이룬 채소이다. 이탈리안 치커리라고도 한다.

⑤ 로메인 레터스 (Romane lettuce)

'로마의 상추'란 뜻으로 로마인들이 대중적으로 즐겨 먹는 상추이다. 붉은색의 레드 로메인 레터스(Red Romaine Lettuce)는 푸른색의 로메인 레터스보다 색상도 아름답고 맛도 섬세하다.

⑥ 롤로로사 (Lollo rossa)

국화과 식물로 이탈리아어로 '장미처럼 붉다'라는 뜻으로 색이 고운 이탈리아 상추이다. 다 자라면 뿌리 바로 끝에서 잘라야 영양 손실이 적다. 붉은 잎 상추는 붉은색 테두리의 주름진 잎을 가지고 있으며, 잎 끝은 차(茶)의 홍색이고 윤기가 나며 싱싱하고 색이 진하지 않은 것이 특징이다.

⑦ 아루굴라 (Arugula)

십자화과(배추과) 식물로 약간 씁쓸하고 향긋한 정통 이탈리아 채소이다. 로켓(Rocket), 로케트(Roqutte), 루꼴라(Rucola) 라고도 불린다.

⑧ 브뤼셀 수프라우트 (Brussels sprouts)

단단하게 뭉쳐 있는 잎사귀 때문에 아주 작은 양배추처럼 보인다. 옛부터 벨기에에서 재배되어 온 양배추의 변종으로 브뤼셀(Brussels)이란 지명과 관련되어 생긴 이름이며, 유럽에서 많이 재배한다. 비타민 C가 많이 함유되어 있다. 풍미는 양배추와 조금 다르고 쓴맛이 강하다. 방울 양배추라고도 한다.

⑨ 비트 잎 (Beet leaves)

유럽 남부가 원산지로 밭에 심는 채소식물이다. 뿌리는 사탕무처럼 비대해지지 않고 원줄기는 1m에 달하며 가지가 많다. 뿌리 잎은 난형 또는 긴 타원형으로 두껍고 연하다. 줄기 잎은 긴 타원형으로 끝이 뾰족하고 굵은 육질(肉質)의 잎자루가 있다.

⑩ 시금치 (Spinach)

아시아 서남부가 원산지이며 시금치에는 칼슘, 철, 비타민 A와 B와 C가 많이 함유되어 있어 빈혈과 동맥경화증을 예방하며 고혈압에 좋은 식품이다. 시금치 성분 중 비타민 C는 열에 약하므로 살짝 데치거나 볶아서 곁들임 채소로 먹는 것이 좋다.

⑪ 양배추 (Cabbage)

칼슘과 비타민이 많이 들어 있으므로 샐러드에 많이 이용되며, 서로 겹쳐진 가장 안쪽에 있는 잎은 공처럼 둥글며 단단하다. 신선함을 유지시키기 위해서는 차가운 물로 세척하고 낮은 온도에서 보관해야 한다.

⑫ 양상추 (Lettuce)

유럽 남부와 서아시아에서 많이 재배되며 국화과의 식물로 결구상추 또는 통상추라고도 한다. 양상추는 샐러드로 많이 사용되며 수분이 전체 94~95%를 차지하고, 비타민 C 함량이 풍부하며 탄수화물, 단백질, 조섬유 등이 들어 있다.

⑬ 적(赤)근대 (Red beet)

잎은 광택이 있고 넓으며, 줄기가 붉은색을 띤 홍 근대이다. 잎을 떼어 내도 다시 나오므로 햇볕이 드는 베란다에서 키운다.

⑭ 청경채 (Pak choy)

중국에서 가장 오래된 겨자과에 속하는 채소로, 위를 튼튼하게 하고 녹즙으로 마시면 변비와 종기에 효과가 있다. 모양이 우리나라 봄배추와 비슷하며 샐러드 재료로 많이 이용되고 중국에서는 주로 기름에 볶아 먹거나 데쳐서 곁들임 채소나 볶음에 사용한다.

⑮ 치커리 (Chicory)

원산지는 지중해 연안, 유럽, 북미아프리카이다. 어린잎은 채소로 이용되는데, 쌉쌀한 맛과 달콤한 맛이 단델리온과 비슷하다. 레드 치커리와 함께 이탈리아에서는 빼놓을 수 없는 샐러드 재료이며, 쓴맛을 내는 성분은 소화를 촉진시키고 혈액순환을 좋게 한다.

⑯ 케일 (Kale)

잎이 두꺼워 생으로 섭취하기에는 약간 무리가 있으며 살짝 데쳐 사용하기도 하고 즙을 내어 주스로 먹기도 한다.

티오시안네이트(Thiocyanate)라는 쓴맛을 내는 성분이 있어 빈속에 즙을 다량으로 복용하면 위가 쓰리므로 유의하여야 한다. 부드럽고 신선한 어린잎은 쌈이나 샐러드로 많이 먹는데, 단맛이 난다.

종류는 잎 가장자리가 오글거리는 곱슬 케일, 쌈채소로 이용되는 쌈 케일, 흰색과 핑크색이 어우러진 꽃 케일 등이 있다.

(2) 경채류 채소 (Stalks Vegetable)

식물의 줄기를 식용하는 채소로 수분과 섬유소의 함량이 높고 단백질 함량은 낮다. 부추, 대파, 쑥갓, 아스파라거스, 셀러리 등이 대표적이다. 아스파라거스나 셀러리의 경우 샐러드보다는 전채요리에 더 많이 쓰인다.

① 대파 (Leek)

대파는 우리나라 음식에 많이 쓰이는 향신채소이다. 우리나라의 대파와는 달리, 서양의 대파는 흰 부분은 파 형태고 푸른 부분은 마늘 형태로 되어 있다. 그래서 요리에는 흰 부분을 많이 사용하며 푸른 부분은 사용량이 적다.

파는 국에 없어서는 안 될 재료지만 먹기 직전에 살짝 열을 가하는 정도로 불 조절을 하는 것이 좋다. 이렇게 해야 향기도 남고 알리신도 소실되지 않는다.

② 셀러리 (Celery)

북유럽 스웨덴이 원산지이며, 야생 셀러리는 쓴맛이 강하다. 17세기 이후에 이탈리아 사람들에 의해 품종이 개량되어 현재에 이르고 있다. 미나리과 식물로 원래 쓴맛이 강하며 전체적으로 향이 있는 식재료이다.

샐러드나 볶음 및 생선이나 육류의 부향제로 사용한다. 잎과 줄기가 녹색이고 털이 없다. 0.1%의 정유를 함유하는데 이 성분이 입맛을 돋우어 주고 소화나 신장의 활동을 촉진시킨다. 높은 칼슘 함량과 식이섬유 함량이 풍부하여 배설을 돕는다.

③ 아스파라거스 (Asparagus)

백합과 식물로 기원 전부터 먹기 시작한 고급 채소이다. 아스파라긴산이 많고 영양성분이 우수하다.

아스파라거스는 흰색, 자색, 녹색의 세 가지 종류가 있으며 오래되면 질겨진다. 한 번 열을 가한 아스파라거스는 오랫동안 보관하지 않고 되도록 빨리 사용하는 것이 좋다.

④ 엔다이브 (Endive)

쓴맛과 산뜻한 맛을 동시에 갖고 있는 고급 채소이며 배추 속처럼 치커리 뿌리에서 새로 돋아난 싹이며 쌉싸름한 맛으로 입맛을 돋우고 당분이 풍부하고 인체에 잘 흡수되므로 다이어트에 효과적이다.

⑤ 펜넬 (Fennel)

이탈리아에서 피노키오(Finoccchio)라고 불리는 플로렌스 펜넬과, 주로 잎과 씨를 허브로 사용하는 펜넬의 두 종류가 있다.

서양요리에는 뿌리가 사용되며 해산물 요리와 최고의 궁합을 자랑한다. 소스나 스튜 등과 생선이나 육류의 부향제로 사용한다.

(3) 근채류 채소 (Roots & Bulb Vegetable)

땅속에서 자라는 식물의 뿌리를 이용하는 채소이며 일반적으로 잠재에너지를 뿌리 부위에 많이 저장하고 있다. 셀러리 뿌리(Celeriac), 무, 양파, 마, 생강, 당근, 우엉, 연근, 고구마, 감자 등이 대표적이다. 셀러리 뿌리는 애피타이저나 샐러드에 주로 사용되고 양파, 마늘, 생강은 모든 음식에 기본양념으로 사용된다.

① 감자 (Potato)

남아메리카가 원산지인 감자는 줄기 마디로부터 가는 줄기가 나와 그 끝이 비대해짐으로써 덩이줄기를 형성한다. 감자의 주성분은 전분이며, 단백질과 비타민 C가 있다. 암을 비롯하여 위궤양, 십이지장궤양, 위염, 고혈압, 당뇨병, 간장병, 천식 등에 효과가 있다.

감자류는 식물의 땅속에 있는 줄기마디로부터 가는 줄기가 나와 그 끝의 일부가 비대해짐으로써 덩이줄기를 형성한 것이라고 할 수 있다. 감자는 주로 당질로 구성되어 있어 열량원으로 이용되며 기숙할 때는 당분으로 존재하다가 성장하면서 전분으로 바뀐다.

② 당근 (Carrot)

아프가니스탄이 원산지이며 미나리과 식물로 홍당무라고도 하고 뿌리는 굵고 곧으며 황색 · 감색 · 붉은색을 띤다. 뿌리 부분을 식용하는데, 비타민 A와 비타민 C가 풍부하다.

한방에서는 뿌리를 학풍(鶴風)이라는 약재로 쓰는데, 이질 · 백일해 · 해수 · 복부팽만 등에 효과가 있고 구충제로도 사용한다.

③ 래디시 (Radish)

겉모양이 붉고 자라다 보면 일반 무와 비슷한 맛과 색을 지니게 된다. 겉은 신선하고 선명한 색채를 지니므로 애피타이저나 샐러드용으로 많이 이용되고 채소 스틱, 카나페, 카빙으로 많이 사용된다.

④ 비트 (Beet)

명아주과에 속하는 무의 일종으로 뿌리 부분만을 사용하고 원산지는 유럽과 아메리카 지역이다.

비트의 빨간 색소는 베타시아닌이라고 하는 물질인데 이것을 추출하여 비트 레드라는 식용색소로 이용하기도 한다. 어린 비트 잎 부분은 샐러드로 이용하는데 녹색 부위가 뿌리보다 영양분이 더 많다. 비트는 식초와 설탕을 넣어 끓인 후 단맛과 신맛이 배어들게 해서 샐러드로 조리하여 사용하는데 색의 번짐이 심하기 때문에 다른 음식을 만들 때나 장식을 할 경우 항상 이 점을 염두에 두어야 한다.

⑤ 마늘 (Garlic)

연한 갈색의 껍질 같은 잎으로 싸여 있으며, 안쪽에 5~6개의 작은 비늘줄기가 들어 있다. 비타민 B를 많이 함유하고 있으며 굽거나 볶음 및 향신료 등으로 사용한다.

⑥ 샬롯 (Shallot)

주로 향신료로 사용하며 특히 프랑스 요리의 소스를 만들 때 사용한다. 비늘줄기는 향신료로, 잎은 파처럼 식용으로 사용한다. 풍미는 양파와 비슷하며 향기가 나고 팬에 구우면 향내가 난다. 비늘줄기 여러 개가 모여 달려 있으며, 양파껍질 같은 막질의 껍질로 싸여 있다.

⑦ 생강 (Ginger)

생강은 뿌리를 쓰는 향신료로 알싸하고 매콤한 맛과 톡 쏘는 상쾌한 나무 향이 특징이다. 생강의 맛은 육류나 생선의 비린내를 없애는 데 효과적이다. 또한 몸을 따뜻하게 해주는 생강차는, 위를 안정시키고 구토증상을 완화한다.

생강은 원래 열대 아시아의 다년생 토착식물이지만 지금은 열대지방에서도 경작되고 있다. 특히 자메이카에서 많이 생산된다.

생강은 일광 건조하는 과정에서 성장이 더 진행되면 맛과 향이 보다 자극적으로 변하는데 알이 굵고 껍질에 주름이 적으며 밝은색이 좋다.

⑧ 셀러리악 (Celeriac)

뿌리셀러리라고도 한다. 셀러리의 뿌리 부분을 먹는데, 떫은맛이 강하므로 살짝 데쳐 먹거나, 수프, 스튜, 샐러드 등에 사용한다.

⑨ 양파 (Onion)

양파의 독특한 냄새는 이황화프로필이나 황화알릴 등의 화합물 때문이며 이것은 소화액 분비를 촉진하고 흥분, 발한, 이뇨 등에 효과가 있다. 샐러드나 수프, 고기 요리에 많이 사용되며 각종 요리에 향신료 등으로 이용된다.

(4) 과채류 채소 (Fruits Vegetable)

식물학적으로 과일로 분류되지만 실제로 대부분의 사람들이 채소로 사용하고 또 대부분 채소로 알고 있는 것으로서 오이, 가지, 호박, 토마토, 고추, 오크라, 피망 등이 이에 속한다.

오이와 토마토는 현재까지도 샐러드의 기본 가니쉬(garnish : 고명)로 쓰이고 가지나 호박은 그릴에 구워서 뷔페 샐러드에 자주 쓰인다. 고추과인 오크라는 최근 들어 애피타이저의 가니쉬로 쓰이고 있으나 자른 단면에서 점액이 많이 나와 조금 지저분해 보이는 경향이 있다.

① 오크라 (Okra)

오크라는 보풀로 덮여 있어 날것으로 먹으면 따끔따끔하다. 익힌 오크라는 가지와 아스파라거스를 섞어 놓은 듯 순한 맛이 나며, 순한 맛과 미끌거리는 질감으로 토마토처럼 신맛이 많은 재료와 잘 어울린다.

② 가지 (Egg plant)

가지과의 식물로 검은 빛이 도는 짙은 보라색이고 형태는 품종에 따라 차이가 있으며 열매 모양은 달걀 모양, 공 모양, 길쭉한 모양 등 품종에 따라 다양하다. 우리나라에서는 주로 길쭉한 모양의 가지를 많이 재배한다. 굽거나 볶음요리 및 곁들임 채소로 사용한다.

③ 늙은 호박 (Pumpkin)

박과의 식물로 과실은 크고 익으면 황색이 된다. 열매를 식용하고 어린 순도 먹으며 비타민 A, B, C를 함유하여 비타민 공급원으로 매우 중요하다.

④ 방울토마토 (Cherry tomato ; pomodorini)

방울토마토는 라틴아메리카 서부 고원지대가 원산지이다. 일반 토마토보다 당도가 높아 생것으로 먹기도 하지만 특히 다양한 샐러드나 소스에 많이 사용한다.

노지에서 재배할 경우 보통 5~8월에 노란색 꽃이 피고, 열매는 7~9월에 익는다. 빛깔은 붉은색, 짙은 붉은색, 노란색 등 여러 가지가 있다. 생김새는 대부분 둥근꼴이다. 꽃이 피기 시작하면 버팀목을 세우며, 수확은 꽃이 피고 나서 50일 정도 지나 색깔이 붉은색으로 변할 때에 수확한다.

완전히 익었을 때보다는 60% 정도 붉은색을 띨 때 수확하는 것이 좋다. 한편 일본에서는 '미니토마토' 혹은 '체리토마토'로 명명되나, 국내에서는 '방울토마토'로 불리고 있다.

⑤ 렌틸 콩 (Lentil Bean)

유럽 남부 및 지중해 연안이 원산지인 일년생 콩과 식물로서 양면이 볼록한 렌즈 모양으로 생긴 콩을 말한다. 단백질이 풍부하고, 비타민 B, 철, 인의 좋은 공급원이다. 주로 수프, 생선이나 가금류 요리 등 더운 요리에 쓰인다.

⑥ 스트링 빈스 (String Beans)

형태는 둥근 모양에서 막대 모양까지 품종에 따라 다르다. 주로 껍질째 먹는 콩으로 비타민 A가 풍부하다. 눈, 간, 피부에 좋으며 영양도 풍부하지만 아삭아삭한 맛이 일품이다.

어린 꼬투리를 수확하므로 대개 부드럽고 향이 좋으며 연할 때 채취하여 살짝 데친 후에 샐러드나 절임 또는 스튜, 메인 요리 등에 많이 사용한다. 커질수록 단단해지고 섬유질이 생겨 질겨진다.

⑦ 완두콩 (Green peas)

형태는 표면이 매끄럽고 녹색을 띠며, 콩이 덜 여물었을 때는 녹색이지만 성숙하면 담황색이 된다. 덜 여물었을 때 먹는 것을 그린빈스라고 한다.

완두콩은 덜 여물었을 때는 당분이 많아 단맛이 있으나, 따서 오래 두거나 익어 감에 따라 당이 전분으로 변하여 단맛이 없어진다. 주로 크림수프, 샐러드, 더운 채소, 카레라이스 등에 사용한다.

⑧ 아보카도 (Avocado)

치즈와 버터 및 달걀을 우유에 섞어 놓은 것과 같은 지방분을 가지고 있어 '숲속의 버터'라는 특별한 이름을 가지고 있다. 맛있는 과실과 마늘 등에 잘 어울린다. 소금에 민감하여 살짝만 넣어도 농후한 맛으로 변한다.

⑨ 애호박 (Zucchini)

박과의 식물로 주키니 호박이라 불린다. 곁들임 채소 또는 굽거나 볶아서 사용한다. 애호박을 고를 때에는 연두색이면서 작고 윤기가 흐르며 꼭지가 마르지 않은 것을 고르도록 한다. 꼭지 주변이 들어가 있고 크기에 비하여 두거운 것일수록 맛이 좋다.

⑩ 오이 (Cucumber)

박과에 속하는 식물로 어릴 때에는 가시 같은 돌기가 있고 녹색에서 짙은 황갈색으로 익는다. 오이는 중요한 식용작물 중 하나이다. 즙액은 뜨거운 물에 화상을 입었을 때 바르면 열을 식혀 주는 기능도 한다. 많은 품종이 개발되었으며, 그냥 먹거나 샐러드 및 절임 등에 많이 사용한다.

⑪ 이탈리아 토마토 (Plum tomato)

이탈리아 토마토는 타원형으로 생겼으며 빨간 색채가 유난히 강하고 과육이 단단하다. 스터핑에 주로 사용되며 질감이 단단하여 콩까세로 많이 사용된다.

⑫ 옥수수 (Corn)

미국 대륙이 원산지로 쌀, 밀과 함께 세계 3대 주요 곡식 중 하나이며, 우리나라에는 중국으로부터 전래되었다.

옥수수는 단백질과 비타민 E가 풍부하여 체력증강, 신장병에 효과가 있다. 주로 옥수수 가루인 폴렌타, 전분, 과자, 빵, 팝콘, 시리얼, 샐러드, 마가린, 시럽, 엿 등의 많은 가공식품 원료로 이용되고 있다.

⑬ 토마토 (Tomato)

기온이 높은 지역에서 많이 재배되며 과채류로 토마토의 원산지는 남미의 잉카인데, 16세기경 유럽 대륙으로 건너가 지중해 요리에 빠른 속도로 응용되었다. 붉은빛으로 익으며 항암물질을 함유하고 있기 때문에 식용하거나 약으로 많이 사용하고 있다.

토마토의 색 가운데 황적색은 카로틴(carotin), 적색은 리코펜(lycopene)에 의한 것이다. 카로틴은 저온다습한 곳에서 색이 짙어진다. 비타민 A, B_1, B_2, C 등이 골고루 들어 있어 샐러드나 소스 등 다양한 요리에 사용한다.

⑭ 파프리카 (Paprika)

부드럽고 향기로우며 맵지 않은 고추의 일종이다. 종류에 따라서는 약간 맵기도 하다. 오렌지의 4배에 가까운 비타민 C를 함유하고 있다. 곁들임 채소, 샐러드 드레싱, 수프, 달걀요리, 볶음요리 등에 다양하게 사용한다. 파프리카는 색과 맛을 단시간에 잃기 때문에 오래 보관하기 어렵다.

⑮ 피클 (Pickle)

피클(Pickle)은 오이 등의 채소와 과일 등을 소금에 절인 뒤 식초, 설탕, 향신료를 섞은 액에 담가 절인 서양식 음식이다. 가장 대표적인 것은 이탈리아식 오이피클로서 파스타 또는 피자와 함께 먹거나, 샌드위치 또는 햄버거를 만들 때 사용한다.

(5) 화채류 채소 (Fruits Vegetable)

각종 채소의 꽃은 식용으로 사용하기도 한다. 오이꽃, 호박꽃, 유채꽃, 장미꽃 등이 많이 쓰인다. 반면 브로콜리나 콜리플라워는 꽃이 피기 전에 수확해서 사용해야 한다. 꽃의 종류는 거의 애피타이저의 가니쉬로 쓰이는데, 나오는 계절이 한정되어 있어 단기간에만 쓸 수 있다는 단점이 있지만 계절색을 뚜렷이 보여 줄 수 있다는 장점 때문에 계절마다 자주 쓰이곤 한다.

① 브로콜리 (Broccoli)

배추 중에서 꽃 부분을 이용하는 대표적인 채소이며 짙은 녹색과 꽃봉오리들이 서로 단단하게 붙어 있는 것이 좋다. 브로콜리는 꽃봉오리를 사용하고 줄기는 즙으로 사용한다. 양배추의 변종으로 중앙 축과 가지 끝에 녹색 꽃눈이 빽빽하게 난다. 비타민 함량이 많아 영양가가 높고 파스타나 설러드 및 수프 등의 요리에 사용된다.

② 오이꽃 (Cucumber flower)

박과에 속하는 덩굴식물로 꽃은 노란색으로 핀다. 어린열매에 가시 같은 돌기가 있으며 찬 요리의 가니쉬로 사용한다.

③ 아티초크 (Artichoke)

엉겅퀴과에 속하는 식물이며 꽃이 피기 전에 어린 꽃봉오리를 잘라 식용으로 이용하거나 통조림용으로 사용한다.

꽃봉오리(속잎)를 칼로 썰어 곧바로 식초를 섞은 물에 담가 두어야 하며 공기 중에 오래 방치하면 색이 검게 변하게 된다. 따라서 물에 담가 쌉쌀한 맛을 우려내고 끓는 소금물에 살짝 데쳐서 요리한다. 비타민 A와 C, 칼슘, 철, 인, 이눌린 등이 함유되어 있다. 특히 당뇨병 환자에게 좋다. 이뇨작용과 정혈작용이 있어 간장병이나 신장병에도 쓰인다.

④ 유채꽃 (Rape flower)

잎은 바소꼴이며 끝이 둔하고 뿌리 잎은 긴 잎자루가 있다. 가장자리가 깊게 갈라지고 잎의 앞면은 녹색, 뒷면은 흰색이며 끝이 뾰족하다. 길쭉한 잎은 새깃 모양으로 갈라지기도 하며, 봄에 피는 노란 꽃은 배추꽃과 비슷하다.

⑤ 콜리플라워 (Cauliflower)

꽃은 4월에 보라색이나 흰색에서 노란색으로 변하고 꽃자루에 두툼한 꽃이 빽빽이 달려 하나의 덩어리를 이룬다.

아삭한 맛이 일품이다. 샐러드나 수프, 데치거나 볶아 곁들임 채소로 사용하며 무스 형태로 만들거나 젤라틴을 첨가하여 젤리 형태로 만들어 시원하게 냉장보관하여 사용한다.

(6) 버섯류 (Mushroom)

① 느타리 (Oyster Mushroom)

어릴 때에는 푸른빛을 띤 검은색이지만 차차 퇴색하여 잿빛에서 흰빛으로 되어, 매끄럽고 습기가 있다. 살은 두텁고 탄력이 있는 흰색이다.

② 송로버섯 (Truffle)

프랑스나 이탈리아 사람들이 가장 좋아하는 버섯은 송로(松露)버섯이라고도 부르는 트뤼프(Truffle)이다. 흔히 프랑스의 3대 진미를 얘기할 때도 푸아그라나 달팽이에 앞서 가장 먼저 거론되는 것이 트뤼프이다.

떡갈나무 숲의 땅속에서 자라는 이 버섯은 극히 못생겼고, 육안으로는 돌멩이인지 흙덩이인지 구분하기도 어렵다. 땅속에서 채취한다면 식물뿌리로 생각하기 쉽지만, 엄연한 버섯류이다.

③ 표고버섯 (Shiitake)

신선한 표고버섯은 순한 흙맛이 나며, 말렸다가 다시 물에 넣으면 쫄깃해지고 버섯맛이 더 강해지지만 여전히 달콤하고 향긋하다.

향미와 영양이 모두 좋기 때문에 식물성 다시 국물을 내는 데에 쓰이기도 한다.

때로는 터져서 흰 살이 보이기도 하며 처음에는 반구형이나 점차 퍼지면서 평평해진다.

③ 송이버섯 (Songi mushroom)

송이버섯은 우리나라를 비롯한 일본, 북한, 중국에 분포한다. 색상이 자연스럽고 광택이 있는 것이 좋으며, 갓은 둥글고 갓 모양으로 피어나지 않은 것이 좋다.

성분은 단백질이 2.5%, 지방이 0.8%이고 탄수화물이 6.8%, 섬유소 및 비타민 B_1, 비타민 B_2, 에르고스테롤이 많이 들어 있다.

④ 양송이 (Mushroom)

주름 버섯과로 표면은 백색이며, 나중에 담황갈색을 띠게 된다. 서양에서는 양송이를 머시룸이라고 한다. 굽거나 볶음, 스튜 등에 많이 사용한다.

⑤ 팽이버섯 (winter mushroom)

팽이버섯은 매우 순하고 상큼한 맛이 나며, 버섯치고는 아삭아삭한 편이지만 쫄깃한 느낌도 난다.

갓이 희고 중심부가 담갈색이고 살이 두꺼운 것일수록 품질이 좋고, 면역체계를 자극하여 바이러스 감염으로부터 보호해 주며 주로 볶음에 사용한다.

3. 식재료

① 거위 간(Foie Gras)

프랑스 남부지방과 알자스 지방에서 생산되는 푸아그라를 최상급으로 치며, 영양분이 간에서 지방으로 쌓이면서 만들어진 것을 거위 간이라고 한다.

양질의 단백질과 지질, 비타민 A와 E, 철, 구리, 인, 칼슘 등의 다양한 영양 성분이 다량 함유되어 있는 기능성 식품이다.

② 쿠스쿠스(Couscous)

쿠스쿠스의 어원은 같은 발음의 아랍어이며, '동그랗게 잘 뭉친'이란 뜻이다. 작은 밀이나 씨앗 모양의 쿠스쿠스는 샐러드에 사용하며 끓는 물에 5~7분 정도 익힌 후 사용한다. 모로코와 알제리, 튀니지, 리비아 같은 북부 아프리카 지역의 주식으로 사용된다.

③ 발사믹(balsamic)

발사믹 식초는 숙성기간이 길수록 향기와 풍미가 좋아지며, 12년 정도 장기간에 걸쳐 숙성시키면 강렬하고 농축된 맛을 낸다.

부드러운 맛을 내고 싶다면 열을 가해 신맛은 날려 버림으로써 단맛을 강하게 하고, 요리과정의 가장 마지막에 발사믹 식초를 첨가하면 신맛을 유지하게 되므로 맛을 돋우는 효과가 있다.

④ 살라미 (Salami)

훈제가 아닌 드라이 소시지이며, 쇠고기와 돼지고기의 등심살에 돼지기름을 넣고, 소금과 많은 향신료로 간을 세게 맞추어 럼주를 가한 후 건조시킨다.

훈연법을 쓰지 않고, 저온에서 장시간에 걸쳐 건조시키는 것이므로 보존성이 좋다. 피자의 토핑, 애피타이저, 샐러드, 와인, 브루스케타, 샌드위치에 이용된다.

⑤ 세몰리나 (Semolina)

듀럼밀에서 가공된 입도가 거친 가루로, 단백질과 회분함량이 높은 것이 특징이며, 마카로니(macaroni)와 스파게티(spaghetti)의 원료로 사용되고 있다.

⑥ 올리브 (Olive)

신이 인간에게 내린 최고의 선물이라 불리우며, 물푸레나무과의 식물로 타원형이고, 처음엔 녹색을 띠며 후엔 흑자색이 된다. 다량의 올리브 오일을 함유하고 있고, 항산화 작용으로 노화를 방지하며 폴리페놀도 다량 함유되어 있다.

⑦ 올리브 오일 (Oilve oil)

올리브 오일은 샐러드 또는 향을 가장 중요시할 때 조미료처럼 사용한다.

아주 독특한 향뿐만 아니라 자극성의 아로마도 가지고 있다. 생산지에 따라서 오일의 종류가 다양하다.

⑧ 캐비아 (Caviar)

페르시아어 '카하비아(Khāg-āvar)'에서 유래된 캐비아는 사전적인 의미로는 '생선의 알'을 의미한다. 하지만 통상적으로 철갑상어의 알을 지칭한다. 프랑스의 혼강에서 많은 양의 철갑상어가 포획되었지만 지금은 98%의 캐비아가 카스피 연안에서 생산되고 있다.

⑨ 폴렌타 (Polenta)

고대시대에 죽의 형태로 먹던 것이 시초였으며, 옥수수가루 또는 보리가 주원료인 이탈리아 북부지방의 식재료이다. 과거에는 밀가루의 일종으로 만들어 먹던 것이 현재까지 남아 변형되어 굳어진 것이라고 한다.

⑩ 프로슈토 코토 (Prosciutto Cotto)

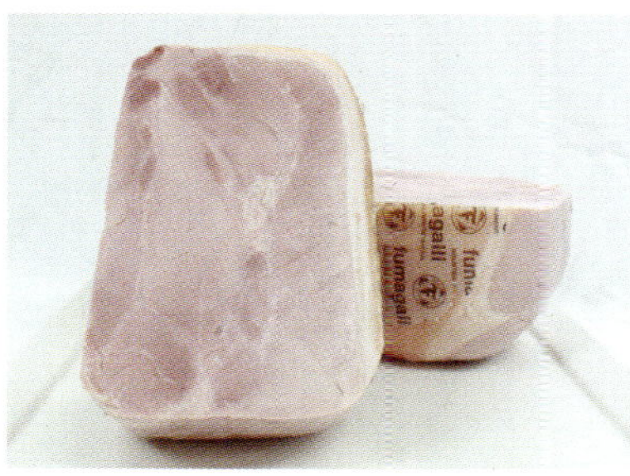

익힌 프로슈토는 육질이 부드럽고 섬세하며 각종 요리에 다양한 형태로 활용되는데, 주로 피자 및 구이 요리의 토핑, 애피타이저, 샐러드, 와인, 브루스케타, 샌드위치 등에 이용된다.

⑪ 프로슈토 크루도 (Prosciutto crudo)

프로슈토 크루도는 이탈리아의 북쪽지역인 파르마지역에서 생산되는 프로슈토 햄을 뜻한다. 파르마지방의 돼지는 최상의 육질을 가지고 있으며, 양념을 한 후 소금 처리를 하여 공기에서 숙성시키고, 훈제는 하지 않는다. 프로슈토는 주로 얇게 썰어 전채요리에 사용한다.

⑫ 프루트 케이퍼 (Caper fruit)

지중해 연안에 널리 자생하고 있는 식물로, 꽃봉오리는 달걀 모양이며 색깔은 그린색을 띠고, 향신료로 주로 사용된다. 크기는 작은 것부터 강낭콩만한 것까지 다양하다. 주로 샐러드 드레싱, 파스타, 훈제연어, 참치요리 등에 사용한다.

Chapter 3

허브 및 향신료

1. 허브 및 향신료의 개요(Summary of spice)

허브(herb)는 "푸른 풀"이라는 뜻을 가지고 있는 라틴어 허바(Herba)에서 유래되었으며 고대에는 향과 약초만을 일컫는 단어였다. 하지만 현대에 와서는 약, 요리, 향료, 살균, 살충 등에 사용되는 식물 전부를 의미하게 되었다.

요리분야에서 허브는 식물의 잎만을 사용할 때 부르는 이름이라고 하는 학자도 있으나, 성분에 따라 식품이나 음료 등에 보존용 향신료 또는 건강증진제로 첨가되거나 세정효과를 위해 향수 · 화장 등의 제품에 사용되는 식물의 전부라고 확대해도 무방하다. 허브는 주로 따뜻한 지방에서 자라며, 줄기 · 잎 · 봉우리 등 부드러운 부분을 이용하고 사람들의 생활에 도움이 되며, 향기가 있는 식물의 총칭이다.

향신료(spice)는 요리의 맛과 색 및 향을 내기 위해 사용하는 식물의 종자 · 과실 · 꽃 · 잎 · 껍질 · 뿌리에서 얻게 되는 식물의 일부분이며, 식품의 향미를 전하거나 아름다운 색을 나타내어 식욕을 증진시키며 소화기능을 돋우어 준다. 향신료는 4가지의 기본 기능을 갖는데, 누린내와 비린내를 화학적으로 해결하여 불쾌한 냄새를 억제하는 기능, 식품 자체의 맛을 내는 기능, 향기를 만들어 내는 기능, 매운 맛이나 쌉쌀한 맛 등을 이용하여 소화액 분비를 촉진시켜 식욕을 증진시키는 기능이 있다.

또한 각종 병의 치료와 예방에 사용되는 등 그 효용성이 높으며 음식에 풍미를 촉진시키는 식물성 물질이다. 영어로는 스파이스(spice)라고 한다. 스파이스의 어원은 후기 라틴어로 '약품'이라는 뜻인데, 우리말로 양념에 해당된다. 향신료는 통째로 또는 가루로 만들어서 사용하지만 허브는 신선한 형태로 사용하거나 말린 형태로 사용한다.

옥스퍼드 사전에 의하면 향신료란 "식품에 향미를 주기 위해 사용되는 것으로 향 또는 자극성을 가진 식물"이라는 대단히 넓은 범위의 정의를 내리고 있다. 또 "Spice-역사와 종류"의 저자로 유명한 John Parry는 다음과 같이 정의하고 있다.

"spice는 식물을 건조한 것으로 식품에 첨가함으로써 그 식품의 향미를 높이고 기호성과 자극성을 부여하는 것이다. 대부분의 향신료는 상쾌한 방향이 있고 또 자극을 가진 것으로 그것은 뿌리, 껍질, 잎, 과실 등 식물의 일부분에서 얻게 되는 것이다."

현재는 통상 향신료라고 하면 향초를 포함하여 부르는 경우가 많지만, 최근에는 향초가 herb로 또 다른 시점에서 보급되고 있어 향신료와 향초를 구별하여 생각하기도 한다. 한편 신선한 향신료를 말린 향신료보다 선호하며, 파슬리와 바질 및 백리향과 같은 많은 향신료가 재배된다. 말린 향신료는 수분이 제거되기 때문에 말리지 않은 것보다 훨씬 농축되어 있다고 할 수 있다.

향신료를 말릴 때에는 꽃이 피기 시작할 때 따서 말리는 것이 좋으며, 이 시기가 가장 향기가 좋은 시기이다. 또한 건조한 날 채취해서 강한 햇빛을 피해 따뜻한 방에 보관하거나 약한 오븐에서 말리는 것이 좋다. 말린 잎과 꽃은 종이 타월로 문질러서 체에 내린 후에 밀폐된 용기에 넣어 햇빛을 피해 서늘한 장소에서 보관한다.

2. 향신료의 역사

유럽인들이 향신료를 사용하기 시작한 것은 로마가 이집트를 정복한 후부터이며, 그 당시의 향신료는 인도산의 후추와 계피였는데 인도양을 건너 홍해로 북상하여 이집트에 달하는 항로가 개발되었기 때문이다.

그 후 이슬람 교도가 강력하게 팽창한 후부터는 유럽이 원하는 향신료는 모두 아랍 상인의 손을 경유하였으며 그때부터 정향(clove)과 육두구(nutmeg)의 두 종류가 중요한 향신료로서 등장하게 되었다. 이 두 종류가 모두 몰리카 제도의 특산물이었기 때문에 위험을 무릅쓰고 운송하여 들어왔다.

1150년 프랑스에 나타난 향신료(epice)라는 말이 프랑스어 'especе(돈)'을 가리키는 라틴어 species에서 나온 말이라는 것에서도 알 수 있듯이, 향신료는 고대부터 역사 속에서 금과 함께 가장 값진 재물과 동의어로 남게 된다.

시바의 여왕이 솔로몬에게 바친 재물에 이러한 향신료들이 대표적인 물품의 목록을 차지하는 것처럼 쓰여진 책에서 보듯이 왕이나 교황을 알현하는 사람은 향신료를 바쳤다고 한다.

또한 중국 한(漢) 왕조의 관리들은 왕을 알현하기 전 정향을 씹어 입냄새를 정화하고 만나기도 했다고 한다. 향신료는 음식에 풍미를 줄 뿐만 아니라 종교의식에 사용되고 의학적인 약품으로도 사용되며, 다방면에서 인간의 삶에 영향을 미친다. 유럽 사람들에게 향신료는 미지의 세계에 대한 호기심과 함께 자신의 부를 과시하는 용도로 과하게 사용되는 모습도 볼 수가 있다.

유럽에 향신료의 원산지가 알려진 것은, 13세기 실크로드를 통해 중국에 들어간 마르코폴로의 동방견문록이 15세기 독일어로 번역되면서부터이다. 동방견문록이 늦게 번역된 것은 베니스 상인들이 향신료 무역 독점권을 더욱 오래 유지하기 위해 다른 나라에서 책의 출간을 늦추었기 때문이다.

15세기 말~16세기 초에 걸쳐 에스파냐와 포르투갈에 의한 원양항로가 개발되었는데 그 후 포르투갈은 몰락하고, 17세기 초부터는 네덜란드가 세력을 장악하게 되었다. 그러나 독점의 이윤을 많이 붙였기 때문에 유럽에서도 향신료의 가격은 저렴하지 않았으며, 1650년을 경계로 향신료 경쟁이 점차 완만해졌다.

3. 허브 및 향신료의 종류 (Kind of herb and spice)

허브 및 향신료의 분류

잎 (Leaves / Herb)	씨앗 (seed)	열매 (Fruit/Spice)	꽃 (Flower / Spice)	줄기&껍질 (Stalk&Skin)	뿌리 (Roof / Spice)
• 다임 (Thyme)	• 넛멕 (Nutmeg)	• 레드 페퍼 (Red pepper)	• 샤프란 (Saffron)	• 차이브 (Chives)	• 터메릭 (Turmeric)
• 딜(Dill)	• 아니스 씨 (Anise Seed)	• 바닐라 (Vanilla)	• 정향 (Clove)	• 계피 (Cinnamon)	• 홀스래디시 (Horseradish)
• 라벤더 (Lavender)	• 캐러웨이 씨 (Caraway Seed)	• 올스파이스 (All spice)	• 케이퍼 (Caper)	• 레몬 그라스 (Lemon Grass)	• 와사비 (Wasabi)
• 레몬밤 (Lemon Balm)	• 커민 씨 (Cumin Seed)	• 주니퍼 (Juniper)	• 아카시아 (Accacia)	• 달래 (Wild onion)	• 생강 (Ginger)
• 로즈마리 (Rosemary)	• 메이스 (Mace)	• 카옌 페퍼 (Cayenne Pepper)	• 히솝 (Hyssop)	• 샬롯 (Shallot)	• 갈릭 (Garlic)
• 마조람 (Marjoram)	• 코리앤더 씨 (Coriandor Seed)	• 파프리카 시즈닝 (Paprika Seasoning)	• 미르틀 (Myrtle)	• 안젤리카 (Angelica)	• 가랑갈 (Galangal)
• 민트 (Mint)	• 머스터드 씨 (Mustard Seed)	• 피클링 스파이스 (Pickling Spice)	• 보리지 (Borase)	• 아로메틱 (Aromatic)	• 시나몬 (Cinnamon)
• 바질 (Basil)	• 셀러리 씨 (Celery Seed)	• 스타아니스 (Star Anise)	• 네스트리움 (Nasturtium)	• 콰시아 (Quassia)	
• 방풍싹 (Ledebouriella seseloides)	• 딜 씨 (Dill Seed)	• 카더몬 (Cardamon)			
• 세이지(Sage)	• 양귀비 씨 (Poppy Seed)				
• 스테비아 (Stevia)					
• 오레가노 (Oregano)					
• 월계수 잎 (Bay Leaf)					
• 이탈리아 파슬리 (Italyan parsley)					
• 쳐빌 (Chervil)					
• 초코민트 (Choco mint)					
• 코리앤더 (Coriander)					
• 크레숑 (Cresson)					
• 타라곤 (Taragon)					
• 파슬리 (Parsley)					
• 팬지 (Pansy)					
• 페퍼민트 (Peppermint)					

(1) 다임 (Thyme)

① **산지** : 지중해성 식물로서 남유럽제국과 지중해 연안이 주산지

② **특성** : 사향초의 식물로 택리향목 자소과의 작은 관목. 둥글게 말린 잎은 불그스름한 라일락 색이며 입술 모양의 꽃을 가진 작은 식물

③ **용도** : 토끼구이, 사냥한 고기(roast game), 라구 소스(ragout's sauce), 스튜, 수프 등에 양념으로 사용

④ **제조법** : 나무의 키가 10cm 정도 자라면 잎을 잘라서 건조 후 사용

(2) 딜 (Dill)

① **산지** : 유럽, 미국과 서인도 제도에서 자생

② **특성** : 독일의 정원 식물르 캐러웨이와 비슷함. 씨의 각각의 사면에는 양피지 같은 표피가 있음. 씨나 가지채로 이용

③ **용도** : 피클, 샐러드, 사워크라우트, 수프, 소스에 이용되며 요리를 만든 후 마지막에 사용

(3) 라벤더 (Lavender)

① **산지** : 지중해 연안

② **특성** : 전체에 흰색 털이 있으며, 꽃 · 잎 · 줄기를 덮고 있는 털들 사이에 향기가 나오는 기름샘이 있음. 향기는 마음을 진정시켜 평온하게 하는 효과가 있음.

③ **용도** : 향료식초, 간질병, 현기증 환자 약, 목욕제 등에 사용

(4) 레몬밤 (Lemon Balm)

① **산지** : 지중해 동부지방, 서아시아, 중부 유럽 등

② **특성** : 잎 향신료로, 잎이 무성하게 자라며 레몬향과 유사한 향이 남.

③ **용도** : 향이 깊어 차나 샐러드 또는 육류요리 등에 사용

(5) 로즈마리 (Rosemary)

① **산지** : 지중해 연안

② **특성** : 솔잎을 닮았으며 늑색 잎을 지녔다. 키가 큰 잡목으로 보라색이고 잎을 그대로 쓰기도 하고 분말을 내어 사용하기도 한다.

③ **용도** : 신선한 것이나 건조시킨 것은 고기나 가금요리와 샐러드의 향을 돋우는 데 이용하며 스튜나 수프에 사용

(6) 마조람 (Marjoram)

① **산지** : 지중해 지역

② **특성** : 연한 장미색을 지닌 식물로서 꽃이 핀 후에 잘라 말리고 잎사귀는 회색을 띤 녹색. 잎사귀를 분달 내어 사용하며 달콤하면서 아린 맛이 남.
잎사귀는 밀봉된 용기에 저장하지 않으면 퇴색된다.

③ **용도** : potato soup, stuffed goose, liver dumplings, 달팽이 요리, 토끼구이, 햄, 고기 덤블링 등의 양념으로 사용한다.

(7) 민트 (Mint)

① 산지 : spearmint는 유럽이 원산지이며 영국과 미국 전역
② 특성 : 특이한 향과 잎사귀, 꽃 등으로 구별. 작살 모양의 잎사귀를 가진 spearmint는 향이 있고 메탄올을 함유. 가장 인기 있는 종류는 붉은 꽃술을 가지고 있다.
③ 용도 : 리큐어(liqueur), 코디얼(cordials), 캔디, 음료 등에 사용
양고기의 냄새를 제거하기 위해 사용
민트 소스, 민트 아이스크림에 사용

(8) 바질 (Basil)

① 산지 : 이란과 인도가 원산지이고, 이탈리아 남프랑스, 아메리카가 주산지
② 특성 : 일년생 식물로 높이 45cm까지 자라며 엷은 신맛을 낸다.
③ 용도 : 주로 legume, 수프, 스파게티 및 각종 소스에 사용
④ 제조법 : 주로 어린 잎을 적기에 따서 사용

(9) 방풍싹 (Ledebouriella seseloides)

① **산지** : 중국 북동부, 화베이, 내몽골 등

② **특성** : 쌍떡잎식물로 높이가 60cm 정도이고, 줄기가 1.5cm로 굵고 담녹색이다.

③ **용도** : 중풍에 효과가 있어 약용으로 사용

④ **제조법** : 주로 어린 잎이나 뿌리를 사용

(10) 세이지 (Sage)

① **산지** : 유럽 및 미국

② **특성** : 높이가 90cm 가량 자라며, 꽃은 푸른색이고 잎은 흰 녹색이며 건조시킨 세이지는 잎 부분만 사용. 향이 강하고 약간의 씁쓸한 맛이 난다.

③ **용도** : 가금류와 송아지고기 요리의 양념 그리고 소스에 주로 사용

(11) 스테비아 (Stevia)

① **산지** : 습한 산간지

② **특성** : 잎에는 감미물질인 스테비오사이드가 전체 무게의 6~7% 들어 있다.

③ **용도** : 차, 음료, 감미료 등

(12) 오레가노 (Oregano)

① **산지** : 멕시코, 이탈리아, 미국

② **특성** : 박하과의 한 종류로 향이 강하고 상쾌한 맛을 가지고 있다. 건조시킨 잎사귀는 흐릿한 녹색을 띤다.

③ **용도** : 피자나 파스타 같은 이탈리아 요리나 멕시코 요리에 사용되며 칠리 파우더의 원료이다.

(13) 월계수 잎 (Bay Leaf)

① 산지 : 지중해 연안
② 특성 : 높이는 15m 정도이며, 생잎은 약간 쓰고 주로 건조시켜 향신료로 사용
③ 용도 : 향이 좋아서 차나 육수 및 육류요리나 닭요리 등에 사용

(14) 이탈리아 파슬리 (Italyan parsley)

① 산지 : 이탈리아
② 특성 : 보통 파슬리에 비해 진한 녹색의 빛깔을 띠고 향과 맛이 좋다.
③ 용도 : 수프와 소스, 장식용 등으로 사용

(15) 차이브 (Chive)

① **산지 :** 유럽, 미국, 러시아, 일본

② **특성 :** 부추과의 식물이고 녹색으로 파 모양으로 생겼으며 순한 향을 가진 잎사귀와 불그스름한 꽃송이를 가지고 있음.

③ **용도 :** 잎사귀는 다져서 쓰는데 가니쉬로 사용하고, 샐러드, 생선, 수프, 크림치즈와 오믈렛에도 사용

(16) 처빌 (Chervil)

① **산지 :** 서부 아시아, 러시아, 코카서스

② **특성 :** 미나리과의 향초로써 매우 강한 방향성을 가졌으며 꼬부라진 잎사귀와 북미산 소나무 같은 꽃을 가지고 있음.

③ **용도 :** 수프, 샐러드에는 생으로, 말린 것은 소스나 양고기 구이에 사용하며, 가늘고 잘게 썰어서 오믈렛이나 스크램블 등의 달걀 요리에도 사용

(17) 초코민트 (Choco mint)

① 산지 : 유럽

② 특성 : 높이 30~60cm. 초콜릿향과 박하향이 섞인 냄새가 난다.

③ 용도 : 주로 생잎을 사용해 샐러드나 주 요리 및 디저트를 장식할 때 사용

(18) 코리앤더 (Coriander)

① 산지 : 지중해 연안, 모로코, 남부 프랑스, 중국 등이 원산지

② 특성 : 딱딱한 줄기를 가진 식물로 60cm의 높이이며 흰색 꽃이 피고, 건조된 열매는 후추콩 크기와 같으며 외부에 주름이 잡혀 있고 적갈색을 띤다.

③ 용도 : 강한 향을 가지고 있어 향신료로 많이 사용

(19) 크레숑 (Cresson)

① **산지** : 유럽 등

② **특성** : 영어 이름은 워터크레스(Watercress)이고, 겨자(물냉이)과의 다년생 초본으로 네덜란드에서는 '갓냉이'라고 함, 잎은 크고 진한 녹색. 줄기는 가늘고 냄새가 좋으며 매운맛이 난다.

③ **용도** : 비타민이 함유되어 있으며 샐러드 또는 생선 요리에 사용

(20) 타라곤 (Taragon)

① **산지** : 유럽이 원산지이며 러시아와 몽고에서 재배되는 정원초의 일종. 프랑스에서 식용으로 최초 재배

② **특성** : 다년생 초본으로 잎은 길고 얇으며 올리브색이고, 꽃은 작고 단추 같다.

③ **용도** : pickle mariner, bearnaise sauce, chasseur sauce에 사용되며, 식초 제조에도 쓰인다.

④ **제조법** : 4~7월 중에 재배한 것을 식초에 담가 보존한다.

(21) 파슬리 (Parsley)

① **산지** : 지중해 연안

② **특성** : 정원초로 특이한 성분의 잎과 꽃에 비타민이 풍부하고 소화에 도움이 된다.

③ **용도** : 샐러드, 수프, 고기, 생선에 다져서 뿌리거나 가니쉬 용도로 사용

(22) 페퍼민트 (Peppermint)

① **산지** : 페퍼민트는 유럽이 원산지이며 영국과 미국 전역에서 재배

② **특성** : 특이한 향과 잎사귀 및 꽃 등으로 구별. 작살 모양의 잎사귀를 가진 spearmint는 향이 있고 메탄올을 함유

③ **용도** : cordials, candy, 음료 등에 이용 spearmint는 양고기의 냄새를 제거하기 위해 사용

(23) 팬지 (Pansy)

① **산지** : 유럽

② **특성** : 제비꽃이라고도 불린다. 보라색, 적색, 자색 등 다양한 색이 있다.

③ **용도** : 식용식물로 샐러드나 주 요리를 장식할 때 사용

(24) 통계피 (Cinnamon)

① **산지** : 중국 및 한국 등

② **특성** : 계수나무(Cercidiphyllum japonicum)의 뿌리 · 줄기 · 가지 등의 껍질을 벗겨서 말리거나, 껍질을 벗기지 않고 건조시킨 가느다란 가지를 뜻한다. 향기는 방향이 있으며, 쓴맛과 매운맛을 가지고 있으나 산지에 따라 특성이 다르며 계피나무의 껍질은 계피(桂皮), 옥계(玉桂), 대계(大桂) 등으로 부른다.

③ **용도** : 과일 조림, 피클, 수프 등에 사용

(25) 넛멕 (Nutmeg)

① **산지** : 인도네시아 몰루카스섬, 서인도제도 반다섬과 파푸마에서 재배

② **특성** : 평균 높이가 9~12cm. 열매는 복숭아와 비슷하며 속살이 많고 껍질과 핵 사이가 불그스름한 황색으로 덮여 있다. 넛멕(육두구)은 그 열매의 핵이나 씨를 말한다.

③ **용도** : 디저트, 감자 요리, 송아지 가슴고기, 버섯 요리에 사용

(26) 레드 페퍼 (Red pepper)

① **산지** : 열대 아메리카, 아프리카의 서인도 제도 및 일본, 한국 등

② **특성** : 식물의 열대는 선홍색이고 크기와 모양이 다양
햇볕에 말리며 cayenne pepper는 건조시킨 열매로 가루를 낸 것이며 red pepper는 강한 향을 낸다.

③ **용도** : 타바스코, 커리 파우더, 피클, 육류절임, 샐러드, 바비큐 등에 사용

(27) 레몬 그라스 (Lemon Grass)

① **산지** : 인도와 말레이시아에서 주로 재배

② **특성** : 외떡잎 화본과의 식물로써 향료를 채취하기 위하여 열대지방에서 재배하며, 레몬 향기가 남. 잎과 뿌리를 증류하여 얻은 레몬 그라스유에는 시트랄 성분이 들어 있다.

③ **용도** : 수프, 생선, 가금류 요리와 레몬향의 차, 캔디류 등에 사용.

(28) 바닐라 (Vanilla)

① **산지** : 중미가 원산지이며 마다가스카르가 주요생산국

② **특성** : 바닐라콩을 끓는 물에 담그고 서서히 건조 후에 가공.
이것을 밀폐된 상자나 주석관에 포장

③ **용도** : 풍미 크림과 디저트, 차가운 과일 수프, 쿠키와 케이크, 아이스크림, 캔디에 사용. 바닐라콩의 꼬투리는 아귀를 벌려 음식과 같이 요리하고 서빙하기 전에 콩은 제거

(29) 샤프란 (Saffron)

① **산지** : 원산지는 아시아, 주산지는 스페인, 프랑스, 이탈리아의 지중해 연안

② **특성** : 식품에 넣었을 때 강한 노란색을 띰. 맛은 순하고 씁쓸하며 단맛이 남.

③ **용도** : 소스, 수프, 쌀 요리, 감자 요리, 빵에 사용

④ **제조법** : 창포 붓꽃과의 일종으로 꽃의 암술을 적당히 건조하여 사용. 100g을 얻기 위해 6~8만 꽃송이가 필요

(30) 계핏가루 (Cinnamon powder)

① **산지** : 중국, 인도네시아, 인도차이나

② **특성** : 상록수 잡목과 비슷하며 높이는 9m. 가장 얇은 외피를 가진 것이 우수 품종이며 두께가 굵어질수록 상품 가치가 떨어짐. 이 껍질의 향은 아카시아 나무보다 순하며 붉은빛을 띠며, 시나몬이라고도 한다.

③ **용도** : 페이스트리, 빵, 푸딩, 케이크에 가루로 사용. 딱딱한 시나몬은 과자 절임, 피클, 과일 수프, 그리고 뜨거운 음료로 쓰임. 시나몬 기름은 향료나 약재로 쓰인다.

(31) 아니스 (Anise)

① **산지** : 동양이나 멕시코, 모로코, 지중해 국가, 크로아티아, 터키 및 러시아에서 오랫동안 서식

② **특성** : 파슬리과 식물, 45cm 높이까지 자라며 하얀색의 꽃과 가는 잎사귀를 가지고 있음. 씨는 작고 단단하고 녹갈색으로, 중국 요리에 많이 사용되는 향신료. 중국 목련나무의 씨와 씨방

③ **용도** : 양조산업에서 천연재료 및 돼지고기와 오리고기의 누린내를 없애는 데 사용

(32) 터메릭 (Turmeric)

① **산지** : 아시아

② **특성** : 터메릭(강황)은 뿌리 부분을 건조한 다음 갈아 만든 가루를 향신료 및 착색제로 사용. 생강과 비슷하게 생겼으며, 쓴맛이 나고 노란색으로 착색됨. 동양의 샤프란으로 알려져 있으며, 향과 색을 내는 데 쓰인다.

③ **용도** : 커리, 쌀 요리에 사용

(33) 올스파이스 (Allspice)

① **산지** : 자메이카, 멕시코, 앙티에 섬과 남미

② **특성** : 열대에서 자생하는 키 작은 상록수의 열매에서 추출. 붉거나 검은 브라운색의 씨앗을 지니고 있다. 서인도섬과 남아메리카, 멕시코 등지에서도 자생. 피멘토(PIMENTO), 피멘타(Pimenta)라고 불리면서 자메이카 후추로도 많이 알려져 있다.

③ **용도** : 향은 클로브, 정향, 넛멕, 시나몬의 향과 비슷함. 조리에는 주로 절임, 스튜, 수프, 소시지 등에 사용

(34) 주니퍼 (Juniper)

① **산지** : 이탈리아, 체코, 루마니아

② **특성** : 삼나무과에 속하는 나무로서 관목 상록수. 검푸른 열매는 완두콩만하고 열매가 나오기 시작해서 드 번째 계절에 따기 시작한다.

③ **용도** : 멧돼지구이, 진(gin) 및 리큐어(liqueurs)의 향을 돋우어 주며 음식과 함께 넣고 조리하여야 하고, 육류나 생선을 양념에 재울 때에 주로 사용

(35) 커리 (Curry)

① **산지** : 인도, 인도네시아와 동남아

② **특성** : 커리의 맛은 생강과 고추의 함량에 따라 순한맛, 중간맛, 매운맛으로 나눌 수 있는데 남인도 지방에서 생산되는 커리가 맵기로 유명함. 커리는 종교형식과 전통에 따라 Turmeric, Coriander, Fenugreek, Caraway, Paprika를 섞는다.

③ **용도** : 주로 고기, 생선, 달걀, 쌀, 닭, 송아지, 새우, 채소 등 다양하게 사용. Curry Rice, Curry, Curry Sauce, 채소, 생선요리에 사용

(36) 캐러웨이 (Caraway)

① **산지** : 소아시아, 유럽과 시베리아 북 페르시아와 히말라야

② **특성** : 이년생 식물로 많은 가지를 가지고 있으며 60cm 이상 자라고 하얀 꽃이 피며, 열매는 대략 0.3cm 길이. 익었을 때에는 회갈색을 띠며 암술은 5개의 얇은 고랑이 있다.

③ **용도** : 보리빵, 사워크라우트, 비프 스튜, 수프와 캔디에 사용

(37) 케이퍼 (Caper)

① **산지** : 지중해 국가에서 생산, 이탈리아와 마조르카 지방

② **특성** : 작물의 꽃봉오리로서 열매는 크기가 작은 것일수록 질이 좋으며, 소금물에 저장했다가 물기를 빼서 식초에 담가 두었다가 사용, 품질은 nonpareilles (작은 것), surfines (중간 것), capucines (큰 것) 등이 있다.

③ **용도** : 훈제연어, 소스, 청어 절임에 사용하고 음식과 함께 조리하지 않는다.

(38) 페퍼 (Pepper)

① **산지** : 동남아시아 주로 말라바르 해협, 보르네오, 자바, 수마트라

② **특성** : 페퍼콘이라고 하는 열매는 완전히 익었을 때 붉은색으로 변함, 흑 통후추, 흑 가루후추, 거칠지 간 흑색후추, 흰 통후추, 흰 가루후추 등으로 사용. 블랙 페퍼는 덜 익은 후추종을 외피가 주름지고 검은색으로 변할 때까지 햇볕에 말린 것이다.

③ **용도** : 통후추는 수프 고기와 피클에 풍미를 내는 데 이용. 가루후추는 음식을 양념하는 데 사용

(39) 파프리카 시즈닝 (Paprika Seasoning)

① **산지** : 스페인, 프랑스 남부, 이탈리아, 유고, 헝가리

② **특성** : 헝가리 고추 또는 '피멘토'라고도 함. 헝가리산 파프리카는 얼얼한 맛을 내며 검붉은색. 맵지 않은 것으로 알려졌으나 구미에는 아주 매운 것과 은근히 매운 것도 있다.

③ **용도** : 갑각류와 치킨 요리 등에 사용

(40) 피클링 스파이스 (Pickling Spice)

① **특성** : 혼합 스파이스의 일종으로 유럽에서 오랫동안 쓰이고 있음. 재료는 기호에 따라 선택 가능하다.

② **용도** : 주로 양배추, 양파, 근채류, 피클용 오이, 마늘, 배, 살구 등으로 피클을 담글 때 사용하는 향신료

(41) 홀스래디시 (Horseradish)

① **산지** : 중앙 유럽과 아시아, 전 유럽과 미국

② **특성** : 뿌리의 색은 황갈색이며 길이는 약 45cm이고 내부는 흰색. 풍미가 매우 강하고 맛이 얼얼함. 뿌리는 껍질을 벗겨서 간 다음에 식초와 우유를 넣고 끓인다.

③ **용도** : 날것을 강판에 갈아서 소스와 생선고기 요리에 쓰며 소고기 요리 및 훈제한 연어에 사용

taste

Part Ⅱ

이탈리아 요리 준비과정

Chapter 4 치즈의 종류와 관리

1. 치즈의 개요

치즈는 동물의 젖에 함유된 단백질을 효소로 가열하여 응고·발효시킨 식품이다. 치즈를 만드는 과정은 우유에 응유효소(milk clotting enzyme)를 가열하여 응고시킨 다음 유청(whey)을 제거하여 가열 또는 가압 등의 처리를 거쳐 만들어진다. 응유효소는 우유를 응고하는 작용을 하는 효소이고, 유청은 우유를 치즈로 만드는 과정에서 생성되는 부산물이다. 즉, 젖산균이 젖당을 분해하여 젖산을 만들고 이 산으로 카세인이 침전될 때 침전물의 덩어리 속에 지방입자가 휩싸여 들어간다. 젖산으로 분해되지 않은 나머지 젖당은 알부민 등의 수용성 단백질과 물에 녹은 채로 배수되어 제거된다.

영양적인 면에서 칼슘(Ca), 비타민(Vitamin), 단백질 등의 필수적인 영양성분이 농축되어 있어 발효 숙성식품 중에서 영양가 최고의 식품으로 손꼽힌다. 또한, 단백질 분해 효소가 가공하는 과정에서 처리되므로 소화흡수율이 높다.

카세인 중에는 칼슘·인·황이 많이 결합되어 있으므로 치즈는 이들 무기질의 좋은 공급원이 된다. 또한 비타민 A나 B 등의 미량영양소도 많으며 어린이 및 성인용 식품으로 매우 적당하다.

2. 치즈의 유래

발효를 끝낸 성숙된 치즈를 '자연 치즈'라고 하며, 그 종류나 성숙도가 다른 것을 배합하여 다시 가공한 제품을 '가공 치즈'라고 한다. 치즈라는 어원은 라틴어의 '카세우스(caseus)'에서 유래되었으며, 이탈리아어로는 '카초(cacio)', 영어로는 치즈(cheese), 독일어로는 카제(kase)라고 불린다.

'카세우스' 라는 단어는 '우유 응고물을 틀에 넣는다.' 라는 의미를 가졌다.

치즈의 역사가 정확히 어느 시대에 시작되었는지는 알 수 없지만, 고대 시대에 최초로 가축을 사육하던 유목민이 가축의 젖을 먹으면서 자연스럽게 젖에 있던 유산균이 발효되어 치즈로 만들어졌다고 하며, '아라비아 상인이 양의 위로 만든 주머니에 염소의 젖을 넣어 두고, 사막을 횡단하던 도중에 마시려고 하는데 흰 덩어리로 변해 있었다.'는 이야기도 전해진다. 그리고 이렇게 변한 이유가 '레닛(rennet)' 이라는 효소 때문이라는 걸 발견하였다.

우유에 젖산균과 응유효소를 넣고 추출한 레닛 효소를 가미하여 생긴 커드에서 훼이 (whey)를 제거한 것이며 양의 위에 소화효소인 레닌(rennin)이 남아서 젖을 응고시킨 것으로 설명된다. 치즈는 아시아에서 발견되어 유럽으로 전해진 것으로, 고대 그리스에서는 호메로스의 시나 히포크라테스도 치즈에 대해서 언급하였으며 성서에도 기호품으로 기술되어 있다.

로마제국시대에는 사치품의 하나로 고급 치즈를 스위스로부터 수입하였으며, 당시의 게르만인도 치즈를 알고 있었다고 한다. 영국에는 로마인이 전하였는데, 고대 잉글랜드나 스코틀랜드에서는 다량의 카세인을 함유한 버터를 작은 통에 채운 다음, 땅속에 묻어 수년 등안 심홍색이 될 때까지 숙성시킨 것을 좋아하였다. 중세에는 교회가 치즈의 제조기술을 잘 보전하였을 뿐만 아니라 더 발전시켜 유럽 각지의 농민들은 사제로부터 치즈의 제법을 전수받았다고 한다.

3. 치즈의 보관방법

치즈는 자연 치즈와 가공 치즈로 나뉘는데, 자연 치즈의 경우 치즈를 숙성시키는 미생물이 온도 또는 습도에 영향을 받기 때문에 부패되기 쉽고, 오랜 시간 보관하면 겉 표면이 건조하고 단단해지거나 곰팡이가 발생할 수 있다. 치즈를 한 번 사용하고 난 후에는 밀폐된 용기나 알루미늄 포일 등으로 감싸 냉장고에 보관하는 것이 좋다.

가공 치즈 중에 수분이 50% 이하의 저수분 함량 치즈는 고온에서 잘 견디며, 고수분 함량 치즈는 서늘한 곳에 보관하면 된다. 가공 치즈는 자연 치즈보다는 보존성이 좋아 유통기간이 좀더 긴 편이다. 하지만, 치즈마다 보관방법이 다르기 때문에 온도를 지키는 것이 중요하고, 치즈에 따라 품질과 유효기간을 길게 하기 위해서는 밀폐시켜 냉장고에 보관하는 것이 가장 바람직하다.

4. 치즈의 분류 및 종류

허브 및 향신료의 분류

연질 치즈 (Soft Cheese)	반 경질 치즈 (Semi-hard Cheese)	경질 치즈 (Hard Cheese)	가공 치즈 (Process cheese)
• 까망베르 치즈 (Camembert Cheese)	• 고르곤졸라 치즈 (Gorgonzola Cheese)	• 고다 치즈 (Gouda Cheese)	• 샤 · 슬라이스 체다 치즈 (Slice Cheddar Cheese)
• 리코타 치즈 (Ricotta Cheese)	• 블루 치즈 (Blue Cheese)	• 그라다파다노 치즈 (Grana Padano Cheese)	• 보흐신 치즈 (Boursin Cheese)
• 마스카포네 치즈 (Mascarpone Cheese)	• 페타 치즈 (Feta Cheese)	• 그뤼에르 치즈 (Gruyere Cheese)	• 퐁듀 치즈 (Fondue Cheese)
• 브리에 치즈 (Brie Cheese)	• 호크포흐 치즈 (Roquefort Cheese)	• 레드레스터 치즈 (Red Leicester cheese)	• 훈제 치즈 (Smoked Cheese)
• 프레시 모짜렐라 치즈 (Fresh Mozzarella Cheese)	• 스틸토 치즈 (stilton Cheese)	• 에담 치즈 (Edam cheese)	• 분말 치즈 (Powder Cheese)
• 크림 치즈 (Cream Cheese)	• 브릭 치즈 (Brick Cheese)	• 에멘탈 치즈 (Emmental Cheese)	
• 보시나 로비올라 치즈 (Bosina Robiola Cheese)	• 모짜렐라 치즈 (Mozzarella Cheese)	• 체다 치즈 (Cheddar cheese)	
• 코티지 치즈 (Cottage Cheese)	• 림브르거 치즈 (Limburger Cheese)	• 파르마지아노레지아 (Parmigiano Reggiano)	
• 꿀로미에 치즈 (Coulommiers Cheese)	• 제토스트 치즈 (Gjetost Cheese)	• 파르메산 치즈 (Parmesan Cheese)	
• 사오스 치즈 (Chaource Cheese)	• 라스케라 치즈 (Raschera)	• 페코리노 치즈 (Pecorino Cheese)	
• 하바티 치즈 (Havarti Cheese)	• 브라 치즈(Bra)	• 프로볼로네 치즈 (Provolone Cheese)	
• 두핀 치즈 (Dauphin Cheese)	• 비토 치즈(Bitto)	• 아시아고 치즈 (Asiago Cheese)	
• 벨 파아제 치즈 (Bel Paese Cheese)	• 라구자노 치즈 (Ragusano)	• 아펜젤 치즈 (Appenzell Cheese)	
• 쌩모흐 치즈 (Saint-Maure Cheese)	• 카시오타 디 우르비노 치즈 (Casciotta d'Urbino)	• 체셔 치즈 (Cheshire Cheese)	
• 뽕 레비큐 치즈 (Pont Leveque Cheese)	• 크호뗑 드 샤비뇰 (Crottin de Chavignol)	• 깡탈 치즈 (Cantal Cheese)	
• 바농 치즈 (Banon Cheese)	• 쌩넥테흐 치즈 (Saint-Nectaire)		
	• 블루 드 아비뉴 치즈 (Blue d'Auvergne)		

치즈는 크게 18종의 그룹이 있으며 그 밑에 무수한 타입이 알려짐으로써 현재 400종 이상에 이른다. 치즈의 타입이나 풍미는 숙성시의 세균이나 곰팡이에서 오는 경우가 많으므로, 치즈를 다른 지방에서 모방하려면 이들 미생물을 분리 · 배양하는 것이 첫걸음이다. 대부분의 치즈의 이름은 원산지명으로 부르는 경우가 많다.

본격적인 치즈 생산은 1851년 미국 뉴욕 주에서 윌리엄스가 소규모의 체다 치즈(Cheddar Cheese)공장을 시작한 때부터이다. 한국에서는 8 · 15 광복 후 식생활의 서구화와 더불어 치즈의 소비량이 증가하였으며 다양한 치즈의 종류를 수입하였고, 1975년부터 국내에서 생산되기 시작하였다.

종류에 따라 풍미가 다른 것은 발효미생물의 종류와 환경조건이 다르기 때문이며, 치즈는 제조법의 차이, 숙성기간의 장단(長短), 보존 조건 등에 따라 같은 종류라도 성분에 큰 차이가 있다.

치즈를 크게 분류할 때에는 경도(硬度)를 기준으로 하는 것이 통례이며, 수분 함량으로 경도를 4가지로 나눈다. 즉 초경질(超硬質)은 34% 이하, 경질은 39% 이하, 반 경질은 50 % 이하이고 연질은 제한이 없다.

(1) 연질 치즈 (Soft Cheese)

연질 치즈는 치즈 중에서 가장 부드러운 촉감을 가졌으며, 숙성과정을 거쳤지만 압착이나 조리를 전혀 하지 않은 비 숙성 치즈이다. 수분 함량은 40~50% 정도이며, 맛은 부드럽고 순하여 빵이나 음식에 발라서 먹기도 한다. 보관할 때에는 습기가 약간 있으며 건조한 곳에 보관해야 하고, 제조한 후에 빠른 시일 안에 먹는 것이 좋다.

① 까망베르 치즈 (Camembert Cheese)

'흰 곰팡이 치즈'라고 불리기도 하는데, 외피가 흰 곰팡이로 덮여 있고, 속은 노란색이다. 전유 또는 탈지유로 만들고, 흰 곰팡이를 이용해서 숙성시키며 곰팡이향이 난다.

지방 함량은 40~50% 이상이며 부드러우면서 독특한 향이 나고 맛이 좋다는 평이 나 있다. 주로 빵에 발라 먹거나 음식에 곁들여 먹는다.

② 리코타 치즈 (Ricotta Cheese)

우유를 치즈로 가공하는 과정에서 생긴 부산물인 유청(whey)을 주재료로 하여 만든 비숙성 연질 치즈이다. 지방 함량은 20~30% 정도이고, 부드러운 맛을 갖고 있으며 건조하여 갈아서 사용하거나 파스타나 허브 및 디저트에 곁들여 먹는다.

③ 마스카포네 치즈 (Mascarpone Cheese)

우유에서 분리한 크림을 원료로 하여 생크림 또는 휘핑크림으로 만든 치즈이다. 지방 함유량이 80% 이상이며, 맛은 부드럽고 단맛이 나며, 부드러운 크림 형태이다. 주로 티라미수(Tiramisu)에 사용되고, 디저트나 빵 등에도 많이 사용된다.

④ 브리 치즈 (Brie Cheese)

프랑스의 대표적인 연질 치즈로 '치즈의 왕'이라고 불린다. 우유를 숙성시켜 만드는데, 살균된 것과 살균하지 않은 우유 모두 허용 가능하다.

까망베르와 촉감이 비슷하고 부드러우며, 숙성 정도에 따라 맛이 다양해진다. 지방 함량이 50% 이상이기 때문에 부드러우면서 톡 쏘는 맛과 순한 맛이 난다. 주로 와인과 먹는다.

⑤ 프레시 모짜렐라 치즈 (Fresh Mozzarella Cheese)

신선하고 부드러운 연질 치즈의 종류 중 하나로 색은 하얀색이고, 수분 함량이 60% 이상, 지방 함량이 50% 정도로 촉감이 부드럽고 주로 전채요리나 샐러드용으로 사용한다.

(2) 반 경질 치즈 (Semi-hard Cheese)

반 경질 치즈는 연질 치즈와 경질 치즈의 중간으로 수분함량은 40~45% 정도이며, 제조과정은 가열하지 않고 압착시켜 만든 숙성 치즈이다. 종류로는 세균 숙성 치즈와 곰팡이 숙성 치즈로 나뉘며, 탄력이 있고 부드러운 맛을 갖고 있다.

① 고르곤졸라 치즈 (Gorgonzola Cheese)

이탈리아에서 만들어진 블루 치즈의 종류이다. 우유에 페니실리움(Penicillium)이라는 푸른곰팡이를 첨가하여 가열 또는 압착 과정없이 숙성시켜 만든 치즈로 블루 치즈의 무늬와 비슷한 대리석 무늬가 나타난다. 강하고 독특한 향과 부드러운 맛, 짠맛이 난다. 주로 파스타나 피자에 얹거나 소스로 사용된다.

② 페타 치즈 (Feta Cheese)

양젖 또는 우유를 응고시켜 만든 그리스의 대표 치즈이다. 신선한 상태로 먹는 치즈로, 지방 함량은 50% 이상이며 색은 흰색 또는 연한 노란색을 띤다. 껍질은 없으며 맛은 부드럽고 거친 식감이 있고 신맛이 난다. 소금물에 담가 절여서 오랫동안 보관해 먹기도 하며 샐러드나 생 치즈로 사용된다.

③ 블루 치즈 (Blue Cheese)

프랑스에서 만들어진 치즈로 우유에 첨가된 푸른곰팡이의 종류인 페니실리움 록포르티(*Penicillium roqueforti*)라는 곰팡이로 숙성시켜서 반 경질 치즈로 만든다.

블루 치즈의 속과 겉 표면에 푸른곰팡이로 인한 대리석 무늬 때문에 블루 치즈라 불리게 되었다. 숙성시키는 기간 동안 깊고 강한 향과 맛이 생성되는데 촉감은 부드럽고 진한 맛과 짠맛이 난다. 주로 와인 또는 피자나 파스타에 넣어 먹는다.

(3) 경질 치즈 (Hard Cheese)

경질 치즈는 다른 치즈에 비해 수분이 대체로 낮으며, 수분 함량이 30~40% 정도로 우유를 가열하여 세균을 첨가해 3~6개월 정도 숙성시킨 치즈이다. 형태는 둥그런 바퀴 모양으로 단단한 편이다.

① 고다 치즈 (Gouda Cheese)

네덜란드 남부의 치즈의 도시인 '고다(Gouda)'라는 이름에서 따왔으며 수분함량이 낮은 경질 치즈이다. 살균된 우유에 치즈 스타터(cheese starter)라는 균을 넣고 발효시켜 숙성시킨 것이다.

고다의 정식 명칭은 'Noord-Hollandse Gouda'이며 둥근 형태의 속이 크림색 또는 노란색을 띠며 겉 표면은 왁스를 코팅한 진한 빨간색이다. 고소하고 짠맛이 나며 탄력이 있다. 주로 와인 또는 샐러드로 만들어 먹는다.

② 그라나 파다노 치즈 (Grana Padano Cheese)

우유를 가열 후 압착하여 지방을 줄여 단단하고 오랜 기간 동안 숙성시킨다. 이탈리아어로 그라다는 '알갱이' 라는 뜻으로 치즈의 속이 알갱이들로 이루어져 있다는 것을 의미한다. 옅은 노란색을 띠며 풍미가 좋고, 파스타에 곁들여 먹거나 와인과 함께 먹는다.

③ 그뤼에르 치즈 (Gruyere Cheese)

소젖을 가열 · 압착하여 낮은 온도에서 천천히 숙성시킨 경질 치즈이다. 스위스의 치즈로 소금기가 있어 짠맛이 나고 달콤하고 좋은 향기가 있으며 노란색을 띤다. 스위스 치즈 퐁듀로 많이 사용되며, 와인과 함께 곁들여 먹는다.

④ 레드 레스터 치즈 (Red Leicester cheese)

각 나라마다 고유의 치즈가 있는데, 체다 치즈는 영국이 본고향이라고 할 수 있다. 레드 레스터 치즈는 영국의 레스터셔에서 이름을 따온 것으로 주황에 가까운 붉은색이 감돌고 잘 부서지는 질감으로 토스트에 얹어서 구워먹으면 좋다.

⑤ 페코리노 (Pecorino)

이탈리아산 양유 치즈의 종류이며 가온 압착하여 만드는 경질 치즈이다. 지방 함량은 약 38%이며 낟알 모양으로 부서지기 쉽고 맛은 자극성이 있으며, 보통 강판에 갈아서 쓴다.

⑥ 에담 치즈 (Edam cheese)

네덜란드에서 만들어진 대표적인 경질 치즈이다. 우유에서 크림을 제거한 탈지유를 사용하여 숙성시켜 만든다. 탄력이 있고 바퀴 모양으로 겉 표면에 왁스를 코팅하여 빨간색을 띤다. 지방 함량이 낮고 부드러우며 짠맛이 난다. 주로 얇게 슬라이스하여 빵에 올려 먹거나 와인과 함께 먹는다.

⑦ 에멘탈 치즈 (Emmental Cheese)

소젖을 가열 · 압착하여 숙성시켜 만든 경질 치즈이다. 스위스의 대표적인 치즈이며, 치즈 표면에 난 구멍은 프로피오닉 박테리아(Propionic Bacteria)가 치즈 내부에서 이산화탄소를 생성시켜 구멍을 만든 것이다.

지방 함량은 45% 이상이다. 밝은 갈색 또는 노란색을 띠며 부드럽고 단맛과 약한 신맛이 나며 견과류 향이 난다. 스위스 치즈 퐁듀, 육류 요리, 디저트 등에 사용된다.

⑧ 체다 치즈 (Cheddar cheese)

영국에서 만들어진 경질 치즈이다. 수분 함량이 낮고 살균한 우유에 치즈 배트(cheese vat)라는 균을 넣고 발효시킨 후에 굳혀 압착시킨 것이다.

속은 크림색이고 겉 표면은 왁스로 코팅하여 빨간색이다. 단단하고 탄력이 있으며 강한 치즈 향과 부드러우면서 신맛이 난다. 주로 디저트로 먹는 빵이나 와인과 함께 먹는다.

⑨ 파르마지아노 레지아노 (Parmigiano Reggiano)

이탈리아 파르마시가 원산지이며 딱딱한 치즈로 얇게 자르거나 가루로 만들어 사용한다. 독특한 냄새가 있으며 원통형으로 숙성기간은 3~4년이다. 주로 샐러드, 피자, 파스타 등에 사용한다.

⑩ 파르메산 치즈 (Parmesan Cheese)

우유로 만든 초경질 치즈로 수분함량이 매우 적은 치즈이다. 이탈리아의 대표적인 치즈로 '치즈의 왕'이라고 불리며, 아이보리색 또는 밝은 노란색을 띤다. 맛은 풍미가 좋고 감칠맛이 나며 주로 가루로 만들어 피자나 파스타에 넣어 먹는다.

⑪ 프로볼로네 (Provolone)

이탈리아산 경질 치즈이고 지방 함량은 44~47%이며 껍질은 황금색이고 숙성 기간 중에 매달아 두었던 가느다란 끈 자국이 있다. 속이 매끄럽고 크림빛을 띤 백색이다. 숙성시키지 않는 돌체 프로볼로네는 맛이 부드럽고, 숙성시킨 피칸데 프로볼로네는 맛이 강하다.

Chapter 5

파스타 만들기

1. 파스타(Pasta)란?

이탈리아어로 파스타(Pasta)는 밀가루와 물을 반죽했다는 뜻을 가진 그리스어 반죽하다(Passein)와 이탈리아어인 반죽(Impastare)이라는 말에서 유래되었다. 즉, 파스타는 밀가루와 물을 이용해서 만든 면 요리로 피자와 함께 이탈리아 요리의 대표적 음식이다.

파스타가 처음 이탈리아에 들어온 시기는 정확하지는 않지만, 약 1400~1500년경부터 사람들이 먹기 시작했다고 추정하고 있다.

기원전 약 3000년경에 중국에서는 잡곡으로 만든 면 요리인 국수를 만들어 먹기 시작했다고 동방견문록에 기록되어 있다. 마르코 폴로(Marco Polo)는 파스타가 중국에서 이탈리아로 들어왔다는 가설을 말하기도 했지만, 현재 만들어진 파스타는 아랍인이 시칠리아를 지배할 당시에 들어온 것이라고 한다.

파스타가 식생활에 많은 비중을 차지한 시기는 17세기로, 파스타의 생산이 확산되면서 파스타 압축기가 발명되었다. 기계가 발달되면서 천일건조에서 인공건조가 가능하게 되었고 기후에 관계없이 생산되었으며, 파스타를 만드는 제조기술은 이탈리아에서 유럽의 각 지역으로 퍼져 나갔다. 18세기에는 채소와 고기를 이용해 만든 전통 소스뿐만 아니라 치즈와 같은 재료 또는 향신료를 더 첨가해 사용하였다.

18~19세기에는 토마토가 미국으로부터 수입되면서 파스타 소스가 다양해졌고, 이탈리아인들의 미국 이민이 급증하면서 미국에서도 이탈리아의 파스타를 수입하기 시작했다.

파스타는 이탈리아뿐만 아니라 유럽이나 미국 등과 같은 다양한 지역에서도 쉽게 접할 수 있는 음식이 되었고, 파스타 면을 끓는 물에 삶아 토마토 와 같은 채소나 고기 등을 이용해 만든 다양한 소스와 향신료로 입맛을 사로잡았다.

이탈리아에서 생산된 파스타는 17세기부터 생산량이 급격히 증가하였는데, 파스타의 생산이 증가되면서 소스에도 변화가 생겼다. 원래는 토마토를 장식적인 채소 정도로만 생각했었지만, 1778년에 빈첸조 코라도(Vincenzo Corrado)가 'Cuoco Galante(The Gentlemen's Chef)'에서 최초로 토마토로 만든 소스를 언급하였다. 이때까지만 해도 토마토를 이용한 소스는 사용하지 않았다. 그러나 미국으로 이탈리아인들이 이민을 가 토마토를 수입해 소스를 만들면서 많은 변화가 생겼다.

2. 건조 파스타

건조 파스타는 아라비아 상인들이 사막을 횡단할 때 준비한 음식으로 부패하기 쉬운 밀가루 대신 밀가루와 물을 반죽하여 얇게 밀어 매우 가는 원통 막대 모양으로 말아 건조시켜 실에 꿰어 다녔다는 유래로 시작되었다.

11세기에 남부 이탈리아와 시칠리아(Sicilia)를 아랍인들이 점령하면서 건조 파스타가 시칠리아 섬에 전해졌는데, 시칠리아에서는 지역적 특징으로 파스타를 건조시키기 좋은 기후였기 때문에 생산이 활발해졌다. 그리고 건조 파스타 생산은 시칠리아가 최초로 시도하였다. 그 이후, 이탈리아의 다른 일부 지역에서도 서서히 발전되어 나폴리에서도 건조 파스타가 생산되기 시작하였고, 이탈리아의 북부 리구리아 지방에서도 생산되었다.

건조 파스타는 듀럼 밀(Durum wheat)을 사용하여 만드는데, 마카로니, 스파게티용으로 적합하여 '마카로니 밀'이라고도 불린다. 듀럼 밀은 고온 기후에서 자라며 주로 지중해 연안, 미국, 러시아 등에서 재배되고 있다. 입질은 거칠고 딱딱하며, 가루는 단백질 함량이 높고 독특한 색을 갖고 있다. 오늘날 가장 많이 사용되고 있는 밀의 종류 중 하나이다.

3. 생 파스타

생 파스파는 일반 밀(Common Wheat) 또는 듀럼 밀(Durum Wheat)을 거칠게 갈아서 세몰리나(Semolina) 가루로 만들어 사용한다.

듀럼 밀(Durum Wheat)은 파스타를 만들 때 많이 사용되며 글루텐을 많이 함유하여 수분 흡수 조절이 뛰어나고 파스타의 형태를 잘 유지시키기 때문에 생 파스타를 만들기에 적합한 가루이다. 생 파스타는 건조 파스타와는 달리 밀가루와 달걀을 이용해 반죽하여 만들기 때문에 색이나 영양적인 면에서 시금치, 샤프란, 오징어먹물, 허브, 토마토, 비트 등을 첨가하여, 많은 종류의 파스타를 만들 수 있다.

생 파스타의 종류에 따라 반죽이나 조리 방법이 달라지는데, 조리할 때는 주로 삶아서 조리한다. 삶을 때 가장 좋은 상태는 알덴테(al dente)로, 파스타 면의 가운데에 흰 심이 보이도록 약간 덜 삶아진 상태를 말한다. 이 상태가 가장 맛있게 삶긴 파스타라고 할 수 있다.

파스타는 종류에 따라 소스가 다양한데, 굵은 면에는 버터 소스나 치즈가 많이 들어간 소스 및 육류로 만든 소스가 어울리고, 얇은 면에는 올리브 오일이 들어간 소스나 크림 소스 및 해산물이 들어간 소스가 잘 어울린다.

4. 파스타의 분류 및 종류

(1) 롱 파스타 (Long Pasta)

① 스파게티 (Spaghetti)

이탈리아 요리의 대명사격인 베스트셀링 파스타로 가늘고 원형의 모양이며 지름이 1.6~2.2mm인 롱 파스타의 종류로 주로 오일, 토마토, 크림 등 모든 소스에 잘 어울린다. 스파게티의 다른 종류인 스파게토니(spaghettoni)는 지름 2mm가 넘고, 스파게티보다는 조금 더 굵다.

지름: 1.9mm, 조리시간: 12분 정도 삶는다.

② 스파게티니 (Spaghettini)

전 세계적으로 가장 사랑받는 파스타 중 하나로 지름 1.6mm 정도이며 스파게티보다는 가늘고 일반 소스보다는 올리브에 마늘을 넣어 만든 알리오 올리오(Aglio e olio)가 어울린다.

조리시간: 9분 정도 삶는다.

③ 링귀니 (Linguine)

납작하게 뽑은 파스타로 납작하게 눌러 놓은 타원형 모양 또는 납작한 리본 모양이다. 이탈리아어로 '작은 혀' 라는 뜻을 가지고 있고, 소스가 잘 배어드는 특징이 있어 봉골레 또는 바질 소스에 어울린다.

폭: 3mm, 조리시간: 11분 정도 삶는다.

④ 치티 (Zite)

길게 늘린 면발을 속이 뚫린 튜브 모양으로 단든 파스타의 종류이다. 크기가 크고 굵기 때문에 요리할 때 작은 크기로 잘라서 사용한다.

지름: 10mm, 조리시간: 11분 정도 삶는다.

⑤ 탈리아텔레 (Tagliatelle)

면발이 길고 얇은 넓적한 형태의 파스타이다. 이탈리아의 칼국수라고 불리며, 소스는 크림 소스가 가장 잘 어울린다.

폭: 5mm, 조리시간: 5분 정도 삶는다.

⑥ 라자냐 (Lasagna)

넓적하고 얇게 반죽하여 토마토 소스를 넣고 치즈를 뿌려서 오븐에 익힌 파스타이다.

밀가루에 물, 달걀, 소금 등을 넣어 반죽하여 얇게 밀어 적당한 크기로 잘라 살짝 데친 후, 양파, 소금, 향신료에 토마토와 토마토 페이스트 등을 넣어 토마토 소스를 만들어 준비한다.

라자냐에 소스를 고루 뿌리고 치즈를 올려 오븐에 구워 낸다.
폭: 80mm, 조리시간: 10분 정도 삶는다.

⑦ 카펠리니 (Cappelloni)

면발이 길고 다른 파스타에 비해 더 얇은 형태의 파스타이다.
수프나 샐러드의 재료로 사용된다.
일명 천사의 머리카락 파스타로 불리운다. 콜드파스타, 샐러드, 콘소메 수프 등 다양하게 사용 가능하다.
지름: 0.9mm, 조리시간: 2분 정도 삶는다.

⑧ 부카티니 (Bucatini)

면발이 길고 굵은 파스타로, 속에 구멍이 뚫린 형태의 파스타이다.
버터 소스 또는 안초비나 정어리를 곁들여 만든 파스타 요리로 많이 이용된다.
지름: 3mm, 조리시간 :11분 정도 삶는다.

⑨ 페델리니 (Fedelini)

면발이 길고 스파게티보다 더 얇은 면을 가진 파스타이다. 조리시간이 짧아 간편하게 즐길 수 있는 파스타로 오일, 토마토, 크림 등 모든 소스와 잘 어울린다.

지름: 1.3mm, 조리시간: 6분 정도 삶는다.

⑩ 페투칠레 (Fettucelle)

칼국수 모양의 파스타로 오일, 토마토, 크림 등 모든 소스와 잘 어울린다. Fettuce의 가장 작은 버전이다. 이것은 대략 1/8 인치 넓이이고 대부분 곧은 막대 형태의 파스타이다.

폭: 8mm, 조리시간: 8분 정도 삶는다.

(2) 쇼트 파스타 (Short pasta)

① 삼색 펜네 (Penne Tricolore)

원통형으로 된 튜브 모양의 파스타이다. 깃털이나 깃펜을 의미하는 라틴어 penna에서 유래했다.

모양에 따라 종류가 다양하다. 즉, 면의 모양이 더 넓은 펜노니(pennoni), 표면이 매끈하게 된 리세(penne lisce), 끝부분이 날카로운 대각선으로 된 얇은 펜네 리가테(penne rigate) 등이 있다. 소스는 바질 페이스트가 어울리며 샐러드용으로 쓰인다.

지름: 8mm, 조리시간: 10분 정도 삶는다.

② 파르팔레 (Farfalle, Bow Ties Pasta)

나비 모양을 한 파스타이다. 이탈리어로는 나비 넥타이라는 의미이며, 한입 크기로 먹을 수 있어 간편하고 샐러드용으로도 사용되지만, 크림 소스가 더 잘 어울린다.

크기: 40mm, 조리시간: 12분 정도 삶는다.

③ 리가토니 (Rigatoni)

원통 모양의 파스타로 식감이 좋다. 오일, 토마토, 크림 등 모든 소스와 잘 어울린다. 샐러드, 가니쉬용으로도 적합하다.

표면에 마디를 넣어 소스가 묻기 쉽게 한 것으로 생지가 두껍기 때문에 미트 소스에도 어울린다.

두께: 15mm, 조리시간: 14분 정도 삶는다.

④ 까세레치아 (Caserecci)

작은 꽈배기 모양의 파스타로 식감이 뛰어나다. 너비가 가로질러 말려 있는 짧은 길이의 파스타로, 각 사이드가 반대편 방향으로 말려져 있다.

지름: 8mm, 조리시간: 11분 정도 삶는다.

⑤ 마카로니 (Maccheroni)

짧고 튜브 모양으로 속이 뚫린 형태의 파스타이다. 가장 일반적인 파스타의 종류로 크림 소스에 주로 곁들여 먹거나 삶아서 샐러드용으로 사용하기도 한다.

조리시간: 8~12분 정도 삶는다.

⑥ 삼색 푸질리 (Fusilli Tricolore)

짧고 나선으로 돌돌 말린 모양으로 이탈리아어로는 물레에서 실을 뽑는 '쇠꼬챙이 가락'을 뜻한다.

반죽을 할 때 밀가루에 색을 첨가한 채소나 다른 재료를 넣어 만들면 샐러드용으로 눈과 입이 즐겁다. 나선 모양이기 때문에 다양한 소스를 곁들여도 잘 어울린다.

지름: 10mm, 조리시간: 12분 정도 삶는다.

⑦ 꼰낄리에 (Conchiglie)

소라 모양의 파스타로 장식용으로 뛰어나고 1cm 정도의 것에서 4~5cm 정도까지 크기가 다양하다.

오일, 토마토, 크림 등 모든 소스와 잘 어울린다. 샐러드와 가니쉬용으로도 적합하다.

조리시간: 13분 정도 삶는다.

⑧ 가르가넬리 (Garganelli)

로마 지역에서 주로 만들어 먹으며, 펜네(penne)와 모양이 비슷하다. 즉석에서 만든 도우를 사용해야 좋다.

4cm 내외의 도우를 연필 두께의 가벼운 핀으로 말아서 머리빗 모양의 울퉁불퉁한 판에 굴려 겉모양에 선이 생기도록 만든 것이다.

조리시간: 10분 정도 삶는다.

⑨ 펜노니 (Pennoni)

펜네(Penne)보다 조금 더 크고 넓으며, 속이 뚫린 형태의 파스타이다.

지름: 10mm, 조리시간: 11분 정도 삶는다.

(3) 모양 파스타 (Shaped Pasta)

① 루마꼬니 (Lumaconi)

달팽이 껍질의 모양과 비슷하며, 속이 비어 있는 형태의 파스타이다. 이 파스타는 먼저 삶아서 채소나 고기 등을 다진 후에 속을 채우고 오븐에 구워 소스를 곁들여 먹는다.

조리시간: 13분 정도 삶는다.

② 파파르델레 (Pappardelle)

넓은 모양의 파스타로 1인치 넓이이며, 넓고 납작한 리본 형태의 파스타이다. 가끔 물결처럼 독특한 모양으로도 판매된다. 탈리아텔레같이 새둥지처럼 감겨진 형태로 판매된다.

폭: 8mm, 조리시간: 7분 정도 삶는다.

③ 오르키에떼 (Orecchiette)

동그랗고 작은 귀처럼 속이 오목한 형태의 파스타이다. 이탈리아어로 '작은 귀'를 의미한다.

조리시간: 11분 정도 삶는다.

④ 로텔레 (Rotelle)

자동차 바퀴라는 의미로 빈 부분이 많아서 작게 자른 채소나 고기와 어울리며 끓이는 음식이나 수프에 주로 사용된다. 오일, 토마토, 크림 등 모든 소스와 잘 어울린다. 샐러드와 가니쉬용으로도 적합하다.

두께 : 1.1mm, 조리시간: 12분 정도 삶는다.

⑤ 풍기니 (Funghini)

작은 버섯 모양의 파스타이다. 이 파스타는 크림 소스에 어울리며, 주로 수프나 샐러드용으로 많이 이용된다.

조리시간: 6분 정도 삶는다.

⑥ 트리폴린 (Tripoline)

면발이 크고 굵은 편으로 면의 모양이 구불구불하며 동그랗게 말린 형태의 파스타이다. 이 파스타는 토마토 소스에 어울린다.

규격: 500g, 조리시간: 8분 정도 삶는다.

⑦ 라 빠또리아 (La Fattoria)

동물 모양의 파스타로 구멍이 뚫린 형태의 파스타이다. 이탈리아 베네치아 지역에서 전통 파스타로 이용되며, 주로 오징어 먹물 소스에 곁들여 먹는다.

조리시간: 9 ~12분 정도 삶는다.

⑧ 갈레티 (Galletti)

마카로니의 일종으로 겉에 물결 모양이 있는 파스타이다. 이 파스타는 주로 샐러드에 이용되며, 크림 또는 치즈로 만든 소스에 곁들여 먹는다.

조리시간: 10분 정도 삶는다.

⑨ 페투치네 (Fettuccine)

리본 형태의 파스타로 탈리아텔레(Tagliatelle)보다 조금 넓다. 로마에서는 탈리아텔레를 페투치네라고 부를 정도로 모양이 유사하며 크기는 큰 차이가 없다.

폭: 5mm, 두께: 1mm, 조리시간: 7분 정도 삶는다.

(4) 속을 채운 파스타 (Pasta farcita)

① 카넬로니 (Cannelloni)

이탈리아 전통적인 파스타 요리 중 하나로 고기나 생선 또는 시금치나 치즈로 속을 채워 토마토 소스, 크림 소스와 치즈를 입혀 오븐에서 굽는 음식이다.

원통 모양의 파스타로 튜브 안에 고기나 치즈로 속을 채워서 토마토 소스를 끼얹어 그라탱으로 구워 낸다.

② 뇨끼 (Gnocchi)

'떡'이라는 뜻이며, 감자 · 밀 · 옥수수 등 다양한 재료를 이용하여 만드는 요리로 토마토 소스 등 각종 소스와 함께 제공된다. 일반적으로 세몰리나에 으깬 감자(mashed potato), 폴렌타, 호박을 넣어 만들 수 있다.

세몰리나와 난황 및 치즈를 넣어 만드는 로마식 뇨끼(a la romaine), 우유와 치즈를 주재료로 하는 파리식 뇨끼(a la parisienne), 우유를 넣지 않고 감자 퓌레, 달걀, 밀가루를 넣어 만드는 피에몬테식의 뇨끼(a la piemontaise)로 구분된다.

③ 토르텔로니 (Tortelloni)

작은 모양의 파스타로 안에 내용물을 넣어 만든 만두 모양의 파스타이다. 파스타 도우에 소를 채우고 반원 형태로 접는다. 속을 채운 파스타는 손으로 가장자리를 누르고 모서리는 서로 꽉 조인다. 크기와 모양은 지역에 따라 가지각색이다.

④ 라비올리 (Ravioli)

토르텔로니(tortelloni) 또는 토르텔리(tortelli) 라고도 하며, 4cm 내외의 도우 양면 사이에 내용물을 넣는 방식이다. 일정한 간격으로 내용물을 넣고, 다시 그 위에 넓게 편 도우를 덮어 살짝 눌러 상하의 도우가 서로 잘 붙도록 한 다음, 내용물 사이사이를 페이스트리 휠로 밀어 잘라 주면 쉽게 만들 수 있다.

파스타의 분류

롱 파스타 (Long Pasta)	숏 파스타 (Short Pasta)	모양 파스타 (Shaped Pasta)	속을 채운 파스타 (Pasta farcita)
• 스파게티(Spaghetti)	• 펜네(Penne)	• 루마꼬니(Lumaconi)	• 까넬로니(Cannelloni)
• 스파게티니(Spaghettini)	• 파르팔레(Farfalle)	• 파파르델레(Pappardelle)	• 토르텔리니(Tortellini)
• 스파게티 소틸리 (Spaghetti Sottili)	• 리가토니(Rigatoni)	• 로텔레(Rotelle)	• 토르텔로니(Tortelloni)
• 버미첼리(Vermicelli)	• 푸질리(Fusilli)	• 오르키에떼(Orecchiette)	• 라비올리(Ravioli)
• 링귀니(Linguine)	• 꼰낄리에(Conchiglie)	• 풍기니(Funghini)	• 라비올리니(Ravioloni)
• 링궤티네(Linguettine)	• 까세레치아(Caserecci)	• 트리폴린(Tripoline)	• 라비올레티(Ravioletti)
• 마팔디네(Mafaldine)	• 가르가넬리(Garganelli)	• 라 빠또리아(La Fattoria)	• 아그놀로티(Agnolotti)
• 리차(Riccia)	• 마케로니(Maccheroni)	• 갈레티(Galletti)	• 카펠로니(Cappelloni)
• 지티(Zite)	• 펜노니(Pennoni)	• 페투치네(Fettuccine)	• 메찰루네(Mezzalune)
• 탈리아텔레(Tagliatelle)	• 푸질리 부카티(Fusilli bucati)	• 붐볼라(Bumbola)	• 만티(Manti)
• 탈리에리니(Taglierini)	• 보콘치니(Bocconcini)	• 캄파넬레(Campanelle)	• 판소티(Pansotti)
• 트레네테(Trenette)	• 칼라마라타(Calamarata)	• 카세레치(Caserecci)	
• 라자냐(Lasagna)	• 칸네로니(Canneroni)	• 카스텔라네(Castellane)	
• 카펠리니(Cappelloni)	• 카바타피(Cavatappi)	• 카바텔리(Cavatelli)	
• 부카티니(Bucatini)	• 첼렌타니(Cellentani)	• 피오리(Fiori)	
• 페델리니(Fedelini)	• 엘리코이달리(Elicoidali)	• 질리(Gigli)	
• 페투칠레(Fettucelle)	• 말탈리아티(Maltagliati)	• 뇨케티(Gnocchetti)	
• 페투치네(Fettuccine)	• 메차니 리가티 (Mezzani Riagati)	• 뇨끼(Gnocchi)	
• 에인젤 헤어(Angel Hair)	• 메체 펜네(Mezze Penne)	• 말탈리아티(Maltagliati)	
• 키타라(Chitarra)	• 메치 리가코니 (Mezzi Rigatoni)	• 리치올리니(Ricciolini)	
• 치리올레(Ciriole)	• 파케리(Paccheri)	• 롬비(Rombi)	
	• 파스타 알 체포 (Pasta al Ceppo)	• 루오테(Ruote)	
	• 펜네 리가테(Penne Rigate)	• 토르키오(Torchio)	
	• 펜네테(Pennette)	• 트로피에(Trofie)	
	• 리가톤치니(Rigatoncini)	• 미디엄에그누들(Medium)	
	• 트렌네(Trenne)	• 로텔레(Rotelle)	
	• 투폴리(Tufoli)	• 로티니(Rotini)	
	• 치티 탈리아티(Ziti Tagliati)	• 스트로차프레티(Strozzapreti)	
	• 치토니(Zitoni)	• 움브리첼리(Umbricelli)	

5. 파스타 반죽 (Pasta Dough)

(1) 기본 파스타 반죽

Basic Pasta Dough / Pasta base impasto

재료 및 분량

Flour(밀가루) 100g
Egg(달걀) 60g
Olive Oil(올리브 오일) 5mL
Salt(소금) some

만드는 방법

1. 밀가루는 고운 체에 내린다.
2. 1의 밀가루에 달걀, 올리브 오일, 소금을 넣는다.
3. 2의 내용물을 포크나 손으로 천천히 섞어 주면서 10분 정도 치대어 반죽한다.
4. 3의 반죽이 마르지 않도록 젖은 천이나 비닐을 덮어 발효실, 또는 실온에서 1시간 정도 발효시킨다.
5. 4의 반죽을 밀대로 얇게 밀어 사용한다.

(2) 달걀 반죽

Egg Dough / uovo impasto

재료 및 분량

Strong Flour(강력분) 100g
Egg Yolk(달걀노른자) 60g
Olive Oil(올리브 오일) 5mL
Semolina(세몰리나) 40g
Water(물) 20mL
Salt(소금) some

만드는 방법

1. 밀가루는 고운 체에 내린다.
2. 1의 밀가루에 달걀노른자, 세몰리나, 올리브 오일, 물, 소금을 넣는다.
3. 2의 내용물을 포크나 손으로 천천히 섞어 주면서 10분 정도 치대어 반죽한다.
4. 3의 반죽이 마르지 않도록 젖은 천이나 비닐을 덮어 발효실, 또는 실온에서 1시간 정도 발효시킨다.
5. 4의 반죽을 밀대로 얇게 밀어 사용한다.

(3) 비트 반죽

Beet Dough / barbabietola impasto

재료 및 분량

Strong Flour(강력분) 100g
Egg(달걀) 40g
Beet(비트) 20g
Olive Oil(올리브 오일) 5mL
Salt(소금) some

만드는 방법

1. 밀가루는 고운 체에 내린다.
2. 비트는 깨끗이 씻어 비트가 완전히 잠기게 물을 붓고 비트를 푹 삶는다.
3. 믹서기(Blender)에 2의 삶은 비트를 썰어 비트 삶은 국물과 함께 곱게 갈아준다.
4. 자루냄비(Pot)에 3의 비트주스를 붓고 1/2로 졸인 후 차갑게 식혀 반죽에 사용한다.
5. 1의 밀가루에 4의 비트주스, 달걀, 올리브 오일, 소금을 넣는다.
6. 5의 내용물을 포크나 손으로 천천히 섞어 주면서 10분 정도 치대어 반죽한다.
7. 6의 반죽이 마르지 않도록 젖은 천이나 비닐을 덮어 발효실, 또는 실온에서 1시간 정도 발효시킨다.
8. 7의 반죽을 밀대로 얇게 밀어 사용한다.

(4) 시금치 반죽

Spinach Dough / spinacio impasto

재료 및 분량

Strong Flour(강력분) 100g
Egg(달걀) 40g
Spinach(시금치) 20g
Olive Oil(올리브 오일) 5mL
Salt(소금) some

만드는 방법

1. 밀가루는 고운 체에 내린다.
2. 시금치는 깨끗이 씻어 끓는 물에 데친 후, 믹서기(Blender)에 곱게 갈아준다.
3. 2의 밀가루에 시금치주스, 달걀, 올리브 오일, 소금을 넣는다.
4. 3의 내용물을 포크나 손으로 천천히 섞어 주면서 10분 정도 치대어 반죽한다.
5. 4의 반죽이 마르지 않도록 젖은 천이나 비닐을 덮어 발효실, 또는 실온에서 1시간 정도 발효시킨다.
6. 5의 반죽을 밀대로 얇게 밀어 사용한다.

(5) 샤프란 반죽

Saffron Dough / zafferano impasto

재료 및 분량

Strong Flour(강력분) 100g
Egg Yolk(달걀노른자) 40g
Saffron Juice
(샤프란주스) 20mL
Olive Oil(올리브 오일) 5mL
Salt(소금) some

만드는 방법

1. 밀가루는 고운 체에 내린다.
2. 끓는 물에 샤프란을 넣어 노란색이 충분히 우러나게 끓인 후 찬물에 식힌다.
3. 밀가루에 2의 샤프란주스, 달걀, 올리브 오일, 소금을 넣는다.
4. 3의 내용물을 포크나 손으로 천천히 섞어 주면서 10분 정도 치대어 반죽한다.
5. 4의 반죽이 마르지 않도록 젖은 천이나 비닐을 덮어 발효실, 또는 실온에서 1시간 정도 발효시킨다.
6. 5의 반죽을 밀대로 얇게 밀어 사용한다.

(6) 양송이 반죽

Mushroom Dough / fungo impasto

재료 및 분량

Strong Flour(강력분) 100g
Egg(달걀) 40g
Button Mushroom
(양송이) 20g
Olive Oil(올리브 오일) 5mL
Salt(소금) some

만드는 방법

1. 밀가루는 고운 체에 내린다.
2. 양송이는 깨끗이 씻어 슬라이스(Slice)하여 팬에 볶은 후, 믹서기(Blender)에 곱게 갈아 준다.
3. 밀가루에 2의 양송이, 달걀, 올리브 오일, 소금을 넣는다.
4. 3의 내용물을 포크나 손으로 천천히 섞어 주면서 10분 정도 치대어 반죽한다.
5. 4의 반죽이 마르지 않도록 젖은 천이나 비닐을 덮어 발효실, 또는 실온에서 1시간 정도 발효시킨다.
6. 5의 반죽을 밀대로 얇게 밀어 사용한다.

(7) 오징어 먹물 반죽

Squid Ink Dough / nero di seppia impasto

재료 및 분량

Strong Flour(강력분) 100g
Egg(달걀) 50g
Squid Ink(오징어 먹물) 5g
Olive Oil
(올리브 오일) 10mL
Salt(소금) some

만드는 방법

1. 밀가루는 고운 체에 내린다.
2. 1의 밀가루에 오징어 먹물, 달걀, 올리브 오일, 소금을 넣는다.
3. 2의 내용물을 포크나 손으로 천천히 섞어 주면서 10분 정도 치대어 반죽한다.
4. 3의 반죽이 마르지 않도록 젖은 천이나 비닐을 덮어 발효실, 또는 실온에서 1시간 정도 발효시킨다.
5. 4의 반죽을 밀대로 얇게 밀어 사용한다.

(8) 칠리 반죽

Chilly Dough / fresco impasto

재료 및 분량

Strong Flour(강력분) 100g
Egg(달걀) 60g
Chilli Powder
(칠리파우더) 5g
Olive Oil(올리브 오일) 5mL
Salt(소금) some

만드는 방법

1. 밀가루는 고운 체에 내린다.
2. 1의 밀가루에 칠리파우더, 달걀, 올리브 오일, 소금을 넣는다.
3. 2의 내용물을 포크나 손으로 천천히 섞어 주면서 10분 정도 치대어 반죽한다.
4. 3의 반죽이 마르지 않도록 젖은 천이나 비닐을 덮어 발효실, 또는 실온에서 1시간 정도 발효시킨다.
5. 4의 반죽을 밀대로 얇게 밀어 사용한다.

(9) 토마토 반죽

Tomato Dough / pomodoro impasto

재료 및 분량

Strong Flour(강력분) 100g
Egg(달걀) 40g
Tomato Paste
(토마토 페이스트) 10g
Olive Oil(올리브 오일) 5mL
Salt(소금) some

만드는 방법

1. 밀가루는 고운 체에 내린다.
2. 1의 밀가루에 토마토 페이스트, 달걀, 올리브 오일, 소금을 넣는다.
3. 2의 내용물을 포크나 손으로 천천히 섞어 주면서 10분 정도 치대어 반죽한다.
4. 3의 반죽이 마르지 않도록 젖은 천이나 비닐을 덮어 발효실, 또는 실온에서 1시간 정도 발효시킨다.
5. 4의 반죽을 밀대로 얇게 밀어 사용한다.

(10) 허브 반죽

Herb Dough / erba impasto

재료 및 분량

Strong Flour(강력분) 100g
Egg(달걀) 60g
Rosemary(로즈마리) 5g
Olive Oil(올리브 오일) 5mL
Salt(소금) some
Thyme(다임) 5g
Parsley(파슬리) 5g

만드는 방법

1. 밀가루는 고운 체에 내린다.
2. 로즈마리, 다임, 파슬리는 곱게 다져(Chopped) 소창에 싸서 물기를 제거한다.
3. 밀가루에 2의 다진(Chopped) 허브, 달걀, 올리브 오일, 소금을 넣는다.
4. 3의 내용물을 포크나 손으로 천천히 섞어 주면서 10분 정도 치대어 반죽한다.
5. 4의 반죽이 마르지 않도록 젖은 천이나 비닐을 덮어 발효실, 또는 실온에서 1시간 정도 발효시킨다.
6. 5의 반죽을 밀대로 얇게 밀어서 사용한다.

Chapter 6

소스(Sauce) 만들기

1. 소스의 개요(Summary of Sauce)

소스의 어원은 라틴어의 "Sal"에서 유래되었으며 소금을 의미하는 말이다. 소스는 냉장 기능이 없을 당시 음식의 맛이 약간 변질되었을 때 맛을 감추기 위해 요리사들이 만들어 낸 것이라고 한다. 그러나 고기의 질과 냉장 기술이 발달된 오늘날에도 요리의 풍미를 더해 주고 맛과 외형 및 수분 등을 돋우기 위해 소스의 중요성은 강조되고 있다.

소스의 기원은 인간이 짐승들을 수렵하여 단순히 불에 구워 먹던 시절을 훨씬 지나 어느 정도 요리라고 할 수 있는 형태의 식사를 했을 때부터 만들어졌을 것으로 보는 견해가 일반적이다. 소스의 개념은 주재료를 이용한 스톡과 형태를 갖추게 하는 리에종의 결합으로 이루어진 유상 액을 말하며, 부재료의 첨가에 따라 여러 가지 파생 소스가 만들어진다.

또한 맛이나 색을 내기 위해 생선, 육류, 가금류, 채소 등 각종 요리의 용도에 적합하게 사용되고 있다. 소스를 가장 맛있게 하려면 좋은 재료로 만든 기초 육수가 좋아야만 기초 소스, 즉 모체 소스의 맛이 좋아지게 되며, 파생 소스는 모체 소스의 질에 따라 맛이 좌우되고 요리 또한 소스에 의해 영향을 받을 수 있다.

소스는 육수(stock)와 농후제(thickening)로 구성되어 있다. 다른 재료들과 잘 결합하여야 소스의 맛을 제대로 낼 수 있게 된다. 한편, 영양적인 면에 있어 소화와 흡수를 쉽게 하며, 다양한 식재료의 이용으로 새로운 맛을 창조할 수 있다. 이러한 소스는 색상, 맛, 농도, 윤기 등 모든 요소가 주 요리와 조화가 잘 이루어지게 하는 것이 중요하다.

2. 소스의 분류

소스의 분류는 17세기 프랑스에서 차가운 소스와 더운 소스로 구분하였으며 모체 소스와 파생 소스를 구분하면서 다시 갈색 소스와 흰색 소스로 체계화하여 수많은 소스를 만들었다. 소스는 재료 한 가지만 달라져도 재분류되어야 하며, 일반적으로 색에 의한 분류, 용도에 의한 분류, 기초 소스에 의한 분류, 요리에 따른 분류, 주재료에 따른 분류로 구분할 수 있다.

색에 의한 분류는 대표적인 5가지 색으로 분류되며, 흰색은 베샤멜 소스를 모체로 하고 블론드색은 벨루테 소스, 갈색 소스는 데미그라스, 적색은 토마토 소스, 노란색 소스는 홀랜다이즈 소스를 모체로 한다.

첫 번째, 베샤멜 소스는 색은 짙은 크림색으로 우유와 루에 향신료를 가미한 소스로 프랑스 소스 중 가장 먼저 모체 소스로 사용되었다.

두 번째, 벨루테 소스는 피시 스톡과 치킨 스톡 또는 빌 스톡으로 이루어진다. 생선 벨루테는 화이트 와인 소스(white wine sauce), 노르망디(normandy), 아메리칸(american)으로 나뉜다. 그리고 치킨 또는 빌 벨루테는 알망데(allemande)와 슈프림(supreme)으로 나뉜다. 주로 생선, 갑각류, 달걀, 가금류, 돼지고기, 송아지, 흰 살 육류, 로스토 비프 등에 사용하였다.

세 번째, 데미그라스 소스는 육류와 뼈 및 채소를 오븐에서 볶아 색을 내어 갈색 육수(brown stock)를 만든 다음, 여러 가지 재료를 첨가하여 기본 소스로 사용하였다.

네 번째, 토마토 소스는 토마토를 주재료로 하며 완성했을 때에는 붉은색을 지니고 있고 토마토는 이탈리아 요리에 많이 이용된다. 토마토 소스를 생산하기 위해서는 토마토, 채소, 스톡, 허브, 토마토 페이스트가 사용된다. 다른 소스와는 달리 토마토 소스는 입자가 있는 것이 특징이다.

다섯 번째, 홀랜다이즈 소스는 기름의 유화작용을 이용해 만든 소스이다. 달걀노른자가 다량 함유하고 있는 자연유화성분 '레시틴(Lecithin)'의 영향을 비롯하여 따뜻한 버터, 소량의 물, 레몬주스, 식초 등이 서로 작용하여 완성된다. 소량의 액체와 달걀노른자를 섞으면서 따뜻한 버터를 첨가하게 되면 난황 속의 유화제가 기름의 입자 하나하나를 감싸서 수분과 함께 고정시키는 역할을 한다.

3. 소스의 종류 (육수 & 소스)

(1) 채소 육수 (Vegetable Stock)

재료 및 분량

Onion(양파) 1ea
Carrot(당근) 1/2ea
Celery(셀러리) 50g
White Radish(무) 50g
Water(물) 2L
Bay Leaf(월계수잎) 1 leaf
Leek(대파) 30g
Peppercorn(통후추) 2ea

만드는 방법

1. 양파, 당근, 셀러티, 대파, 무는 슬라이스(Slice)한다.
2. 자루냄비(Pot)에 1의 채소, 월계수잎, 통후추를 넣고 끓인다.
3. 2의 내용물이 끓으면, 표면의 거품을 걷어 주고 서서히 20분 정도 끓인 후, 고운 체에 면포를 깔고 걸러 준다.

(2) 닭 육수 (Chicken Stock)

재료 및 분량

Chicken Bone(닭 뼈) 1kg
Onion(양파) 1/2ea
Carrot(당근) 1/4ea
Celery(셀러리) 30g
Garlic(마늘) 1ea
Water(물) 2L
Bay Leaf(월계수잎) 1 leaf
Clove(정향) 2ea
Leek(대파) 30g
Thyme(다임) 1ea
Peppercorn(통후추) 2ea

만드는 방법

1. 닭 뼈는 흐르는 물에 담가 핏물을 제거한다.
2. 양파, 당근, 셀러리, 마늘, 대파는 슬라이스(Slice)한다.
3. 자루냄비(Pot)에 1의 닭 뼈를 볶은 후, 2의 채소를 넣고 색이 나지 않도록 함께 볶는다.
4. 3의 내용물에 파슬리 줄기, 월계수잎, 다임, 통후추, 정향을 넣고 끓인다.
5. 4의 내용물이 끓으면, 표면의 거품을 걷어 주면서 천천히 1시간 정도 끓인 후, 고운 체에 면포를 깔고 걸러 준다.

(3) 생선 육수 (Fish Stock)

재료 및 분량

Fish Bone(생선 뼈) 1kg	Clove(정향) 2ea
Onion(양파) 1/4ea	Leek(대파) 30g
Carrot(당근) 1/4ea	Thyme(다임) 1ea
Celery(셀러리) 30g	Peppercorn(통후추) 2ea
Garlic(마늘) 1ea	Parsley Stalk(파슬리 줄기) 3g
Water(물) 2L	Butter(버터) 50g
Bay Leaf(월계수잎) 1 leaf	White Wine(백포도주) 50mL

만드는 방법

1. 양파, 당근, 셀러리, 마늘, 대파는 슬라이스(Slice)한다.
2. 생선 뼈(Fish Bone)는 흐르는 물에 담가 핏물을 제거한다.
3. 월계수잎, 통흐추, 정향, 다임, 파슬리 줄기로 부케 가르니(Bouquet Garni)를 만든다.
4. 자루냄비(Pot)에 버터를 녹여 1의 채소를 색이 나지 않게 볶다가 2의 생선 뼈(Fish Bone)를 넣어 함께 볶는다.
5. 4의 내용물에 백포도주(White Wine)를 붓고 1/2로 졸인 후, 찬물과 3의 부케 가르니(Bouquet Garni)를 넣고 끓인다.
6. 5의 내용물이 끓으면, 표면의 거품을 걷어 주고 서서히 20분 정도 끓인 후, 고운 체에 면포를 깔고 걸러 준다.

(4) 조개 육수 (Clam Stock)

재료 및 분량

Clam(조개) 300g
Onion(양파) 1/4ea
Carrot(당근) 1/4ea
Celery(셀러리) 30g
Garlic(마늘) 1ea
Water(물) 2L
Bay Leaf(월계수잎) 1 leaf
Clove(정향) 2ea
Leek(대파) 30g
Butter(버터) 50g
Peppercorn(통후추) 2ea
White Wine(백포도주) 20mL

만드는 방법

1. 양파, 당근, 셀러리, 대파, 마늘은 슬라이스(Slice)한다.
2. 조개는 흐르는 물에 깨끗이 씻어, 소금으로 해감시킨다.
3. 자루냄비(Pot)에 버터를 녹여 1의 채소를 색깔이 나지 않게 볶은 후, 2의 씻은 조개를 넣고 볶는다.
4. 3의 조개에 백포도주를 넣고 졸여 준 후, 찬물을 부어 10분 동안 천천히 끓인다.
5. 4의 내용물이 끓으면, 표면의 거품을 걷어 주고 서서히 20분 정도 끓인 후, 고운 체에 면포를 깔고 걸러 준다.

(5) 소고기 육수 (Beef Stock)

재료 및 분량

Beef Meat(소고기) 1kg
Onion(양파) 1/4ea
Carrot(당근) 1/4ea
Celery(셀러리) 30g
Garlic(마늘) 1ea
Water(물) 2L
Bay Leaf(월계수잎) 1 leaf
Clove(정향) 2ea
Leek(대파) 30g
Thyme(다임) 1ea
Peppercorn(통후추) 2ea
Parsley Stalk(파슬리 줄기) 3g
Butter(버터) 50g

만드는 방법

1. 소고기(Beef Meat)는 뼈와 살을 분리한 후, 잘게 썰어 찬물에 담가 핏물을 제거한다.
2. 양파, 당근, 셀러리, 마늘, 대파는 슬라이스(Slice)하여 팬에 색이 나게 볶는다.
3. 월계수잎, 통후추, 정향, 다임으로 부케 가르니(Bouquet Garni)를 만들어 놓는다.
4. 달궈진 팬에 1의 쇠고기(Beef Meat)를 갈색이 나게 볶는다.
5. 자루냄비(Pot)에 2의 채소, 3의 부케 가르니(Bouquet Garni), 4의 쇠고기(Beef Meat), 찬물을 넣어 끓인다.
6. 5의 내용물이 끓으면, 표면의 거품을 걷어 주면서 천천히 2시간 정도 끓인 후, 고운 체에 면포를 깔고 걸러 준다.

(6) 샤블리 와인 소스 (Chablis Wine Sauce)

재료 및 분량

Chablis Wine
(샤블리 포도주) 150mL
Onion(양파) 50g
Carrot(당근) 30g
Celery(셀러리) 30g
Garlic(마늘) 10g
Butter(버터) 10g
Bay leaf(월계수잎) 2 leaf
Demi glace
(데미그라스) 150mL
Salt(소금) Some
Pepper(후추) Some

만드는 방법

1. 양파, 당근, 셀러리, 마늘은 잘게 다져(Chopped) 놓는다.
2. 달궈진 팬에 버터를 녹여, 1의 채소를 연한 갈색으로 볶는다.
3. 2의 볶은 채소에 샤블리 와인(Chablis Wine)과 월계수잎을 넣고, 1/2로 졸인다.
4. 3의 내용물에 데미그라스(Demi glace)를 넣어 끓인다.
5. 4의 샤블리 와인 소스(Chablis Wine Sauce)의 농도를 맞춘 후, 소금, 후추로 간한다.
6. 5의 샤블리 와인 소스(Chablis Wine Sauce)를 고운 체에 거른다.

(7) 마데이라 소스 (Madeira Sauce)

재료 및 분량

Madeira liquor
(마데이라 술) 150mL
Onion(양파) 100g
Carrot(당근) 100g
Celery(셀러리) 100g
Beef Meat(소고기) 200g
Tomato Paste
(토마토 페이스트) 20g
Bay Leaf(월계수잎) 2 leaf
Thyme(다임) 5g
Tarragon(타라곤) 5g
Demi glace
(데미그라스) 150mL
Salt(소금) Some
Pepper(후추) Some

만드는 방법

1. 양파, 당근, 셀러리를 줄리엔느(Julienne)로 썰어 팬에 볶는다.
2. 달궈진 팬에 소고기(Beef Meat)를 갈색이 나게 볶는다.
3. 1의 볶은 채소, 2의 볶은 소고기에 토마토 페이스트를 넣고 볶는다.
4. 3의 내용물에 마데이라 술을 넣고 1/2로 졸여 후, 데미그라스(Demi glace), 소고기 육수, 월계수잎, 다임, 타라곤을 넣어 끓인다.
5. 4의 마데이라 소스(Madeira Sauce)의 농도를 맞춘 후 소금과 후추로 간하여 고운 체에 거른다.

(8) 망고 소스 (Mango Sauce)

재료 및 분량

Mango(망고) 1ea
Mango juice
(망고주스) 150mL
Thyme(다임) 10g
Starch(전분) 10g
Lemon juice(레몬주스) 20mL
Salt(소금) Some
Sugar(설탕) Some

만드는 방법

1. 망고는 껍질을 벗겨 다이스(Dice)로 썰어 놓는다.
2. 자루냄비(Pot)에 1의 망고, 망고주스, 다임을 넣고 끓인다.
3. 2의 내용물에 전분을 풀어 놓고 레몬주스를 넣어 졸여 준 후, 농도를 맞추어 고운 체에 거른다.
4. 3의 망고 소스(Mango Sauce)에 소금과 설탕으로 간한다.

(9) 매실 소스 (Plum Sauce)

재료 및 분량

Plum(청매실 원액) 200g
White Wine(백포도주) 20mL
Avocado(아보카도) 20g
Lemon Juice
(레몬주스) 10mL
Honey(꿀) 5mL
Sugar(설탕) some
Salt(소금) some

만드는 방법

1. 아보카도는 껍질을 벗겨 다이스로 잘라 끓는 물에 데친다.
2. 1의 아보카도와 청매실 원액, 백포도주, 꿀, 설탕을 혼합하여 믹서기(Blender)에 곱게 갈아준다.
3. 2를 고운 체에 내린 후 레몬주스를 넣고 농도를 맞춘다.

(10) 바질 페이스트 (Basil Pasto)

재료 및 분량

Basil(바질) 30g
Pine nut(잣) 10g
Parmesan Cheese
(파르메산 치즈) 10g
Garlic(마늘) 10g
Olive Oil(올리브 오일) 30mL
Salt(소금) Some
Pepper(후추) Some

만드는 방법

1. 바질은 줄기 부분을 손질하여 깨끗이 씻는다.
2. 달궈진 팬에 잣을 약한 불에 볶는다.
3. 믹서기(Blender)에 1의 바질, 2의 볶은 잣을 담아 파르메산 치즈, 마늘, 올리브 오일을 넣고 갈아 준다.
4. 3의 바질 페이스트(Basil Pasto)에 소금과 후추로 간한다.

(11) 발사믹 소스 (Balsamic Sauce)

재료 및 분량

Balsamic Vinegar
(발사믹 식초) 1L
Olive Oil(올리브 오일) 1L
Honey(꿀) 10mL
Garlic(마늘) 5g
Salt(소금) some
Pepper(후추) some

만드는 방법

1. 자루냄비(Pot)에 발사믹 식초를 넣고 천천히 졸인다.
2. 믹싱 볼(Mixing Bowl)에 꿀을 넣고, 올리브 오일을 조금씩 첨가하면서 젓는다.
3. 2의 내용물에 1의 졸인 발사믹을 조금씩 넣어 가며 섞는다.
4. 3의 발사믹에 다진 마늘을 넣고 소금과 후추로 간한다.

(12) 고르곤졸라 소스 (Gorgonzola Sauce)

재료 및 분량

Gorgonzola Cheese (고르곤졸라 치즈) 30g
White Wine(백포도주) 150mL
Milk(우유) 200mL
Flour(밀가루) 20g
Butter(버터) 20g
Bay Leaf(월계수잎) 1 leaf
Thyme(다임) 5g
Clove(정향) 2ea
Peppercorn(통후추) 2ea
Lemon juice(레몬주스) 20mL
Salt(소금) some
White Pepper(후추) some

만드는 방법

1. 자루냄비(Pot)에 밀가루, 버터를 1:1 동량으로 볶아 화이트 루(White Roux)를 만든다.
2. 백포도주(White Wine)를 끓여, 월계수잎, 통후추, 다임을 넣고 1/2로 졸인다.
3. 1의 화이트 루(White Roux)에 우유를 넣고 저어 준 후, 2의 졸인 백포도주와 생선 육수(Fish Stock)를 넣고 끓여 준다.
4. 3의 백포도주 소스에 고르곤졸라 치즈, 레몬주스, 소금, 후추로 간한다.

(13) 베샤멜 소스 (Bechamel Sauce)

재료 및 분량

Strong Flour(강력밀가루) 20g
Butter(버터) 20g
Onion(양파) 50g
Bay leaf(월계수잎) 1 leaf
Nutmeg(넛멕) 2g
Milk(우유) 300mL
White Wine(백포도주) 10mL
Salt(소금) some
Pepper(후추) some

만드는 방법

1. 밀가루는 고운 체에 내린다.
2. 자루냄비(Pot)에 버터를 녹인 후, 1의 밀가루를 첨가하여 타지 않게 볶는다.
3. 2의 볶은 루에 우유를 넣고 바닥이 타지 않게 천천히 저어 주면서 끓인다.
4. 3의 베샤멜 소스(Bechamel Sauce)에 넛멕, 소금으로 간을 한 후, 고운 체에 내린다.

(14) 백포도주 소스 (White Wine Sauce)

재료 및 분량

White Wine(백포도주) 150mL
Fresh Cream(생크림) 100mL
Flour(밀가루) 20g
Butter(버터) 20g
Bay leaf(월계수잎) 1 leaf
Thyme(다임) 5g
Clove(정향) 2ea
Pepper Corn(통후추) 2ea
Lemon juice(레몬주스) 20mL
Salt(소금) some
White Pepper(후추) some

만드는 방법

1. 자루냄비(Pot)에 밀가루, 버터를 1:1 동량으로 볶아 화이트 루(White Roux)를 만든다.
2. 백포도주(White Wine)를 끓여, 월계수잎, 통후추, 다임을 넣고 1/2로 졸여 준다.
3. 1의 화이트 루(White Roux)에 생크림을 넣고 저어 준 후, 2의 내용물과 생선 육수(Fish Stock)를 넣어 끓여 준다.
4. 2의 백포도주 소스(White Wine Sauce)에 레몬주스, 소금, 후추로 양념한다.

(15) 모네이 소스 (Mornay Sauce)

재료 및 분량

Flour(밀가루) 20g
Butter(버터) 20g
Fresh Cream(생크림) 100mL
Milk(우유) 200mL
Parmesan Cheese
(파르메산 치즈) 10g
White Wine(백포도주) 20mL
Egg(달걀) 1ea
Salt(소금) Some
Pepper(후추) Some

만드는 방법

1. 자루냄비(Pot)에 밀가루와 버터를 1:1 동량으로 넣고 저열에서 색이 나지 않게 볶는다.
2. 1에 우유, 생크림을 넣고 끓여준 후, 파르메산 치즈, 백포도주(White Wine)를 넣어 끓여 준다.
3. 2의 내용물을 약한 불에서 끓인 후 달걀노른자를 넣고, 소금과 후추로 간한다.

(16) 베어네즈 소스 (Bearnaise Sauce)

재료 및 분량

Egg(달걀) 1ea
Onion(양파) 30g
Pasley(파슬리) 5g
Tarragon(타라곤) 5g
Tarragon Vinegar (타라곤 식초) 10mL
Peppercorn(통후추) 2ea
White Wine(백포도주) 10mL
Butter(버터) 10g
Lemon juice(레몬주스) 10mL
Salt(소금) Some
White Pepper(후추) Some

만드는 방법

1. 자루냄비(Pot)에 버터를 담고 중탕하여 녹인다.
2. 양파, 파슬리, 타라곤은 다져(Chopped) 놓는다.
3. 자루냄비(Pot)에 다진(Chopped) 양파, 파슬리 줄기, 타라곤 줄기, 통후추, 백포도주(White Wine)를 넣고 1/2로 졸인 후, 고운 체에 걸러 식힌다.
4. 믹싱 볼(Mixing Bowl)에 달걀노른자와 1의 정제 버터와 3의 내용물을 넣어 가면서 거품기(Whisk)로 저어 유화시킨 후, 타라곤 식초(Tarragon Vinegar)를 넣고 혼합해 준다.
5. 4의 소스에 다진(Chopped) 파슬리와 타라곤을 넣은 후 소금 · 후추 · 레몬주스로 간한다.

(17) 복분자 소스 (Rubus Coreanus Fruit Sauce)

재료 및 분량

Rubus Coreanus Fruit Liquor
(복분자 원액) 50mL
Flour(밀가루) 20g
Butter(버터) 20g
White wine(백포도주) 10mL
Bay leaf(월계수잎) 1 leaf
Salt(소금)
some Pepper(후추) some

만드는 방법

1. 자루냄비(Pot)에 버터를 녹여 밀가루를 첨가하여 타지 않게 볶는다.
2. 1의 볶은 루에 우유를 넣고 바닥이 타지 않게 천천히 저어 주면서 끓인다.
3. 2의 내용물에 양파 슬라이스(Slice), 백포도주, 소금, 후추로 간하여 고운 체에 거른다.
4. 3의 베샤멜 소스에 복분자 원액을 넣고 다시 한 번 끓인다.

(18) 부르귀뇽 소스 (Bourguignon Sauce)

재료 및 분량

Onion(양파) 100g
Garlic(마늘) 10g
Mushroom(양송이) 100g
Butter(버터) 10g
Red wine(적포도주) 80mL
Demi glace 150mL
(데미그라스)
Bay leaf(월계수잎) 1 leaf
Rosemary(로즈마리) 5g
Thyme(다임) 5g
Oregano(오레가노) 5g
Pasley(파슬리) 5g
Salt(소금) Some
Pepper(후추) Some

만드는 방법

1. 양파, 마늘, 양송이는 곱게 다져(Chopped) 놓는다.
2. 팬에 버터를 녹여 1의 내용물을 넣고 볶은 후, 적포도주(Red Wine)를 넣어 졸인다.
3. 2에 데미그라스(Demi glace), 월계수잎, 로즈마리, 오레가노, 다임을 넣고 끓이다가 농도를 맞춘다.
4. 3의 부르귀뇽 소스(Bourguignon Sauce)를 고운 체에 거른 후, 다진(Chopped) 파슬리와 소금 및 후추로 간한다.

(19) 블루베리 소스 (Blueberry Sauce)

재료 및 분량

Blueberry(블루베리) 300g
Blueberry Juice
(블루베리주스) 50mL
Starch(전분) 5g
Lemon(레몬) 250g
Sugar(설탕) some
Honey(꿀) 5mL

만드는 방법

1. 블루베리와 블루베리주스를 넣고 천천히 끓인다.
2. 1의 끓은 블루베리를 믹서기(Blender)에 곱게 갈아 준다.
3. 물에 전분을 풀어 2의 간 블루베리에 넣고 끓인 후, 고운 체에 거른다.
4. 3의 내용물에 레몬과 설탕으로 간한다.

(20) 비가라드 소스 (Bigarade Sauce)

재료 및 분량

Orange(오렌지) 1ea
Sugar(설탕) 30g
Red Wine Vinegar (적도포주 식초) 20mL
Grape Jam(포도잼) 5g
Orange juice (오렌지주스) 20mL
Brandy(브랜디) 5mL
Demi glace (데미그라스) 100mL
Bay Leaf(월계수잎) 1 leaf
Thyme(다임) 5g
Salt(소금) Some
Pepper(후추) Some

만드는 방법

1. 오렌지는 껍질을 벗겨 줄리엔느(Julienne)로 썰어 놓는다.
2. 팬에 설탕을 담아 연한 갈색의 캐러멜(Caramel)을 만든다.
3. 2의 캐러멜(Caramel)에 적포도주 식초(Red Wine Vinegar)를 넣고 끓인 후, 포도잼과 오렌지주스 및 브랜디를 넣고 졸인다.
4. 3의 내용물에 데미그라스(Demi glace)를 넣어 1의 오렌지, 월계수잎, 다임과 함께 졸인다.
5. 4의 비가라드 소스(Bigarade Sauce)를 고운 체에 거른 후, 소금과 후추로 간한다.

(21) 비스큐 소스 (Bisque Sauce)

재료 및 분량

Crab(꽃게) 1ea
Onion(양파) 30g
Carrot(당근) 30g
Celery(셀러리) 30g
Garlic(마늘) 10g
Shrimp(새우) 3ea
Butter(버터) 10g
White wine(백포도주) 20mL
Tomato Paste
(토마토 페이스트) 10g
Bay leaf(월계수잎) 1 leaf
Thyme(다임) 5g
Peppercorn(통후추) 2ea
Salt(소금) Some
Pepper(후추) Some

만드는 방법

1. 양파, 당근, 셀러리, 마늘은 슬라이스(Slice)하여 썰어 놓는다.
2. 꽃게(Red Crab)의 껍질 부분과 새우(Shrimp) 머리는 으깬다.
3. 팬에 버터를 녹여 1, 2의 내용물 순으로 볶은 후, 백포도주(White wine)를 넣어 졸인다.
4. 3의 내용물에 토마토 페이스트(Tomato Paste)를 넣고 볶는다.
5. 4에 생선 스톡(Fish Stock), 월계수잎, 다임, 통후추를 넣고 끓여 체에 거른다.
6. 5의 비스큐 소스(Bisque Sauce)에 소금과 후추로 양념한다.

(22) 비트 소스 (Beet Sauce)

재료 및 분량

Beet(비트) 1ea
Vinegar(식초) 30mL
Sugar(설탕) 30g
Fresh Cream(생크림) 50mL
White wine(백포도주) 30mL
Butter(버터) 10g
Milk(우유) 150mL
Lemon juice
(레몬주스) 10mL
Salt(소금) Some
Pepper(후추) Some

만드는 방법

1. 비트는 껍질을 벗겨 다이스(Dice)로 썰어 놓는다.
2. 자루냄비(Pot)에 1의 비트, 레몬주스, 식초, 설탕을 넣고 삶는다.
3. 2의 삶은 비트를 믹서기(Blender)에 곱게 갈아 체에 내린다.
4. 자루냄비에 생크림을 졸이다가 3의 비트, 백포도주(White Wine)를 넣고 졸인다.
5. 졸인 비트 소스(Beet Sauce)에 소금, 후추로 간한다.

(23) 샤프란 소스 (Saffron Sauce)

재료 및 분량

Saffron(샤프란) 5g	Flour(밀가루) 10g
Garlic(마늘) 10g	White wine(백포도주) 20mL
Onion(양파) 30g	Bay leaf(월계수잎) 1leaf
Celery(셀러리) 20g	Lemon juice(레몬주스) 10mL
Thyme(다임) 5g	Salt(소금) Some
Fish stock(생선육수) 150mL	Pepper(후추) Some
Butter(버터) 10g	

만드는 방법

1. 자루냄비(Pot)에 밀가루와 버터를 1:1 동량으로 볶아, 우유를 넣고 끓여 베샤멜 소스(Bechamel Sauce)를 만든다.
2. 파슬리 줄기, 다임, 월계수잎, 통후추, 백포도주(White wine)를 넣어 1/2로 졸인다.
3. 1의 베샤멜 소스(Bechamel Sauce)에 2의 졸인 백포도주 (White wine), 생선육수(Fish Stock), 샤프란(Saffron), 레몬주스를 넣고 끓인다.
4. 3의 샤프란 소스(Saffron Sauce)에 소금과 후추로 간하여 고운 체에 거른다.

(24) 시금치 소스 (Spinach Sauce)

재료 및 분량

Spanish(시금치) 200g	Pepper(후추) some
Onion(양파) 100g	Parsley(파슬리) 20g
Flour(밀가루) 20g	Peppercon(통후추) 2g
Butter(버터) 20g	Celery(셀러리) 50g
Milk(우유) 150mL	Clove(정향) 2g
White Wine(백포도주) 150ml	Bay leaf(월계수잎) 1 leaf
Salt(소금) some	Thyme(다임) 2g

만드는 방법

1. 시금치는 줄기를 다듬어 깨끗이 씻은 후 끓는 물에 데쳐 식힌다.
2. 밀가루와 버터를 1:1로 볶아 우유를 넣고 베샤멜 소스(Bechamel Sauce)를 끓인다.
3. 파슬리 줄기, 통후추, 월계수잎, 다임, 정향으로 부케 가르니(Bouquet garni)를 만든다.
4. 3의 베샤멜 소스(Bechamel Sauce)에 1의 시금치, 2의 부케 가르니(Bouquet garni), 백포도주를 넣고 끓인다.
5. 믹서기(Blender)에 4의 내용물을 붓고 곱게 갈아서 고운 체에 걸러준다.
6. 5의 시금치 소스(Spinach Sauce)에 소금과 후추로 간한다.

(25) 오렌지 소스 (Orange Sauce)

재료 및 분량

Orange(오렌지) 1ea
Orange juice 150mL
(오렌지주스)
Orange puree 50mL
(오렌지 퓌레)
Starch(전분) 20g
Lemon juice(레몬주스) 20mL
Mustard(머스터드) 10g
Sugar(설탕) Some

만드는 방법

1. 오렌지는 껍질을 벗겨 즙을 낸다.
2. 자루냄비(Pot)에 오렌지주스, 설탕, 전분, 오렌지 즙을 넣어 끓인다.
3. 2의 졸인 오린지주스에 오렌지 퓌레, 레몬주스, 머스터드를 넣어 농도를 맞춘다.

(26) 오징어 먹물 소스 (Squid Ink Sauce)

재료 및 분량

Squid Ink(오징어 먹물) 30g
Flour(밀가루) 20g
Butter(버터) 20g
Onion(양파) 30g
Bay Leaf(월계수잎) 1leaf
Nutmeg(넛멕) 2g
Milk(우유) 150mL
White Wine(백포도주) 20mL
Salt(소금) some
Pepper(후추) some

만드는 방법

1. 자루냄비(Pot)에 밀가루와 버터를 1:1로 넣고 타지 않게 볶아, 우유를 넣고 베샤멜 소스를 끓인다.
2. 1의 베샤멜 소스에 오징어 먹물과 백포도주를 넣고 바닥이 타지 않게 서서히 저어 주면서 끓인다.
3. 2의 내용물에 소금과 후추로 간하여 고운 체에 거른다.

(27) 와사비 소스 (Wasabi Sauce)

재료 및 분량

Wasabi(와사비) 10g
Mayonnaise(마요네즈) 10g
Lemon juice(레몬주스) 20mL
White wine(백포도주) 20mL
Olive Oil(올리브 오일) 10mL
Salt(소금) Some
Pepper(후추) Some

만드는 방법

1. 미지근한 물에 와사비를 혼합한다.
2. 믹싱 볼(Mixing Bowl)에 1의 와사비, 마요네즈, 레몬주스, 백포도주, 올리브 오일을 넣고 거품기(Whisk)로 저어 준다.
3. 2의 와사비 소스(Wasabi Sauce)에 소금과 후추를 넣고 간한다.

(28) 요거트 바질 소스 (Yogurt Basil Sauce)

재료 및 분량

Basil(바질) 30g
Garlic(마늘) 10g
Pine Nut(잣) 10g
Olive Oil(올리브 오일) 30mL
Parmesan Cheese (파르메산 치즈) 5g
Plain Yogurt (플레인 요거트) 1ea
Salt(소금) Some
Pepper(후추) Some

만드는 방법

1. 바질은 줄기 부분을 제거한 후, 깨끗이 씻는다.
2. 믹서기(Blender)에 마늘, 잣, 올리브 오일, 파르메산 치즈를 넣어 곱게 갈아 준다.
3. 2의 갈은 바질은 고운 체에 거른다.
4. 믹싱 볼(Mixing Bowl)에 3의 바질과 플레인 요거트(Plain Yogurt)를 섞고 소금과 후추로 간한다.

(29) 나폴리탄 소스 (Napolitan Sauce)

재료 및 분량

Tomato(토마토) 2ea
Onion(양파) 30g
Garlic(마늘) 10g
백포도주(White Wine) 20mL
Pasley(파슬리) 5g
Thyme(다임) 5g
Bay leaf(월계수잎) 1 leaf
Tomato Sauce
(토마토 소스) 100mL
Salt(소금) Some
Pepper(후추) Some

만드는 방법

1. 양파, 마늘은 곱게 다져(Chopped) 놓는다.
2. 토마토는 끓는 물에 데쳐 껍질을 벗긴 후, 다이스(Dice)로 썰어 놓는다.
3. 자루냄비(Pot)에 버터를 녹여, 1, 2의 내용물을 넣어 볶은 후, 백포도주를 넣고 졸여 준다.
4. 3의 내용물에 토마토 소스를 붓고 약한 불에서 끓여 준 후, 소금과 후추로 간한다.

(30) 피자 소스 (Pizza Sauce)

재료 및 분량

Tomato(토마토) 200g	Olive Oil(올리브 오일) 10mL	Chicken Stock(닭 육수) 1L
Onion(양파) 30g	Tomato Paste 10g (토마토 페이스트)	Basil(바질) 1 leaf
Garlic(마늘) 10g	White Wine(백포도주) 10mL	Oregano(오레가노) 5g
Celery(셀러리) 20g	Whole Tomato 100g (토마토 홀)	Salt(소금) Some
Thyme(다임) 2ea		Pepper(후추) Some
Bay leaf(월계수잎) 1 leaf		Sugar(설탕) Some

만드는 방법

1. 양파와 마늘은 곱게 다져(Chopped) 놓는다.
2. 토마토는 끓는 물에 데치고 껍질을 벗겨, 다져(Chopped) 놓는다.
3. 양파, 셀러리, 다임, 월계수잎, 통후추로 부케 가르니(Bouquet garni)를 만든다.
4. 자루냄비(Pot)에 올리브 오일을 두르고, 1의 다진(Chopped) 마늘, 양파를 볶은 후, 백포도주를 넣어 졸인다.
5. 4의 내용물에 2의 토마토와 토마토 홀을 넣어 끓여 준 후, 토마토 페이스트를 넣고 볶다가 3의 부케 가르니(Bouquet garni), 바질, 다임, 오레가노, 닭 육수(Chicken Stock)를 붓고 끓여 준다.
6. 믹서기(Blender)에 5의 끓인 토마토를 붓고 갈아 준 후 소금 · 후추 · 설탕으로 간한다.

(31) 이탈리안 볼로네즈 소스 (Italian Bolognese Sauce)

재료 및 분량

Tomato(토마토) 3ea
Beef(소고기) 100g
Carrot(당근) 50g
Tomato Paste 10g
(토마토 페이스트)
Onion(양파) 100g
Celery(셀러리) 50g
Button Mushrocm
(양송이) 50g
Beaf Stock(고기 육수) 500mL
Brown Sauce 3C0mL
(갈색 소스)
Bouquet Garni(부케 가르니)
Olive Oil(올리브 오일) 5ml
Garlic(마늘) 5g
Salt(소금) some
Pepper(후추) some

만드는 방법

1. 토마토는 끓는 물에 데쳐 껍질을 벗긴 후 잘게 다져(Chopped) 놓는다.
2. 소고기는 믹서기(Blender)로 곱게 갈아 놓는다.
3. 양파, 당근, 셀러리, 양송이, 마늘은 잘게 다져(Chopped) 놓는다.
4. 달궈진 팬에 올리브 오일을 두르고 2의 소고기를 볶는다.
5. 4의 볶은 소고기에 1의 다진 토마토, 3의 다진 채소를 넣고 볶은 후, 토마토 페이스트를 넣고, 타지 않게 볶아 준다.
6. 5의 내용물에 소고기 육수, 갈색 소스를 넣고 끓인 후, 부케 가르니(Bouquet garni)를 넣고 거품을 제거하면서 천천히 50분 동안 끓여 뵈르 마니에를 넣어 농도를 맞춘다.

(32) 크레숑 소스 (Cresson Sauce)

재료 및 분량

Cresson(크레숑) 200g
Flour(밀가루) 10g
Butter(버터) 10g
Milk(우유) 150ml
White Wine(백포도주) 20mL
Lemon juice(레몬주스) 10mL
Salt(소금) Some
Pepper(후추) Some

만드는 방법

1. 크레숑은 손질하여 깨끗이 씻어 끓는 물에 데친다.
2. 자루냄비(Pot)에 베샤멜 소스(Bechamal Sauce)를 끓이고 1의 크레숑, 백포도주, 레몬주스로 양념한다.
3. 믹서기(Blender)에 2의 내용물을 갈아 고운 체에 거른다.
4. 자루냄비(Pot)에 3의 크레숑 소스(Cresson Sauce)에 버터, 소금, 후추를 넣어 간한다.

(33) 토마토 소스 (Tomato Sauce)

재료 및 분량

Tomato(토마토) 200g	Bay leaf(월계수잎) 1 leaf	Basil(바질) 1 leaf
Onion(양파) 30g	Olive Oil(올리브 오일) 10mL	Oregano(오레가노) 5g
Garlic(마늘) 10g	Tomato Paste 10g (토마토 페이스트)	Parsley(파슬리) 5g
Celery(셀러리) 20g		Salt(소금) Some
Thyme(다임) 2ea	White Wine(백포도주) 10mL	Pepper(후추) Some
Clove(정향) 2ea	Chicken Stock(닭 육수) 1L	Sugar(설탕) Some

만드는 방법

1. 양파와 마늘은 곱게 다져(Chopped) 놓는다.
2. 토마토는 끓는 물에 데쳐 껍질을 벗긴 후에, 다져(Chopped) 놓는다.
3. 양파, 셀러리, 다임, 월계수잎, 통후추로 부케 가르니(Bouquet garni)를 만든다.
4. 자루냄비(Pot)에 올리브 오일을 두르고, 1의 다진(Chopped) 마늘, 양파를 볶은 후, 백포도주를 넣어 졸인다.
5. 4의 내용물에 2의 토마토를 끓여 준 후, 토마토 페이스트를 넣고 볶다가 3의 부케 가르니(Bouquet garni), 바질, 오레가노, 파슬리, 닭 육수(Chicken Stock)를 붓고 끓인다.
6. 5의 토마토 소스(Tomato Sauce)의 농도를 맞춘 후 소금, 후추, 설탕으로 간한다.

(34) 토마토 칠리 소스 (Tomato Chili Sauce)

재료 및 분량

Tomato(토마토) 2ea
Tomato Paste 10g
(토마토 페이스트)
Sweet Chili(스위트 칠리) 20g
Chili(칠리) 20g
Chili Powder(칠리 파우더) 5g

Thyme(다임) 2g
Whole Tomato 100g
(토마토 홀)
White Wine(백포도주) 10mL
Garlic(마늘) 2g
Onion(양파) 30g

Salt(소금) some
Peppercorn(통후추) some
Basil(바질) 5g
Oregano(오레가노) 5g
Pasley(파슬리) 2g

만드는 방법

1. 양파와 마늘은 곱게 다져(Chopped) 놓는다.
2. 토마토는 끓는 물에 데쳐 껍질을 벗긴 후에 다져(Chopped) 놓는다.
3. 양파, 셀러리, 다임, 월계수잎, 통후추로 부케 가르니(Bouquet garni)를 만든다.
4. 자루냄비(Pot)에 올리브 오일을 두르고, 1의 다진(Chopped) 마늘, 양파를 볶은 후, 백포도주를 넣어 졸인다.
5. 4의 내용물에 2의 토마토를 넣고 끓여 준 후, 토마토 페이스트를 넣고 볶다가 3의 부케 가르니(Bouquet garni), 바질, 오레가노, 파슬리, 닭 육수(Chicken Stock)를 붓고 끓인다.
6. 5번의 토마토 소스에 칠리와 칠리 파우더를 넣고 졸인다.
7. 6의 토마토 칠리 소스(Tomato Chili Sauce)의 농도를 맞춘 후 믹서기(Blender)에 갈아 소금, 후추, 설탕으로 간한다.

(35) 파프리카 소스 (Paprika Sauce)

재료 및 분량

Red Paprika 80g
(붉은 파프리카)
Orange Paprika 60g
(주황 파프리카)
Garlic(마늘) 5g
Onion(양파) 20g
White Wine(백포도주) 20mL
Vegetable Stock 200mL
(채소 스톡)
Salt(소금) Some
Pepper(후추) Some

만드는 방법

1. 양파, 마늘은 잘게 다져(Chopped) 놓는다.
2. 붉은 파프리카, 주황 파프리카는 반으로 썰어 씨를 제거한 후, 다이스(Dice)로 썰어 놓는다.
3. 자루냄비(Pot)에 1의 양파, 마늘, 2의 파프리카 순으로 볶은 후, 백포도주를 넣어 졸인다.
4. 3의 내용물에 채소 스톡(Vegetable Stock)을 넣고 충분히 끓인다.
5. 4의 끓인 파프리카를 믹서기(Blender)에 넣어 곱게 갈아준 후 고운 체에 내린다.
6. 자루냄비(Pot)에 5의 파프리카 소스(Paprika Sauce)를 넣고 다시 한 번 끓여 소금과 후추로 간한다

(36) 포메리 머스터드 소스 (Pommery Mustard Sauce)

재료 및 분량

Pommery Mustard 100g (포메리 머스터드)
Demi glace 300mL (데미그라스)
Red Wine(적포도주) 50mL
Thyme(다임) 2g
Parsley Stem(파슬리 줄기) 5g
Onion(양파) 50g
Celery(셀러리) 50g
Carrot(당근) 50g
Beef Stock 500mL (소고기 육수)
Garlic(마늘) 5g
Bay leaf(월계수잎) 1 leaf
Pepper(후추) some
Salt(소금) some

만드는 방법

1. 양파, 당근, 셀러리는 슬라이스(Slice)하여 팬에 갈색이 나게 볶은 후 소고기 육수를 넣고 졸인다.
2. 1의 졸인 채소에 데미그라스, 포메리 머스터드를 넣어 끓인다.
3. 2의 포메리 머스터드 소스(Pommery Mustard Sauce)를 고운 체에 걸러 소금과 후추로 간한다.

(37) 핑크 페퍼 콘 소스(Pink Pepper Corn Sauce)

재료 및 분량

Pink Pepper Con
(핑크 페퍼 콘) 10g
White Wine(백포도주) 150mL
Fresh Milk(우유) 150mL
Flour(밀가루) 20g
Butter(버터) 20g
Bay leaf(월계수잎) 1 leaf
Thyme(다임) 5g
Lemon juice
(레몬주스) 20mL
Salt(소금) some
White Pepper(후추) some

만드는 방법

1. 자루냄비(Pot)에 밀가루, 버터를 1:1 동량으로 볶은 후 화이트 루(White Roux)를 만든다.
2. 1의 화이트 루(White Roux)에 백포도주(White Wine), 우유, 월계수잎, 다임을 넣고 1/2로 졸인다.
3. 2의 베샤멜 소스를 고운 체에 내린다.
4. 자루냄비에 3의 베샤멜 소스를 붓고 핑크 페퍼 콘, 레몬주스, 소금, 후추로 양념한 후 약한 불에 끓여 농도를 맞춘다.

(38) 흑마늘 소스 (Black Garlic Sauce)

재료 및 분량

Black Garlic(흑마늘) 100g	Onion(양파) 50g
Demi glace 150mL (데미그라스)	Carrot(당근) 50g
Thyme(다임) 2g	Beef Stock 500mL (소고기 육수)
Pepper(후추) some	Garlic(마늘) 5g
Parsley Stem(파슬리 줄기) 5g	Bay leaf(월계수잎) 1 leaf
Celery(셀러리) 50g	Salt(소금) some

만드는 방법

1. 양파, 당근, 셀러리는 슬라이스(Slice)하여 팬에 갈색이 나게 볶은 후 소고기 육수를 넣고 끓인다.
2. 1의 끓인 채소에 데미그라스, 흑마늘을 넣고 졸인다.
3. 2의 졸인 흑마늘 소스(Black Garlic Sauce)를 고운 체에 걸러 소금과 후추로 간한다.

(39) 레몬 비네그레트 (Lemon Vinaigrette)

재료 및 분량

Lemon(레몬) 1/2ea
Red Paprika
(붉은 파프리카) 20g
Yellow Paprika
(노랑 파프리카) 20g
Orange Paprika
(주황 파프리카) 20g
Lemon juice(레몬주스) 20mL
Olive Oil(올리브 오일) 50mL
Vinegar(식초) 20mL
Dijon Mustard
(디존 머스터드) 5g
White wine(백포도주) 10mL
Salt(소금) Some
Pepper(후추) Some

만드는 방법

1. 레몬은 깨끗이 씻고 껍질을 벗겨 흰 부분을 제거하고 잘게 다져(Chopped) 놓는다.
2. 붉은 파프리카, 노랑 파프리카, 주황 파프리카를 잘게 다져(Chopped) 놓는다.
3. 믹싱 볼(Mixing Bowl)에 레몬주스, 올리브 오일, 식초, 디존 머스터드를 넣어 거품기(Whisk)로 저어 준다.
4. 3의 내용물에 1의 레몬, 2의 파프리카를 넣고 소금과 후추로 간한다.

(40) 마늘 비네그레트 (Garlic Vinaigrette)

재료 및 분량

Garlic(마늘) 20g
Onion(양파) 20g
Lemon juice(레몬주스) 10mL
Olive Oil(올리브 오일) 50mL
White wine(백포도주) 10mL
Vinegar(식초) 10mL
Dijon Mustard 5g
(디존 머스터드)
Salt(소금) Some
Pepper(후추) Some

만드는 방법

1. 믹싱 볼(Mixing Bowl)에 레몬주스, 올리브 오일, 식초, 디존 머스터드를 넣어 거품기(Whisk)로 저어 준다.
2. 마늘, 양파는 잘게 다져(Chopped) 놓는다.
3. 1의 내용물에 2의 다진 마늘, 양파를 넣고 소금과 후추로 간한다.

(41) 망고 아보카도 살사 (Mango and Avocado Salsa)

재료 및 분량

Mango(망고) 30g
Avocado(아보카도) 30g
Shallot(샬롯) 20g
Lemon Juice(레몬주스) 20mL
White wine(백포도주) 20mL
Olive Oil(올리브 오일) 30mL
Salt(소금) Some
Pepper(후추) Some

만드는 방법

1. 망고는 껍질을 벗긴 후, 파인 브뤼누아즈(Fine brunoise)로 썰어 놓는다.
2. 아보카도는 껍질을 벗긴 후, 반쪽 부분은 파인 브뤼누아즈(Fine brunoise)로 썰어 끓는 물에 데친다.
3. 2의 나머지 아보카도는 다이스(Dice)로 썰어 끓는 물에 데쳐 고운 체에 내린다.
4. 샬롯은 껍질을 벗겨 잘게 다져(Chopped) 놓는다.
5. 믹싱 볼(Mixing Bowl)에 3의 체에 내린 아보카도와 4의 다진(Chopped) 샬롯에 레몬주스, 백포도주(White wine), 올리브 오일을 넣어 섞는다.
6. 5의 내용물에 1의 망고와 2의 아보카도를 넣어 소금과 후추로 간한다.

(42) 발사믹 비네그레트 (Balsamic Vinaigrette)

재료 및 분량

Balsamic Vinegar
(발사믹 식초) 15mL
Olive Oil 50mL
(올리브 오일)
Shallot(샬롯) 10g
Dijon Mustard 5g
(디존 머스터드)
Salt(소금) Some
Pepper(후추) Some

만드는 방법

1. 샬롯(Shallot)은 껍질을 벗긴 후, 잘게 다져(Chopped) 놓는다.
2. 믹싱 볼(Mixing Bowl)에 1의 다진(Chopped) 샬롯, 디존 머스터드를 넣고 저어 준 후, 발사믹 식초(Balsamic Vinegar)를 넣고 혼합한다.
3. 2에 올리브 오일을 넣어 주면서 거품기(whisk)로 저어 소금과 후추로 간한다.

(43) 블랙 올리브 비네그레트 (Black Olive Vinaigrette)

재료 및 분량

Black Olive 30g
(블랙 올리브)
Dill(딜) 5g
Chervil(처빌) 5g
Olive Oil(올리브 오일) 50mL
Vinegar(식초) 20mL
Lemon juice(레몬주스) 10mL
Salt(소금) Some
Pepper(후추) Some
Sugar(설탕) Some

만드는 방법

1. 블랙 올리브는 잘게 다져(Chopped) 면보에 싸서 물기를 제거한다.
2. 딜, 처빌은 잘게 다져(Chopped) 놓는다.
3. 믹싱 볼(Mixing Bowl)에 올리브 오일, 식초, 레몬주스를 넣어 거품기(Whisk)로 저어 준다.
4. 3의 내용물에 1의 다진 블랙 올리브, 2의 다진 허브를 넣고 소금, 후추로 간한다.

(44) 오렌지 비네그레트 (Orange Vinaigrette)

재료 및 분량

Orange(오렌지) 1ea	Olive Oil(올리브 오일) 50mL
Orange juice (오렌지주스) 150mL	Vinegar(식초) 20mL
Lemon(레몬) 1/2ea	Dijon Mustard (디존 머스터드) 5g
Orange Paprika (주황 파프리카) 20g	White wine(백포도주) 10mL
Lemon juice(레몬주스) 20mL	Salt(소금) Some
	Pepper(후추) Some

만드는 방법

1. 오렌지는 껍질을 벗겨 흰 부분을 제거하고 잘게 다져(Chopped) 놓는다.
2. 주황 파프리카는 잘게 다져(Chopped) 놓는다.
3. 믹싱 볼(Mixing Bowl)에 오렌지, 오렌지주스, 레몬주스, 올리브 오일, 식초, 디존 머스터드를 넣어 거품기(Whisk)로 저어 준다.
4. 3의 내용물에 1의 오렌지, 2의 파프리카를 넣고 소금, 후추로 간한다.

(45) 잣 비네그레트 (Pine nut Vinaigrette)

재료 및 분량

Pine Nut(잣) 20g
Pasley(파슬리) 5g
Chive(차이브) 5g
Olive Oil(올리브 오일) 50mL
Vinegar(식초) 20mL
Lemon juice(레몬주스) 10mL
Salt(소금) Some
Pepper(후추) Some
Sugar(설탕) Some

만드는 방법

1. 잣은 잘게 다져(Chopped) 놓는다.
2. 파슬리는 잘게 다진(Chopped) 후, 면포에 싸서 물에 씻어 물기를 제거한다.
3. 차이브는 잘게 다져(Chopped) 놓는다.
4. 믹싱 볼(Mixing Bowl)에 올리브 오일, 식초, 레몬주스를 넣고 거품기(Whisk)로 충분히 저어 준다.
5. 4의 내용물에 1의 잣, 2의 파슬리, 3의 차이브를 넣고 소금과 후추로 양념한다.

(46) 채소 비네그레트 (Vegetable Vinaigrette)

재료 및 분량

Onion(양파) 30g
Garlic(마늘) 10g
Red Paprika
(붉은 파프리카) 20g
Yellow Paprika
(노랑 파프리카) 20g
Green Paprika
(초록 파프리카) 20g
Thyme(다임) 5g
Vinegar(식초) 10mL
Lemon juice(레몬주스) 10mL
Olive Oil(올리브 오일) 20mL
Salt(소금) some
White Pepper(후추) some
Sugar(설탕) Some

만드는 방법

1. 양파와 마늘은 잘게 다져(Chopped) 놓는다.
2. 붉은 파프리카, 노랑 파프리카, 초록 파프리카는 잘게 다져(Chopped) 놓는다.
3. 믹싱 볼(Mixing Bowl)에 올리브 오일, 식초, 레몬주스를 넣어 거품기(Whisk)로 저어 준다.
4. 3의 내용물에 1의 다진 양파와 마늘, 2의 파프리카를 넣고 소금, 후추로 간한다.

(47) 허브 드레싱 (Herb Dressing)

재료 및 분량

Thyme(다임) 10g
Rosemary (로즈마리) 10g
Oregano (오레가노) 10g
Onion(양파) 30g
Garlic(마늘) 10g
Vinegar(식초) 10mL
Lemon juice(레몬주스) 10mL
Olive Oil(올리브 오일) 20mL
Salt(소금) some
White Pepper(후추) some

만드는 방법

1. 다임, 로즈마리, 오레가노는 잘게 다져(Chopped) 놓는다.
2. 양파와 마늘을 잘게 다져(Chopped) 놓는다.
3. 믹싱 볼(Mixing Bowl)에 올리브 오일, 식초, 레몬주스를 넣고 거품기(Whisk)로 서서히 저어 준다.
4. 3의 내용물에 1의 다진(Chopped) 허브, 2의 양파, 마늘을 넣고 섞은 후 소금과 후추로 간한다.

(48) 사워 크림 소스 (Sour cream sauce)

재료 및 분량

Sour Cream (사워 크림) 100g
Mayonnaise(마요네즈) 50g
Cream Cheese(크림 치즈) 20g
Whipping cream
(휘핑 크림) 30mL
Lemon juice(레몬주스) 10mL
Salt(소금) some
Sugar(설탕) Some

만드는 방법

1. 휘핑 크림은 거품기(Whisk)로 저어 되직하게 한다.
2. 믹싱 볼(Mixing Bowl)에 사워 크림, 마요네즈, 크림 치즈, 1의 휘핑 크림을 넣고 저어 준 후 레몬주스, 소금, 설탕으로 양념한다.

(49) 이탈리안 드레싱 (Italian Dressing)

재료 및 분량

Tomato(토마토) 1/2ea
Onion(양파) 100g
Garlic(마늘) 20g
Lemon(레몬) 1/2ea
Black Olive(블랙 올리브) 30g
Dill(딜) 5g
Red Pepper(붉은 고추) 50g
Red Paprika
(붉은 파프리카) 20g
Lemon juice(레몬주스) 20mL
Olive Oil(올리브 오일) 50mL
Vinegar(식초) 20mL
Dijon Mustard(디존 머스터드) 5g
White Wine(백포도주) 10mL
Salt(소금) Some
Pepper(후추) Some

만드는 방법

1. 양파와 마늘은 곱게 다져 놓는다.
2. 토마토는 끓는 물에 데친 후에 껍질을 벗겨 씨를 제거한 후, 토마토 꽁까세(Tomato Concasse)로 한다.
3. 레몬은 깨끗이 씻어 껍질을 벗겨 흰 부분을 제거하고 잘게 다져(Chopped) 놓는다.
4. 붉은 파프리카, 붉은 고추, 블랙 올리브는 잘게 다져(Chopped) 놓는다.
5. 믹싱 볼(Mixing Bowl)에 올리브 오일, 식초, 레몬주스, 디존 머스터드를 넣어 거품기(Whisk)로 저어 준다.
6. 5의 내용물에 1의 다진 양파 마늘, 2의 토마토 콩카세, 3의 레몬, 4의 채소를 넣고 소금과 후추로 양념한다.

(50) 레드 와인 비네그레트 (Red Wine Vinaigrette)

재료 및 분량

Red Wine Vinegar
(적포도주 식초) 150mL
Lemon(레몬) 1/2ea
Lemon juice(레몬주스) 20mL
Olive Oil(올리브 오일) 100mL
Salt(소금) Some
Peppercorn(통후추) some

만드는 방법

1. 마늘과 양파는 잘게 다져(Chopped) 놓는다.
2. 믹싱 볼(Mixing Bowl)에 적포도주 식초, 올리브 오일, 레몬주스를 넣어 거품기(Whisk)로 저어 준다.
3. 2의 내용물에 1의 다진 마늘과 양파를 넣고 통후추와 소금으로 간한다.

Part Ⅲ

식전 음식 (Aperetivo)

1. 모듬 브루스케타
2. 칼라 마타 올리브 튀김
3. 으깬 채소를 채운 파프리카 팀발
4. 세가지 모양의 채소 테린
5. 홀스 레디쉬와 크림치즈를 채운 연어롤
6. 채소 비네그레트를 곁들인 생 관자
7. 신선한 수박, 메론, 마, 가스파쵸

Aperetivo

식전 음식

식전 음식이란?

핑거 푸드(finger food)란 손으로 집어 먹는 작은 크기의 음식을 말하며 샌드위치나 카나페처럼 깔끔하고 모양이 예쁘며 다양한 색채를 부여해서 한입에 들어갈 수 있게 만든 음식을 말한다. 칵테일파티나 식전에 식욕을 돋우는 애피타이저(Appetizer)나 맥주, 와인 등의 술안주로 많이 이용되며 주로 오르되브르(Hors d'oeuvres)와 파티용을 전제로 하기 때문에 맛도 중요하지만, 모양이 작고 아름다워야 하며 집어먹기 편하게 만들어야 한다.

한편 카나페(Canape)는 식빵을 작게 잘라 구워 육류 · 어패류 · 치즈 · 달걀 등 여러 가지 풍미 있는 식품을 단독으로 또는 혼합 · 조리하여 얹는데, 재료나 조리방법에 따라 각양각색의 맛과 형태가 이루어진다. 이 요리는 샌드위치보다 먼저 생겼으며, 옛날에는 오르되브르 속에 포함되지 않았으나, 19세기 초부터 러시아의 전채요리 자쿠스카를 받아들이면서 오르되브르의 범위에 넣었다. 카나페는 칵테일 파티나 양주 안주에도 흔히 쓰이며, 간단한 식사대용도 할 수 있다. 카나페는 사용되는 재료에 따라서 약간의 차이는 있으나, 일찍 만들어 놓으면 습기가 생기거나 음식의 표면이 건조해져서 맛과 모양이 손상되므로 먹는 시간을 잘 맞추어서 만든다.

오르되브르(Hors d'oeuvres)의 유래는 13세기에 마르코 폴로(Marcopolo)가 중국을 여행하면서 중국의 냉채요리를 모방하여 시작된 것이 이탈리아에서 프랑스로 건너가 발전되었다고 한다. 오르되브르는 식전에 나오는 모든 요리의 총칭이며, hors는 앞이라는 뜻이고 Oeuvre는 작업, 식사를 의미하므로 그 목적도 역시 식욕촉진에 있다. 일반적으로 전채요리 정도로 해석되며, 본래의 불어 사전적 의미로는 주 요리 코스 부분에서 제외되는 엑스트라(extra) 음식 정도로 직역이 된다.

오르되브르(Hors d'oeuvres)는 과외 작업(out side of work)이라 하여 주식과는 다른 음식이라는 뜻을 내포하고 있으며, 사전적인 의미로 보면 '메뉴 외', '메뉴 밖의'로 해석되거나, 또한 "식사 전"으로도 해석된다. 영어로는 애피타이저(Appetizer)이며 우리말로는 전채(前菜)라고 하며 이탈리아에서는 안티파스토(Antipasto)로 사용된다. 프랑스에서는 오르되브르(Hors d'oeuvres)인데 문자상의 의미는 'Main work' 또는 'Main object(본 작품)'이다. 또한 다양한 색채를 부여해서 예쁘면서도 간단하게 만들어 여러 가지 중 선택할 수 있게 해야 하며 한입에 들어갈 수 있게 작은 사이즈로 만들어 포크나 나이프를 사용하지 않아도 되고, 손에 묻지 않게 깔끔해야 하며, 접시에 담을 때에는 프레젠테이션의 방법과 방향감각이 동일해야 한다.

육류를 이용한 오르되브르(Hors d'oeuvres) 중에는 햄(Ham)을 이용한 요리가 많은데, 이탈리아에서 유명한 햄은 돼지의 넓적다리살에 소금을 뿌려 매달아 만든다. 주로 차가운 요리에 많이 사용되며 생으로 먹는 파마햄, 로스트햄, 프레스햄 등이 있다.

가금류를 이용한 오르되브르(Hors d'oeuvres)는 꿩(Pheasant), 오리(Duck), 거위(Goose), 닭(Chicken) 등을 부위별로 이용하여 허브나 향신료를 첨가해 훈제(Smoked), 로스트(Roasted), 테린(Terrine) 등의 조리법을 이용하여 만든다.

푸아그라(Foie-gras)는 옛날 알자스 지방에 살던 유대인이 오리와 거위 등을 키우다 만들게 된 요리이며, 세계 3대 요리로 뽑힐 정도로 고급 식재료에 속한다. 불어로는 '살찐 간(Fat liver)'이라는 뜻으로 일반 오리나 거위를 키우는 것과 달리 거위를 사육하면서 사료를 강제로 먹인 후, 간을 비대하게 만들어 요리한 것이다.

어패류를 이용한 오르되브르(Hors d'oeuvres)는 암컷의 알을 이용한 요리가 많은데, 영국에서는 대구 알 훈제요리를, 그리스에서는 타라모살라타(Taramosalata)라는 요리로 전통적으로 숭어 알을 소금에 절여 향신료를 첨가하여 빵에 얹어 먹는다.

캐비어(Caviar)는 세계 3대 요리 중 하나로 철갑상어 알로 만든 요리이며, 가공처리하거나 소금에 절인 알을 뜻하는데, 철갑상어의 알은 크기나 색에 따라 벨루가(Beluga), 오세트라(Ossetra), 세브루가(Sevruga)로 종류가 나뉜다. 주 요리에 곁들여 먹기도 하고, 빵에 얹거나 발라 먹는다.

Assorted Bruschetta

ITALIAN COOK 1

모둠 브루스케타

Bruschette assortite

Recipe

1. 네 가지 바게트(녹차, 오징어 먹물, 비트, 달걀)는 둥글고 작게 5mm 두께로 잘라 놓는다.
2. 1의 잘라 놓은 네 가지 바게트(Baguette)에 마늘 오일을 바르고 예열된 180℃ 오븐에 살짝 굽는다.
3. 홍합은 익혀 손질한 후, 이탈리안 드레싱으로 양념한다
4. 실파는 끓는 물에 데친 후, 3의 양념한 홍합을 감싸 녹차 바게트(Baguette)에 올려 이탈리안 드레싱을 뿌린다.
5. 훈제 연어는 슬라이스(Slice)하여 둥글게 말은 후, 위에 크림 치즈, 연어알, 캐비어를 얹는다.
6. 토마토는 웨이지(Wage)로 썰어 올리브오일, 소금, 설탕으로 양념한 후 예열된 80℃ 오븐에서 드라이 시킨다.
7. 믹서기(Blender)에 블랙 올리브를 곱게 갈아, 퀴넬(Quenelle) 모양으로 만들어 6의 토마토를 파마햄으로 감싼 후 위에 올려 준다.
8. 새우는 손질한 후, 달궈진 팬에 소금과 후추로 양념하여 볶는다.
9. 비트 바게트(Baguette)에 허브를 얹고 8의 새우와 이탈리안 드레싱(Italian Dressing)을 뿌려 준다.

Ingredient

Mussel(홍합) 200g / Salmon(연어) 200g
Shrimp(새우) 1ea / Baguette(바게트) 4ea
Cherry Tomato(방울토마토) 1ea
Avocado(아보카도) 30g
Cream Cheese(크림치즈) 20g Black Olive(블랙 올리브) 50g
Caviar(캐비어) 2g / Garlic(마늘) 10g
Basil(바질) 20g / Chive(차이브) 10g
Mini Vitamin(미니비타민) 10g
Olive Oil(올리브오일) 50mL
Oil Vinegar Dressing(오일비네가 드레싱) 30mL / Garlic(마늘) 10g
Parma Ham(파마햄) 20g
Dried Tomato(말린 토마토) 50g
Red Paprika(붉은 파프리카) 30g
Yellow Paprika(노랑 파프리카) 30g
Orange Paprika(주황 파프리카) 30g
Vinegar(식초) 20mL
White Wine(백포도주) 20mL
Salmon Roe(연어알) 5g
Onion(양파) 30g / Butter(버터) 10g
Salt(소금) 조금 / Pepper(후추) 조금

Memory Point

- 이탈리안 드레싱 (Italian Dressing) p.161 참고

Fried Kalamata Olive

ITALIAN COOK 2

칼라마타 올리브 튀김

Kalamata Olive fritte

Recipe

1. 소고기, 돼지고기는 지방을 제거한 후, 잘게 다져(Chopped) 놓는다.
2. 양파, 마늘은 곱게 다져(Chopped) 놓는다.
3. 1의 다진(Chopped) 소고기, 돼지고기에 2의 양파, 마늘을 넣고, 소금, 후추로 간하여 볶아 준다.
4. 3의 볶은 고기에 빵가루, 로즈마리, 다임, 토마토 퓌레로 양념하여 버무린다.
5. 칼라마타 올리브에 4의 양념한 소고기, 돼지고기를 채워준다.
6. 빵가루에 검정깨와 다진 허브를 각각 섞은 후, 5의 칼라마타 올리브에 각각 묻힌다.
7. 예열된 180℃ 튀김용 기름에 6의 칼라마타 올리브를 튀긴다.
8. 7의 튀긴 칼라마타 올리브를 담고 사워 크림 소스(Sour cream sauce)를 용기에 담아 곁들인다.

Ingredient

Beef(소고기) 150g / Pork(돼지고기) 150g
Onion(양파) 50g / Garlic(마늘) 10g
Kalamata Olive(칼라마타 올리브) 8ea
Lemon(레몬) 20g / Flour(밀가루) 20g
Bread Crumb(빵가루) 20g / Egg(달걀) 1ea
Tomato Puree(토마토 퓌레) 50g
Parsley(파슬리) 10g / Milk(우유) 100mL
Red Wine(적포도주) 20mL
Frving Oil(튀김기름) 200g
Amaranth(아마렌스 순) 20g
salt(소금) 조금
black sesame(검정깨) 10g
Green Oilve(그린 올리브) 2ea
Black Olive(블랙 올리브) 2ea
Cherry Tomato(방울토마토) 1ea
Melon(멜론) 20g / Grape(포도) 1ea
Mayonnaise(마요네즈) 20mL
Sour Cream(사워 크림) 10mL
Lemon Juice(레몬주스) 10mL
Sugar(설탕) 조금 / Thyme(다임) 10g
Rosemary(로즈마리) 10g
Whipping Cream(휘핑 크림) 10mL
Pepper(후추) 조금

Memory Point

• 사워 크림 소스 (Sour cream sauce) p.160 참고

Mashed Vegetables Stuffed
Paprika Timbal

ITALIAN COOK 3

으깬 채소를 채운 파프리카 팀발

Timballo con purè di verdure e peperoni

Recipe

1. 블랙 올리브는 물기를 제거한 후, 곱게 갈아준다.
2. 자색 고구마, 단호박, 감자는 각각 포일에 감싸, 오븐에서 완전히 익힌 후, 고운 체에 내린다.
3. 아보카도는 껍질을 벗긴 후, 썰어 끓는 물에 데쳐 고운 체에 내린다.
4. 2의 체에 내린 자색 고구마, 단호박, 감자와 2의 아보카도를 혼합하여 되직하게 농도를 맞춘다.
5. 붉은 파프리카, 노란 파프리카, 주황 파프리카는 오븐에 구워 껍질을 벗긴 후, 둥근 몰드(Mold)로 자른다.
6. 둥근 몰드(Mold)에 4의 자색 고구마, 5의 구운 파프리카 순으로 채워준다.
7. 미니 허브는 깨끗이 손질한 후, 레몬 비네그레트 (Lemon Vinaigrette)에 살짝 버무린다.
8. 작은 용기에 1의 블랙 올리브, 6의 내용물을 담고 7의 허브를 얹는다.

Ingredient

Potato(감자) 1ea
Autumn Squash(단호박) 200g
Red Paprika(붉은 파프리카) 150g
Yellow Paprika(노란 파프리카) 150g
Orange Paprika(주황 파프리카) 150g
Avocado(아보카도) 200g
Black Olive(블랙 올리브) 150g
Purple Sweet Potato(자색 고구마) 100g
Chervil(처빌) 10g
Lemon Juice(레몬주스) 50mL
Olive Oil(올리브오일) 40mL
Milk(우유) 50mL
Fresh Cream(생크림) 50mL
Sugar(설탕) 조금
Mini Vitamin(미니비타민) 5g
Amaranth(아마렌스 순) 20g
Radish(래디시) 10g
Red Wine Vinegar(적포도주 식초) 20mL
Peppercorn(통후추) 5g
Salt(소금) 조금

Memory Point

- 레몬 비네그레트 (Lemon Vinaigrette) p.151 참고

Three kinds of Vegetable Terrine

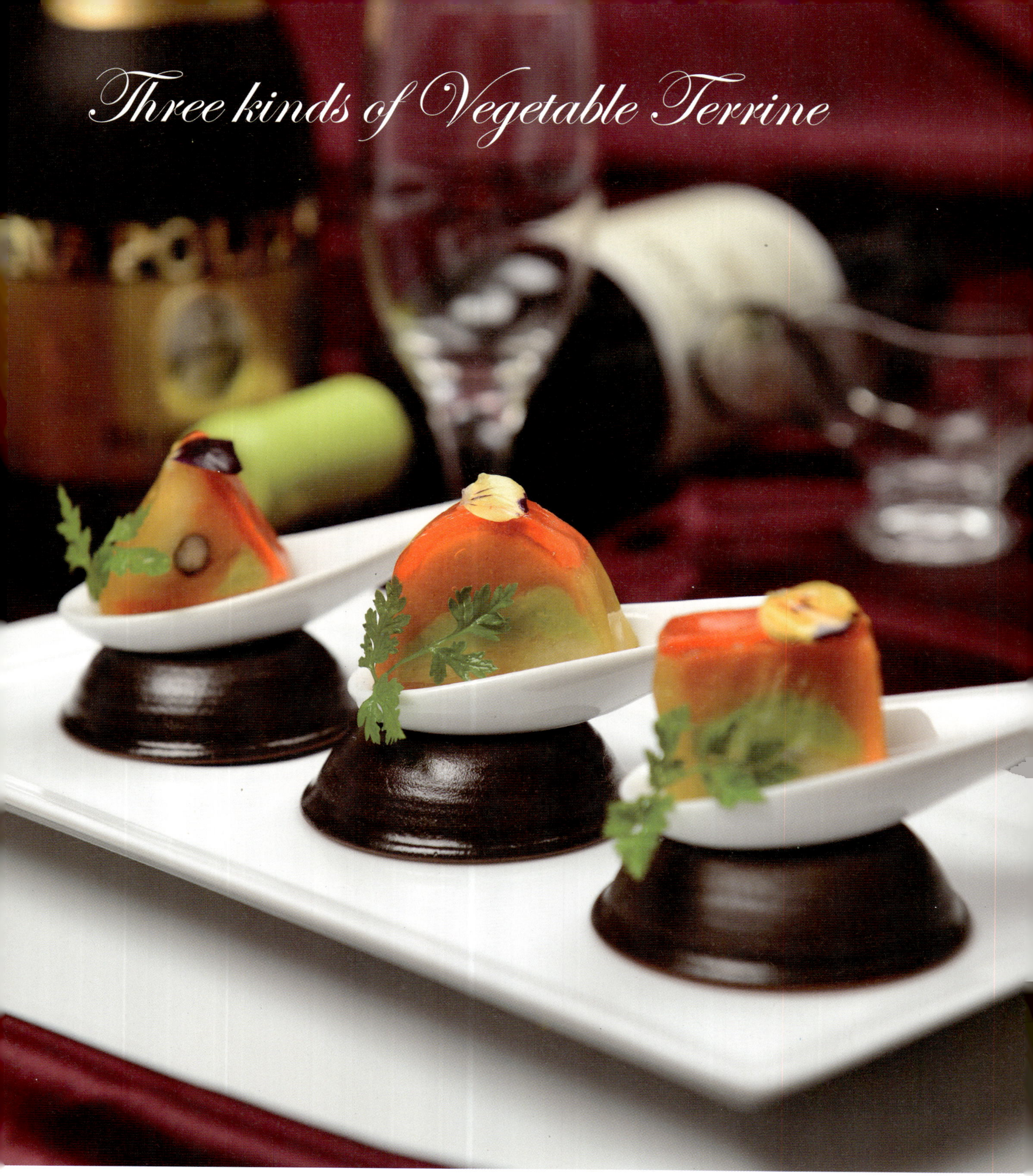

ITALIAN COOK 4

세 가지 모양의 채소 테린

Tre scelte di terrine di verdure

Recipe

1. 붉은 파프리카, 노란 파프리카는 오븐에 구워 껍질을 벗긴 후, 깨끗이 씻어 물기를 제거한다.
2. 식빵은 2~3cm 크기의 세 가지 모양으로 썰어 예열된 180℃ 오븐에 구워 준다.
3. 감자는 깨끗이 씻어 포일로 감싼 후, 예열된 180℃ 오븐에서 완전히 굽는다.
4. 단호박은 잘라 씨를 제거한 후 포일에 감싸 오븐에서 굽는다.
5. 3의 감자, 4의 단호박은 고운 체에 내리고 되직하게 농도를 맞춘다.
6. 아보카도는 껍질을 벗겨 다이스(Dice)로 썰고 끓는 물에 데친 후, 고운 체에 내린다.
7. 강낭콩은 깨끗이 씻어 끓는 물에 데친 후, 찬물에 식힌다.
8. 각각의 몰드에 비닐을 깔고, 그 위에 1의 파프리카, 5의 감자, 단호박, 6의 아보카도, 강낭콩 순으로 채워 가볍게 눌러 준다.
9. 8의 내용물을 몰드에서 빼낸 후 2cm 두께로 썰어 준다.
10. 작은 용기에 2의 구운식빵, 9의 채소테린을 얹고 처빌과 팬지로 가니쉬(Garnish)한다.

Ingredient

Potato(감자) 1ea
Salt(소금) 조금
Autumn Squash(단호박) 200g
Pepper(후추) 조금
Red Paprika(붉은 파프리카) 1ea
Yellow Paprika(노란 파프리카) 1ea
Bread(식빵) 20g
Avocado(아보카도) 1/2ea
Chervil(처빌) 10g
Black Olive(블랙 올리브) 50g
Kidney Bean(강낭콩) 100g
Pansy(팬지) 5g
Sugar(설탕) 조금

Memory Point

Salmon Roll Stuffed with Horseradish and Cream Cheese

ITALIAN COOK 5

홀스래디시와 크림 치즈를 채운 연어롤

Rotolo di salmon farcito con crema di formaggio e rafano

Recipe

1. 훈제 연어는 얇게 슬라이스(Slice) 한다.
2. 식빵은 둥글게 잘라 예열된 180℃ 오븐에서 굽는다.
3. 홀스래디시, 휘핑 크림, 크림 치즈, 레몬주스를 넣어 저어 준다.
4. 아보카도는 껍질을 벗겨 얇게 슬라이스(Slice) 하여 끓는 물에 데친 후, 식혀 물기를 제거한다.
5. 1의 연어에 3의 홀스래디시 크림을 바른 후 4의 아보카도, 케이퍼를 얹어 둥글게 말아 준다.
6. 5의 연어를 잘라 2의 구운 식빵 위에 얹는다.
7. 적색 양파는 얇게 슬라이스(Slice) 하여 연어알, 처빌과 함께 가니쉬(Garnish)로 사용한다.

Ingredient

Smoked Salmon(훈제연어) 300g
Cream Cheese(크림치즈) 50g
Bread(식빵) 1ea
Salmon Roe(연어알) 5g
Caviar(캐비어) 5g
Horseradish(홀스래디시) 20g
Lemon Juice(레몬주스) 20mL
Whipping Cream(휘핑 크림) 20mL
Chive(차이브) 5g
Dill(딜) 5g
Red Onion(적색 양파) 20g
Caper(케이퍼) 10g
Avocado(아보카도) 1/2ea
Salt(소금) 조금
Pepper(후추) 조금

Memory Point

Scallops with Vegetable Vinaigrette

ITALIAN COOK

6

채소 비네그레트를 곁들인 생 관자

Capesante con vinaigrette vegetale

Recipe

1. 생 관자는 흐르는 물에 깨끗이 씻어 이물질을 제거한다.
2. 자루냄비(Pot)에 채소 육수(Vegetable Stock)를 끓여 생 관자를 살짝 데친다.
3. 2의 데친 관자에 소금, 후추를 간하여 채소 비네그레트(Vegetable Vinaigrette)로 버무린다.
4. 관자 껍질은 깨끗이 씻어 물기를 제거한다.
5. 접시에 굵은소금을 둥근 모양으로 찍은 후, 4의 관자 껍질을 놓는다.
6. 5의 관자 껍질에 3의 내용물을 담고 채소 비네그레트 (Vegetable Vinaigrette), 다진(Chopped) 차이브를 뿌려 준다.
7. 래디시는 둥글게 썰어 이탈리아 파슬리와 함께 곁들인다.

Ingredient

- Fresh Scollop(생 관자) 300g
- Tomato(토마토) 150g
- Red Paprika(붉은 파프리카) 100g
- Yellow Paprika(노랑 파프리카) 100g
- Orange Paprika(주황 파프리카) 100g
- Chive(차이브) 1ea
- Black Olive(블랙 올리브) 50g
- Green olive(그린 올리브) 50g
- White Wine Vinegar(백포도주 식초) 50mL
- Olive Oil(올리브오일) 20mL
- Lemon(레몬) 30g
- Lemon Juice(레몬주스) 20mL
- Radish(래디시) 1ea
- Coarse Salt(굵은소금) 100g
- Onion(양파) 50g
- Garlic(마늘) 10g
- Italian Parsley(이탈리아 파슬리) 10g
- Salary(셀러리) 50g
- Carrot(당근) 50g
- Salt(소금) 조금
- Pepper(후추) 조금

Memory Point

- 채소 비네그레트 (Vegetable Vinaigrette) p.158 참고

Fresh Watermelon, Melon, Hemp Gazpacho

ITALIAN COOK 7

신선한 수박, 멜론, 마, 가스파초

Gazpacho con anguria fresca e melone

Recipe

1. 수박은 껍질을 벗겨 씨를 제거한 후 다이스(Dice)로 썰어 준다.
2. 토마토는 끓는 물에 데쳐 껍질을 벗긴 후, 씨를 제거한다.
3. 믹서기(Blender)에 붉은 파프리카를 다이스(Dice)로 썰어 1의 수박과 2의 토마토를 함께 갈아준다.
4. 멜론, 오이는 껍질과 씨를 제거한 후, 다이스(Dice)로 썰어 곱게 갈아준다.
5. 산마는 깨끗이 씻어 껍질을 벗긴 후, 믹서기(Blender)에 곱게 갈아준다.
6. 젤라틴은 찬물에 녹여 3, 4, 5의 내용물에 소량씩 넣어 중탕으로 녹인다.
7. 유리잔에 6의 내용물을 순서대로 채워 담는다.
8. 수박은 스몰다이스(Small Dice)로 썰어 7의 내용물에 얹는다.
9. 접시에 멜론, 수박을 볼 커트기(Bowl Cutter)로 잘라 담고, 포도, 미니허브를 함께 곁들인다.

Ingredient

Tomato(토마토) 50g
Melon(멜론) 200g
Yam(산마) 200g
Watermelon(수박) 200g
Grape(포도) 1ea
Cucamber(오이) 50g
Oregano(오레가노) 2g
Amaranth(아마렌스 순) 2g
Avocado(아보카도) 50g
Onion(양파) 10g
Tabasco(타바스코) 2mL
Gelatine(젤라틴) 50g
Red Paprika(붉은 파프리카) 50g
Sugar(설탕) 조금

Memory Point

Part Ⅳ

전채요리(Antipasti)

1. 참치로 속을 채운 삼색 파프리카 롤
2. 바질 페이스트와 구운 채소
3. 구운 파프리카를 곁들인 바닷가재
4. 마스카포네 치즈를 곁들인 브로콜리 플랑
5. 두부에 얹은 여러 가지 채소
6. 쿠스쿠스를 곁들인 훈제연어
7. 부드러운 관자를 채운 가자미 롤
8. 송로버섯을 곁들인 오리간 요리
9. 둥근 감자를 얹은 관자구이
10. 아보카드 퓨레를 곁들인 게살 타르타르
11. 파마햄으로 말아 구운 아스파라거스
12. 캐비어를 곁들인 랑고스틴과 아스파라거스
13. 양배추로 말아 익힌 바닷가재 요리

Antipasti

전채요리

전채요리의 기원에 대해 학자들에 따라 조금씩 견해의 차이가 있지만 일반적으로 식사를 하기 위해 격식을 갖춘 식탁에 일정한 순서의 차림표대로 요리가 나오기 전에 제공되는 소품요리를 말한다.

서양요리의 메뉴 코스 중 가장 첫 번째로 제공되는 전채요리는 연회를 하기 전에 별실에서 기다리는 고객에게 독한 술(liquor)과 함께 자쿠스키(zakuski)라는 간단한 요리를 제공한 것이 유래가 되어 오늘날의 오르되브르(Hors d'oeuvres)가 되었다.

전채요리는 기본적인 조건들을 충족시키기 위한 부분을 고려하여 신선한 재료를 사용해야 하며, 한 접시 안에 입맛을 자극할 수 있는 신맛과 짠맛이 있어야 하고 한 입에 먹기 좋은 크기이며, 시각적으로 보기 좋고, 영양 면에서도 균형을 고려해야 한다.

또한 애피타이저(Appetizer)는 식욕을 돋우는 음식이며 식사 전에 메뉴 이외에 제공되는 적은 양의 요리를 뜻한다. 잘 만들어진 애피타이저(Appetizer)는 위장에 부담을 덜어주고 강한 맛이 나야 하고 색채 감각이 뛰어나야 하며 과학적이어야 한다.

애피타이저(Appetizer)의 종류는 찬 애피타이저(Cold Appetizer)와 더운 애피타이저(Hot Appetizer)로 분류되며 형태에 따라 플레인(Plain)과 드레스드(Dressed)로 나뉜다.

플레인(Plain)은 형태와 모양 맛 등이 그대로 유지되는 훈제연어, 생굴 등을 말하고 드레스드(Dressed)는 조리사의 아이디어와 기술로 조리되어 원래의 맛은 유지하나 모양과 형태가 변형된 각종 테린(Terrine) 등이 포함된다.

찬 애피타이저(Cold Appetizer)인 캐비어(Caviar)는 흑해와 카스피해에 서식하는 철갑상어의 알을 소금에 절인 식품으로 철갑상어 알은 상어를 잡자마자 알을 꺼내 알 가장자리의 막을 제거하고 소금에 절여 냉동하거나 병조림한다.

캐비어는 알의 크기가 크고 은회색 빛깔이 연할수록 질 좋은 것이며, 등급으로는 벨루가(Beluga 1등급), 오세트라(Osstetra 2등급), 세르부가(Sevrvaga 3등급) 순으로 구분되고 짠맛과 쓴맛이 없이 연하고 순한 맛을 가져야 제대로 된 상품이다.

고열량 식품으로 씹으면 고소하고 독특한 풍미를 가지고 있어 탄산을 가지고 있는 샴페인과 함께 먹으면 더욱 입맛을 돋운다. 캐비어는 얼음 위에 놓아서 오르되브르(Hors d'oeuvres)로 차려지며, 카나페처럼 토스트에 올려 애피타이저로 이용한다.

더운 애피타이저(Hot Appetizer)인 에스카르고(Escargot)는 프랑스어로 달팽이 또는 나사 모양을 뜻하며, 고대 르마시대부터 미식(美食)의 하나로 여겨졌고 B.C. 50년경에 이미 양식되었다는 기록이 있으며 이것이 전해져 프랑스의 에스카르고 요리가 되었다. 식용 달팽이로 껍질을 벗기고 살만 손질해 채소와 함께 육수를 넣어 끓여 스튜로 만들거나, 껍질을 이용해 살을 물에 데쳐 향신료와 버터, 레몬즙, 파슬리 다진 것을 뿌려 오븐에 익혀 구워 오르되브르(Hors d'oeuvres)로 이용하기도 한다.

Tuna Stuffed Paprika Roll Trio

ITALIAN COOK 1

참치로 속을 채운 삼색 파프리카 롤

Tonno ripieno di tre tipi di peperone

Recipe

1. 붉은, 노란, 주황 파프리카는 오븐에 구워 껍질을 벗겨 깨끗이 손질한 후, 수분을 제거한다.
2. 참치는 마른 거즈(Gauze)에 감싸 물기를 제거한다.
3. 앤초비, 케이퍼, 피클은 곱게 다져(Chopped) 2의 참치와 함께 버무린다.
4. 3의 참치에 마요네즈, 소금, 후추로 양념하여 버무린다.
5. 비닐 위에 1의 붉은, 노란, 주황 파프리카를 각각 놓고, 4의 양념한 참치를 채워 둥글게 말아 준다.
6. 유리랩으로 5의 말아 놓은 참치를 한번 더 말아 대각선으로 잘라준다.
7. 미니비타민, 미니치커리는 깨끗이 씻은 후, 레몬 비네그레트(Lemon Vinaigrette)를 첨가하여 버무려준다.
8. 접시에 7의 버무린 미니 채소를 담고, 6의 잘라 놓은 참치를 각각 담아 준다.

Ingredient

Red Paprika(붉은 파프리카) 1ea
Yellow Paprika(노란 파프리카) 1ea
Orange Paprika(주황 파프리카) 1ea
Tuna(참치) 200g
Anchovy(앤초비) 50g
Carrot(당근) 100g
Cucumber(오이) 100g
Pickle(피클) 20g / Garlic(마늘) 10g
Mini Vitamin(미니비타민) 10g
Black Olive(블랙 올리브) 50g
Caper(케이퍼) 20g
Cresson(크레숑) 10g
White Wine(백포도주) 20mL
Cider Vinegar(사과식초) 20mL
Lemon Juice(레몬주스) 20mL
Olive Oil(올리브오일) 100mL
Dijon Mustard(디종 머스타드) 20mL
Mini Chicory(미니치커리) 10g
Mayonnaise(마요네즈) 20g
Pepper(후추) 조금
Salt(소금) 조금

Memory Point

- 레몬 비네그레트(Lemon Vinaigrette) p.151 참고

Grilled Vegetables with Basil Pesto

ITALIAN COOK 2

바질 페이스트와 구운 채소

Verdure grigliate con pesto al basilico

Recipe

1. 달궈진 팬에 이탈리아 토마토를 둥글게 잘라 소금, 후추로 간하여 살짝 구워 준다.
2. 석쇠(Grill)에 가지, 호박을 이탈리아 토마토 모양으로 둥글게 잘라 격자 무늬로 구워 준다.
3. 아스파라거스는 손질하여 데친 후, 올리브오일, 소금, 후추로 양념하여 석쇠(Grill)에 굽는다.
4. 모짜렐라 치즈는 둥근 모양으로 썰어 놓는다.
5. 방울토마토는 끓는 물에 데쳐 껍질을 벗긴 후, 올리브오일, 소금, 설탕으로 버무려 예열된 80℃ 오븐에서 굽는다.
6. 접시에 바질 페이스트(Basil Pasto)를 가운데 담고 구운 1의 이탈리아 토마토, 2의 가지, 호박, 3의 아스파라거스, 4의 모짜렐라 치즈, 5의 방울토마토 순서대로 담는다.
7. 파르메산 치즈는 얇게 슬라이스(Slice) 하여 잣과 함께 곁들인다.

Ingredient

Mozzarella Cheese(모짜렐라 치즈) 200g
Italian Tomato(이탈리아 토마토) 1ea
Cherry Tomato(방울토마토) 1ea
Red Paprika(붉은 파프리카) 1ea
Eggplant(가지) 100g
Squash(애호박) 150g
Asparagus(아스파라거스) 100g
Dried Tomato(말린 토마토) 50g
Garlic(마늘) 10g
Parmesan Cheese(파르메산 치즈) 50g
Bread Crumb(빵가루) 20g
Anchovy(앤초비) 10g / Basil(바질) 100g
Parsley(파슬리) 10g
Pine Nut(잣) 20g
Peppercorn(통후추) 5g
Olive Oil(올리브오일) 50mL
Salt(소금) 조금
Pepper(후추) 조금

Memory Point

- 바질 페이스트(Basil Pasto) p.122 참고

Lobster with Grilled Paprika

ITALIAN COOK 3

구운 파프리카를 곁들인 바닷가재

Aragosta alla griglia con peperoni

Recipe

1. 아스파라거스는 깨끗이 손질하여 끓는 물에 데친 후, 소금, 후추로 간하여 팬에 볶는다.
2. 바닷가재는 껍질을 제거한 후, 포일로 둥글게 말아 준다.
3. 2의 둥글게 만 바닷가재를 끓는 물에 데쳐 식힌다.
4. 3의 바닷가재를 둥글게 썰어, 블랙 올리브 비네그레트 (Black Olive Vinaigrette)로 양념하며 버무린다.
5. 붉은, 노란 파프리카는 불에 구워 껍질을 벗긴 후, 둥글게 자른다.
6. 크림 치즈, 아보카도 퓌레, 토마토 퓌레를 접시에 나란히 뿌려 준다.
7. 6의 접시에 1의 아스파라거스, 4의 바닷가재, 5의 파프리카 순으로 나란히 담는다.
8. 블랙 올리브는 곱게 다져(Chopped) 놓는다.
9. 7의 내용물에 8의 다진(Chopped) 블랙 올리브를 뿌려준 후, 처빌, 적근대, 아마렌스 순으로 가니쉬(Garnish)한다.

Ingredient

Lobster(바닷가재) 200g
Red Paprika(붉은 파프리카) 100g
Yellow Paprika(노란 파프리카) 100g
Asparagus(아스파라거스) 100g
Onion(양파) 50g
Mozzarella Cheese(모짜렐라 치즈) 30g
Parmesan Cheese(파르메산 치즈) 20g
Leaf Beet(적근대) 5g
Chervil(처빌) 5g
Amaranth(아마렌스 순) 20g
Milk(우유) 50mL
Fresh Cream(생크림) 50mL
White Wine(백포도주) 20mL
Lemon Juice(레몬주스) 20mL
Vinegar (식초) 20mL
Avocado Puree(아보카도 퓌레) 30mL
Tomato Paste(토마토 페이스트) 10g
Garlic(마늘) 10g
Black Olive(블랙 올리브) 50g
Cream Cheese(크림치즈) 50g
Tomato(토마토) 100g
Salt(소금) 조금 / Pepper(후추) 조금

Memory Point

- 블랙 올리브 비네그레트 (Black Olive Vinaigrette) p.155 참고

Broccoli Flan with Mascarpone Cheese

ITALIAN COOK 4

마스카포네 치즈를 곁들인 브로콜리 플랑

Flan di broccoli al formaggio mascarpone

Recipe

1. 브로콜리는 손질하여 끓는 물에 살짝 데친 후, 찬물에 식힌다.
2. 믹서기(Blender)에 1의 브로콜리, 마스카포네 치즈, 휘핑 크림을 넣고 곱게 갈아준다.
3. 2의 내용물에 젤라틴(Gelatin)을 넣고 중탕으로 녹인다.
4. 3의 중탕한 브로콜리, 치즈를 타원형 몰드(Mold)에 담아 굳힌다.
5. 믹싱 볼(Mixing Bowl)에 마스카포네 치즈, 휘핑 크림, 레몬주스를 넣고 섞는다.
6. 접시에 파프리카 소스를 뿌린 후, 4의 브로콜리 플랑을 담는다.
7. 6의 파프리카 소스 주위에 5의 마스카포네 크림을 뿌려 준다.

Ingredient

Broccoli(브로콜리) 300g
Mascarpone Cheese(마스카포네 치즈) 100g
Onion(양파) 100g
Garlic(마늘) 20g
Whipping Cream(휘핑 크림) 50mL
Dill(딜) 5g
Gelatin(젤라틴) 10g
Orange Paprika(주황 파프리카) 100g
Butter(버터) 10g
Nutmeg(넛멕) 10g
Basil(바질) 5g
Chervil(처빌) 5g
Red Paprika (붉은 파프리카) 200g
Chicken Stock(닭고기 육수)150mL
Mini Vitamin(미니비타민) 5g
White Wine(백포도주) 20mL
Lemon Juice(레몬주스) 20mL
Salt(소금) 조금
Pepper(후추) 조금

Memory Point

- 파프리카 소스 (Paprika Sauce) p.147 참고

Tofu with Assorted Vegetables

ITALIAN COOK

5

두부에 얹은 여러 가지 채소

Verdure miste con tofu

Recipe

1. 두부는 직사각형으로 썰어 소금, 후추로 간하여 밀가루, 달걀을 묻혀 팬에 노릇하게 굽는다.
2. 붉은, 노란, 주황 파프리카는 불에 구워 껍질을 벗긴 후, 둥글게 잘라 소금, 후추로 간한다.
3. 감자는 껍질을 벗겨 2mm 두께로 둥글게 자른 후, 삶아 소금, 후추로 간한다.
4. 오이는 깨끗이 씻어 껍질을 벗긴 후, 감자 모양으로 잘라준다.
5. 당근즙과 치자물로 반죽을 각각 만들어 밀전병을 부친다.
6. 당근, 애호박, 양파, 표고버섯은 곱게 채썰어 소금, 후추 양념하여 볶는다.
7. 5의 밀전병에 6의 볶은 야채를 넣고 둥글게 말아 2cm 두께로 자른다.
8. 완두콩은 끓는 물에 데친 후, 바질과 함께 곱게 갈아 소금, 후추로 양념한다.
9. 접시에 8의 완두콩 퓌레(Peas Puree)를 뿌린 후, 1의 구운 두부를 놓고 7의 밀쌈과 양념한 채소를 가지런히 얹는다.

Ingredient

Tofu(두부) 80g
Red Paprika(붉은 파프리카) 50g
Yellow Paprika(노란 파프리카) 50g
Orange Paprika(주황 파프리카) 50g
Potato(감자) 50g
Gardenia Seeds(치자) 5g
Pea(완두콩) 100g
Carrot(당근) 50g
Flour(밀가루) 20g
Leaf Beet(적근대) 5g
Mini Vitamin(미니비타민) 5g
Egg(달걀) 1ea
Squash(애호박) 50g
Oyster Mushroom(표고버섯) 50g
Onion(양파) 20g
Cucamber(오이) 50g
Chervil(처빌) 5g
Pepper(후추) 조금
Salt(소금) 조금

Memory Point

- 완두콩 퓌레 (Peas Puree)
  1. 완두콩은 깨끗이 씻어 끓는 물에 데친 후, 찬물에 식힌다.
  2. 믹서기(Blender)에 1의 데친 완두콩과 바질을 넣어 곱게 갈아준다.
  3. 자루냄비(Pot)에 2의 간 완두콩을 볶아 수분을 제거한 후, 백포도주에 졸여 준다.
  4. 3의 졸인 완두콩에 소금, 후추, 레몬주스를 넣고 양념한다.

Smoked Salmon and Couscous

ITALIAN COOK

6

쿠스쿠스를 곁들인 훈제연어

Salmone affumicato con Couscous

Recipe

1. 연어는 손질한 후, 얇게 슬라이스(Slice) 하여 놓는다.
2. 감자는 껍질을 벗기고 다이스(Dice)로 썰어 끓는 물에 삶은 후, 고운 체에 내린다.
3. 오이, 당근, 양파, 셀러리를 곱게 다져(Chopped) 놓는다.
4. 2의 감자에 3의 채소를 넣고 마요네즈, 소금, 후추로 양념하여 버무린다.
5. 4의 양념한 감자에 1의 슬라이스(Slice)한 연어로 둥글게 감싸준다.
6. 접시에 5의 감싼 연어를 담고 미니 허브를 연어 가운데 소복히 담는다.
7. 둥근 몰드에 양념한 쿠스쿠스를 채운 후, 둥근 모양으로 만들어 6의 연어 옆에 함께 곁들인다.
8. 7의 담아 놓은 연어 주위에 후르츠 케이퍼, 연어알, 레몬으로 가니쉬(Garnish) 한다.

Ingredient

Smoked Salmon(훈제연어) 200g
Couscous(쿠스쿠스) 50g
Potato(감자) 80g / Cucumber(오이) 20g
Carrot(당근) 20g / Lemon(레몬) 20g
Black Olive(블랙 올리브) 30g
Green Olive(그린 올리브) 30g
Caper(후르츠 케이퍼) 10g
Lemon Juice(레몬주스) 10mL
Glutinous Rice Flour(찹쌀가루) 5g
Cresson(크레송) 20g
Chervil(처빌) 5g
Dill(딜) 5g / Pansy(펜지) 1ea
Salmon Roe(연어알) 5g
Mayonnaise(마요네즈) 10g
Sour Cream(사워 크림) 50mL
Red Paprika(붉은 파프리카) 20g
Orange Paprika(주황 파프리카) 20g
Green Paprika(그린 파프리카) 20g
Onion(양파) 20g
Chicken Stock(닭 육수) 150mL
Olive Oil(올리브오일) 30mL
Salt(소금) 조금 / Pepper(후추) 조금

Memory Point

· 쿠스쿠스 (Couscous)

1. 쿠스쿠스(Couscous)는 끓는 닭 육수에 3분 정도 데친다.
2. 블랙, 그린 올리브, 붉은 파프리카, 그린 파프리카, 주황 파프리카, 애호박, 양파, 당근은 스몰 다이스(Small dice)로 썰어 끓는 물에 데친다.
3. 1의 데친 쿠스쿠스(Couscous)와 2의 채소를 혼합한 후, 올리브오일, 레몬주스, 사워 크림, 소금, 후추로 양념하여 버무린다.

Steamed Sole Roll stuffed with Scallop

ITALIAN COOK

7

부드러운 관자를 채운 가자미 롤

Rotolo di sogliola al vapore con capesante stufate

Recipe

1. 가자미는 비닐과 내장을 제거한 후, 4등분으로 필레(Fillet)한다.
2. 1의 가자미는 껍질을 벗겨 소금, 후추로 간한다.
3. 시금치는 손질해 끓는 물에 데친 후, 믹서기(Blender)에 갈아 고운 체에 내린다.
4. 관자, 광어살은 다이스(Dice)로 썰어 시금치즙, 백포도주, 생크림, 레몬주스, 소금, 후추로 양념하여 커터기(food processor)로 곱게 갈아 고운 체에 내린다.
5. 2의 가자미에 4의 생선무스를 발라 둥글게 말아 준다.
6. 5의 둥글게 말아 놓은 가자미를 스티밍(Steaming) 한다.
7. 휀넬은 얇게 썰어 끓는 물에 데친 후, 소금, 후추 간하여 팬에 볶는다.
8. 자루냄비(Pot)에 청포도, 백포도주를 붓고 졸여 준다.
9. 달걀은 삶아 흰자, 노른자를 분리하여 고운 체에 내린다
10. 접시에 토마토 소스를 뿌려준 후, 6의 익힌 가자미를 닥고 7의 볶은 펜넬을 얹는다.
11. 10의 가자미에 9의 체에 내린 달걀흰자, 노른자, 케비어를 각각 가자미 가운데 담아 준다.

Ingredient

sole(가자미) 300g / Scallop(관자) 100g
Onion(양파) 50g
Celery(셀러리) 50g
Garlic(마늘) 20g
Parsley(파슬리) 10g
Thyme(다임) 5g
Oregano(오레가노) 5g
Tomato Paste(토마토 페이스트) 20g
Fresh Cream(생크림) 50mL
White Wine(백포도주) 30mL
Halibut(광어살) 100g
Green Grape(청포도) 100g
Fennel(펜넬) 100g
Tomato(토마토) 1ea
Red Paprika(붉은 파프리카) 1ea
Butter(버터) 20g / Flour(밀가루) 20g
Caviar(캐비어) 5g
Egg(달걀) 2ea
Sugar(설탕) 조금
Salt(소금) 조금
Pepper(후추) 조금

Memory Point

- 토마토 소스 (Tomato Sauce) p.145 참고

Foie Gras with Truffle

ITALIAN COOK 8

송로버섯을 곁들인 오리간 요리

Foie gras con tartufo

Recipe

1. 오리간은 손질하여 백포도주, 굵은소금, 통후추로 간한다.
2. 달궈진 팬에 1의 양념한 오리간을 노릇하게 구워 준다.
3. 송로버섯은 일정하게 줄리엔느(julienne)로 썰어 놓는다.
4. 표고버섯, 양파도 줄리엔느(julienne)로 썰어 놓는다.
5. 달궈진 팬에 양파, 표고버섯, 송로버섯 순으로 갈색이 나게 볶는다.
6. 5의 볶은 내용물에 적포도주를 조금씩 넣어 주면서 볶아 준다.
7. 붉은, 노란, 그린 파프리카는 다이스(Dice)로 썰어 소금, 후추 간하여 볶는다.
8. 감자는 껍질을 벗긴 후, 줄리엔느(julienne)로 썰어 예열된 튀김기름에 튀긴다.
9. 방울토마토는 끓는 물에 데쳐 껍질을 벗긴 후, 올리브오일, 설탕, 소금 간하여 예열된 80℃ 오븐에서 굽는다.
10. 접시에 6의 볶은 송로버섯을 담은 후, 2의 구운 오리간을 얹는다.
11. 10의 오리간 위에 발사믹 소스 (Balsamic Sauce)를 뿌린 후, 8의 튀긴 감자를 얹는다.

Ingredient

- Duck Liver(오리간) 200g
- Truffle(송로버섯) 50g
- Cresson(크레숑) 10g
- Cherry Tomato(방울토마토) 1ea
- Chive(차이브) 5g
- Onion(양파) 100g
- Red Paprika(붉은 파프리카) 50g
- Yellow Paprika(노란 파프리카) 50g
- Orange Paprika(주황 파프리카) 50g
- Green Paprika(그린 파프리카) 50g
- Balsamic Sauce(발사믹 소스) 20mL
- Potato(감자) 100g
- Red Wine(적포도주) 200mL
- Oyster Mushroom(표고버섯) 100g
- Sugar(설탕) 조금
- Peppercorn(통후추) 조금
- Salt(소금) 조금
- Pepper(후추) 조금

Memory Point

- 발사믹 소스 (Balsamic Sauce) p.123 참고

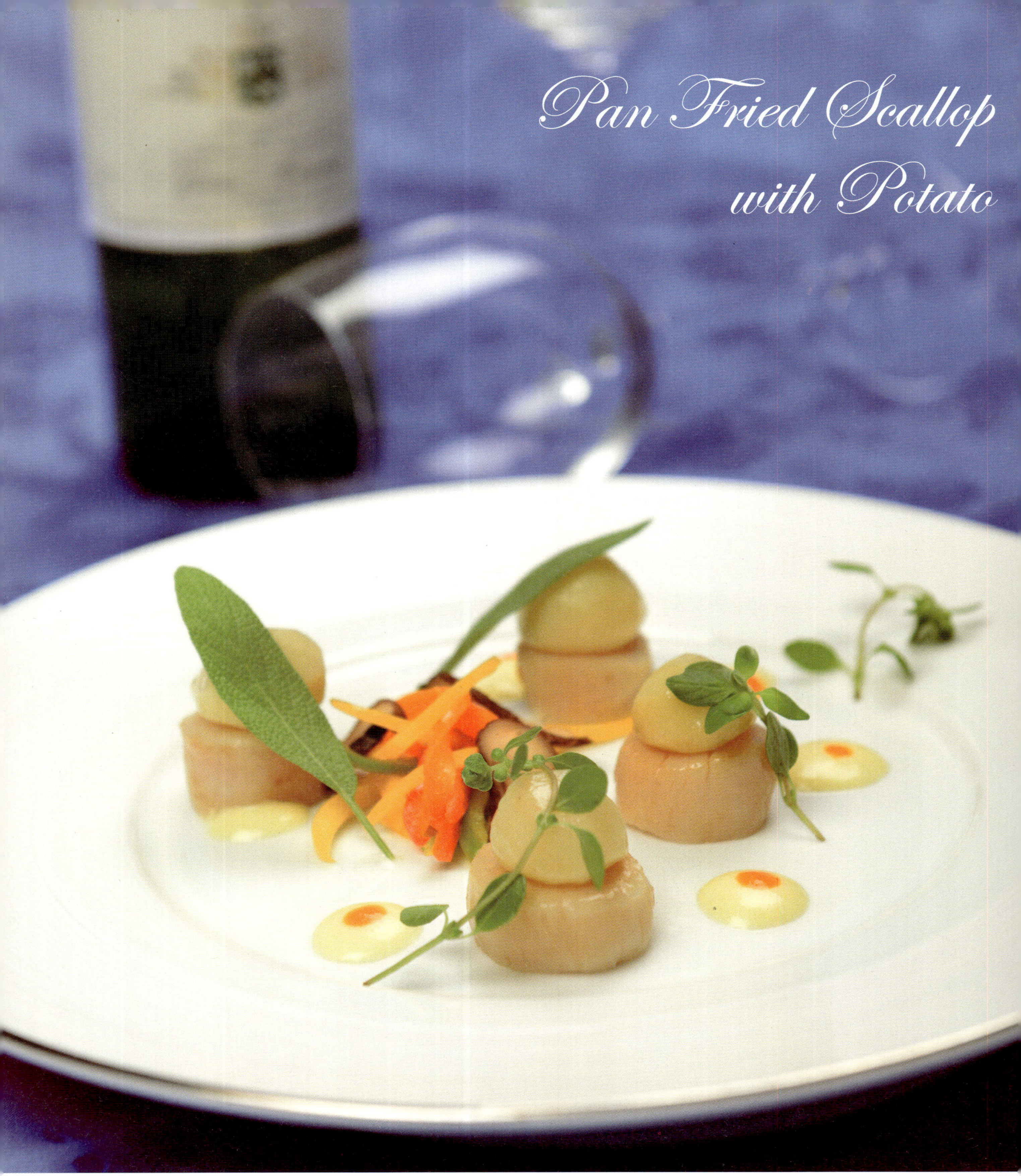
Pan Fried Scallop
with Potato

ITALIAN COOK 9

둥근 감자를 얹은 관자구이

Capesante in padella con patate

Recipe

1. 관자는 질긴 막을 제거한 후, 소금, 후추로 간한다.
2. 감자는 껍질을 벗겨 관자 크기로 둥글게 잘라 끓는 물에 삶는다.
3. 붉은, 노란 파프리카, 표고버섯, 애호박, 양파는 줄리엔느(julienne)로 썰어 놓는다.
4. 달궈진 팬에 1의 관자를 노릇노릇하게 굽는다.
5. 2의 삶아 놓은 감자도 노릇노릇하게 볶는다.
6. 3의 채소는 소금, 후추로 간하여 팬에 볶는다.
7. 접시에 4의 구운 관자를 담고 위에 5의 볶은 감자를 얹는다.
8. 7의 내용물에 6의 볶은 채소를 담고, 샤프란 소스, 나폴리탄 소스를 뿌려 준다.

Ingredient

Scallop(관자) 200g
Potato(감자) 1ea
Butter(버터) 20g
Parsley(파슬리) 10g
Onion(양파) 50g
Red Paprika(붉은 파프리카) 50g
Yellow Paprika(노란 파프리카) 50g
Flour(밀가루) 20g
Oyster Mushroom(표고버섯) 50g
Sage(세이지) 5g
Squash(애호박) 50g
Saffron(샤프란) 2g
Garlic(마늘) 10g
Thyme(다임) 5g
Napolitan Sauce(나폴리탄 소스) 50mL
Milk(우유) 20mL
Olive Oil(올리브오일) 20mL
Fresh Cream(생크림) 50mL
White Wine(백포도주) 20mL
Pepper(후추) 조금
Salt(소금) 조금

Memory Point

- 샤프란 소스 (Saffron Sauce) p.135 , 나폴리칸 소스 (Napolitan Sauce) p.141 참고

Crab Tartar with Avocado Puree

ITALIAN COOK 10

아보카도 퓌레를 곁들인 게살 타르타르

Tartar di polpa di granchic con purea di avocado

Recipe

1. 게살은 스팀(Steam)에 찐 후, 껍질을 벗겨 잘게 찢어 놓는다.
2. 토마토는 반으로 잘라 씨를 제거한 후, 둥근 도양으로 자른다.
3. 가지는 다이스(Dice)로 썰어 소금, 후추 양념하여 볶는다.
4. 아보카도는 껍질을 벗긴 후, 스몰 다이스(Dice)로 썰어 끓는 물에 데친다.
5. 망고는 껍질을 벗긴 후, 아보카도 모양으로 썰어 놓는다.
6. 4의 아보카도와 5의 망고를 마요네즈, 소금, 후추를 넣고 버무린다.
7. 양파, 파프리카, 차이브는 곱게 다진(Chooped) 후 1의 게살, 마요네즈, 레몬주스, 소금, 후추로 간하여 버무린다.
8. 미니비타민, 처빌, 크레송은 깨끗이 씻어 레드와인, 식초, 올리브오일, 소금, 후추로 양념하여 버무린다.
9. 접시 중간 부분에 아보카도 퓌레로 길게 그어 준다.
10. 9의 접시에 둥근 몰드(Mold)를 놓고 2의 토마토, 7의 게살을 채워 가볍게 눌러 준다.
11. 10의 채운 게살 위에 8의 버무린 미니 새싹을 얹어 준다.
12. 연어 알, 캐비어를 아보카도 퓌레 주위로 뿌려 준다.

Ingredient

Crab Meat(게살) 200g
Avocado(아보카도) 1ea
Red Paprika(붉은 파프리카) 50g
Yellow Paprika(노란 파프리카) 50g
Green Paprika(그린 파프리카) 50g
Mango(망고) 100g / Lemon(레몬) 50g
Onion(양파) 50g / Cresson(크레송) 10g
Chervil(처빌) 5g / Chive(차이브) 5g
Mini Vitamin(미니비타민) 5g
Salmon Roe(연어 알) 5g
Mayonnaise(마요네즈) 20g
Lemon Juice(레몬주스) 20mL
Eggplant(가지) 50g
Caviar(캐비어) 5g
Mascarpone Cheese(마스카포네 치즈) 10g
Whipping Cream(휘핑 크림) 20mL
White Wine(백포도주) 20mL
Olive Oil(올리브오일) 10mL
Peppercorn(통후추) 5g
Salt(소금) 조금
Pepper(후추) 조금

Memory Point

Parma Ham Wrapped Asparagus

ITALIAN COOK 11

파마햄으로 말아 구운 아스파라거스

Asparagi arrotolati con prosciutto di Parma

Recipe

1. 아스파라거스는 손질하여 끓는 물에 데친 후, 찬물에 식힌다.
2. 달궈진 석쇠에 1의 아스파라거스를 소금, 후추 간하여 굽는다.
3. 파마햄은 얇게 슬라이스(Slice) 한다.
4. 2의 구운 아스파라거스는 3의 슬라이스한 파마햄으로 감싼다.
5. 후레쉬 모짜렐라 치즈는 다이스(Dice)로 썰어 놓는다.
6. 아보카도는 껍질을 벗겨 다이스(Dice)로 썰어 끓는 물이 데친 후, 고운 체에 내린다.
7. 접시에 4의 감싼 아스파라거스를 가지런히 담는다.
8. 7의 아스파라거스 위에 잣 비네그레트 (Pine nut Vinaigrette)를 뿌린 후, 5의 프레시 모짜렐라 치즈, 6의 아보카도를 담는다.
9. 적근대, 아마렌스 순 등으로 8의 아스파라거스 주위에 놓는다.

Ingredient

Asparagus(아스파라거스) 5ea
Fresh Mozzarella Cheese (프레시 모짜렐라 치즈) 50g
Parma Ham(파마햄) 80g
Red Paprika(붉은 파프리카) 20g
Yellow Paprika(노랑 파프리카) 20g
Green Paprika(그린 파프리카) 20g
Onion(양파) 20g
Oilve Oil(올리브오일) 20mL
White Wine(백포도주) 10mL
Chive(차이브) 5g
Vinegar(식초) 10mL
Leaf Beet(적근대) 5g
Mini Vitamin(미니비타민) 5g
Avocado(아보카도) 100g
Garlic(마늘) 5g
Pine nut Vinaigrette(잣 비네그레트) 20mL
Amaranth(아마렌스 순) 5g
Pepper(후추) 조금
Salt(소금) 조금

Memory Point

- 잣 비네그레트 (Pine nut Vinaigrette) p.157 참고

Langoustine with Caviar and Asparagus

ITALIAN COOK

12

캐비어를 곁들인 랑고스틴과 아스파라거스

Scampi con caviale e asparagi

Recipe

1. 랑고스틴(Langoustine)은 껍질을 벗긴 후, 내장을 제거한다.
2. 아스파라거스는 껍질을 벗긴 후, 끓는 물에 살짝 데쳐 찬물에 식힌다.
3. 2의 아스파라거스는 소금, 후추로 간하여 팬에서 굽는다.
4. 달궈진 팬에 1의 랑고스틴(Langoustine)을 소금, 후추, 백포도주로 간하여 굽는다.
5. 붉은 파프리카, 주황 파프리카, 노란 파프리카는 곱게 다진 후, 소금, 후추로 간하여 볶는다.
6. 백포도주 소스에 레몬즙, 날치알을 넣고 천천히 졸여 준다.
7. 접시에 백포도주 소스를 둥글게 뿌려준 후, 3의 구운 아스파라거스를 놓는다.
8. 7의 아스파라거스 위에 4의 구운 랑고스틴(Langoustine)을 가지런히 놓고 5의 볶은 채소를 뿌려 준다.
9. 8의 랑고스틴(Langoustine) 위에 캐비어, 다진(Chopped) 차이브를 얹는다.

Ingredient

Langoustine(랑고스틴) 5ea
Caviar(캐비어) 5g / Onion(양파) 50g
Asparagus(아스파라거스) 3ea
Fresh Cream(생크림) 100mL
Butter(버터) 20g
Fich Stock(생선 육수) 300mL
Red Paprika(붉은 파프리카) 100g
Orange Paprika(주황 파프리카) 50g
Yellow Paprika(노란 파프리카) 50g
Chive(차이브) 5g / Garlic(마늘) 5g
Flying Fish Roe(날치알) 10g
Carrot(당근) 30g / Milk(우유) 20mL
White Wine Vinegar(백포도주 식초) 30mL
Leaf Beet(적근대) 5g
Chervil(처빌) 5g
Amaranth(아마렌스 순) 5g
Olive Oil(올리브오일) 30mL
Lemon Juice(레몬주스) 10mL
Peppercorn(통후추) 조금
Lemon(레몬) 20g
Salary(셀러리) 30g
Salt(소금) 조금
Pepper(후추) 조금

Memory Point

· 백포도주 소스 (White Wine Sauce) p.126 참고

Cabbage Wrapped Lobster

ITALIAN COOK 13

양배추로 말아 익힌 바닷가재 요리

Astice arrotalota nel cavolo

Recipe

1. 바닷가재는 껍질을 벗겨 내장을 제거한 후 소금, 후추, 백포도주로 간한다.
2. 시금치는 끓는 물에 살짝 데쳐 찬물에 식힌다.
3. 붉은 파프리카는 올리브오일에 버무려 포일로 감싸 예열된 180℃ 오븐에서 구워 식혀 껍질을 벗긴다.
4. 적채, 양배추는 잎 부분을 손질하여 끓는 물에 살짝 데쳐 찬물에 식힌다.
5. 비닐을 깔아준 후, 2의 시금치, 3의 붉은 파프리카, 4의 적채, 양배추 순으로 놓는다.
6. 5의 내용물 위에, 1의 바닷가재를 얹어 둥글게 말아 준다.
7. 6의 둥글게 말아 놓은 바닷가재를 포일로 감싼 후, 스티밍(Steaming)한다.
8. 접시에 크레숑 소스(Cresson Sauce)를 뿌린 후, 7의 바닷가재를 썰어 놓고 처빌, 미니치커리, 아마렌스 순을 곁들인다.

Ingredient

Lobster(바닷가재) 300g
Red Paprika(붉은파프리카) 100g
Spinach(시금치) 300g
Cabbage(양배추) 200g
Onion(양파) 100g
Red Cabbage(적채) 100g
Garlic(마늘) 10g
Flour(밀가루) 50g
Squash(애호박) 20g
Carrot(당근) 20g
Potato(감자) 20g
Milk(우유) 100mL
Fresh Cream(생크림) 100mL
White Wine(백포도주) 20mL
Lemon Juice(레몬주스) 20mL
Vinegar (식초) 20mL
Cresson(크레숑) 200g
Flour(밀가루) 10g
Mini Chicory(미니 치커리) 5g
Dill(딜) 5g
Amaranth(아마렌스 순) 20g
Salt(소금) 조금 / Pepper(후추) 조금

Memory Point

- 크레숑 소스 (Cresson Sauce) p.144 참고

Part V

샐러드 (Insalata)

1. 시저 샐러드
2. 오리가슴살 샐러드
3. 비트로 속을 채운 앤다이브 샐러드
4. 견과류와 이집트콩 샐러드
5. 해산물 샐러드
6. 부드러운 비트와 와인에 졸인 사과
7. 알감자와 라디치오 샐러드

Insalata

샐러드

샐러드(Salad)란 채소나 과일을 주재료로 하여 소스나 드레싱을 곁들여 만든 것이다. 샐러드는 불어로 'Salade'로, 뜻은 '소금기가 있는 것'이라는 라틴어 'Salata'에서 비롯되었다.

샐러드는 애피타이저의 한 종류로서 소화 흡수를 도와주는 역할을 하며 파슬리(Parsley), 물냉이(Watercress), 셀러리(Celery)와 같은 약초에 해당하는 허브 및 채소 등을 육류 요리와 함께 먹음으로써 우리 몸에 필요한 비타민을 섭취할 수 있어 건강을 유지하는 데 큰 역할을 한다.

한편 샐러드는 차가운 요리로 단순 샐러드(Simple Salad), 복합 샐러드(Combined Salad) 등이 있는데, 단순 샐러드는 한 가지 채소를 이용하여 본 재료의 맛을 중요시하지만 영양적인 면이나 색 및 맛을 위해 여러 가지 채소를 섞어 만들기도 한다.

복합 샐러드는 채소뿐만 아니라 생선, 과일, 육류, 견과류 등과 같은 다양한 식재료와 종류에 따라 여러 가지 샐러드를 만들 수 있다. 또한 샐러드에는 다양한 소스가 사용되는데, 이 중 샐러드 드레싱(Salad Dressing)으로 비네그레트 소스(Vinaigrette Sauce)와 마요네즈 소스(Mayonnaise Sauce)가 있다.

비네그레트 소스는 식초와 올리브유를 배합하여 향신료를 섞어 만들고, 마요네즈 소스는 달걀 노른자와 버터 및 올리브유를 섞어 만든 것이다. 그 외에도 시저 드레싱(Caesar Dressing), 사우전드 아일랜드 드레싱(Thousand Island Dressing), 이탈리안 드레싱(Italian Dressing) 등의 다양한 드레싱이 있다. 드레싱(Dressing)은 샐러드에 끼얹어 제공하는 것으로 샐러드의 맛을 한층 높여 주는 역할을 한다.

샐러드의 기본 요소는 바탕, 본채, 소스 곁들임으로 구성되어야 한다. 바탕은 바닥에 놓은 채소를 의미하며 그릇을 채워 주는 역할과 사용된 본채와 색채 대비를 위한 것이다.

본채는 샐러드를 중심으로 구성하는 샐러드의 재료와 종류에 따라 달라지며 색의 균형과 정확한 조리법에 따라 조리되어야 한다.

Caesar Salad

ITALIAN COOK 1

시저 샐러드

insalata di Cesare

Recipe

1. 로메인 레터스와 라디치오는 깨끗이 씻어 한입 크기로 손질한 후, 냉장고에 신선하게 보관한다.
2. 양파, 앤초비, 마늘, 파슬리는 곱게 다져(Chopped) 놓는다.
3. 베이컨은 크리스피(Crispy)하게 구워 곱게 다져(Chopped) 놓는다.
4. 식빵은 스몰 다이스(Dice)로 썰어 노릇하게 구워 크루통(Croutons)으로 만든다.
5. 바게트(Baguette)는 길게 잘라 예열된 180℃ 오븐에서 바삭하게 굽는다.
6. 자루냄비(Pot)에 물을 끓여 달걀을 삶아 흰자, 노른자를 분리하여 고운 체에 내린다.
7. 믹싱 볼(Mixing Bowl)에 달걀노른자, 머스터드를 넣고 저어준 후, 올리브오일을 조금씩 첨가하면서 유화시킨다.
8. 7의 내용물에 적포도주, 식초, 레몬주스, 타바스코, 우스터 소스, 파르메산 치즈로 맛을 내고 소금, 후추로 간한다.
9. 8의 소스에 1, 2, 3의 내용물을 모두 넣고 버무린다.
10. 샐러드 볼(Salad Bowl)에 9의 버무린 채소를 담고, 4의 크루통, 5의 바게트, 6의 노른자를 뿌려 준다.
11. 10의 샐러드에 파르메산 치즈를 얇게 슬라이스(Slice)하여 뿌려 준다.

Ingredient

Romaine Lettuce(로메인 레터스) 100g
Red Wine Vinegar(적포도주 식초) 30mL
Bacon(베이컨) 50g
Lemon Juice(레몬주스) 20mL
Onion(양파) 100g
Worcester Sauce(우스터 소스) 5mL
Garlic(마늘) 10g
Tabasco(타바스코) 5mL
Radicchio(라디치오) 100g
Olive Oil(올리브오일) 50mL
Parsley(파슬리) 10g
Salt(소금) 조금
Anchovy(앤초비) 20g
Pepper(후추) 조금
Crouton(크루통) 10g
Egg(달걀) 2ea
Parmesan Cheese(파르메산 치즈) 50g
Dijon Mustard(디종 머스터드) 10g
Baguetto(바게트) 20g

Memory Point

Duck Breast Salad

ITALIAN COOK 2

오리가슴살 샐러드

Insalata di petto di anatra affumicata

Recipe

1. 오리가슴살은 지방을 제거하고 깨끗이 손질한 후, 소금, 후추로 간한다.
2. 달궈진 팬에 1의 오리가슴살을 노릇하게 굽는다.
3. 롤라로사, 로메인 레터스, 라디치오는 한입 크기로 손질하여 찬 물에 담가 놓는다.
4. 팽이버섯은 손질하여 썰어 놓는다.
5. 마늘은 올리브오일, 소금, 후추로 간하여 예열된 180℃ 오븐에서 굽는다.
6. 비트는 깨끗이 씻어 껍질을 벗긴 후, 줄리엔느(julienne)로 썰어 놓는다.
7. 믹싱 볼(Mixing Bowl)에 3의 채소, 4의 팽이버섯, 5의 구운 마늘을 넣고 소금, 후추로 간하여 오렌지 비네그레트(Orange Vinaigrette)에 버무린다.
8. 접시에 7의 샐러드를 소복히 담고 2의 구운 오리가슴살을 썰어 가지런히 담는다.
9. 8의 오리가슴살 샐러드에 비트, 방울토마토, 견과류를 고루 뿌려 준다.

Ingredient

Duck Breast(오리가슴살) 200g
Raisin(건포도) 10g / Salt(소금) 조금
Lollo Rossa(롤라로사) 100g
Crouton(크루통) 10g
Pepper(후추) 조금
Romaine Lettuce(로메인 레터스) 100g
Parmesan Cheese(파르메산 치즈) 20g
Radicchio(라디치오) 100g
Chive(차이브) 10g
Cresson(크레숑) 50g
Chervil(처빌) 50g / Beet(비트) 20g
Red Wine Vinegar(적포도주 식초) 30mL
Enoki Mushroom(팽이버섯) 10g
Lemon Juice(레몬주스) 20mL
Cherry Tomato(방울토마토) 3ea
Olive Oil(올리브오일) 20mL
Garlic(마늘) 20g
Peppercorn(통후추) 조금
Walnut(호두) 20g
Orange(오렌지) 1/2ea
Pistachio(피스타치오) 10g
Orange Juice(오렌지주스) 100mL

Memory Point

- 오렌지 비네그레트(Orange Vinaigrette) p.155 참고

Endive Salad With Beet

ITALIAN COOK

3

비트로 속을 채운 앤다이브 샐러드

Insalata indivia ripiena di barbabietola

Recipe

1. 앤다이브는 손질하여 4등분으로 잘라 놓는다.
2. 달궈진 팬에 1의 앤다이브를 볶은 후, 닭 육수 백포도주를 넣고 졸인다.
3. 비트는 껍질을 벗겨 다이스(Dice)로 썰어 설탕, 레몬주스, 식초를 넣고 삶는다.
4. 양송이, 파프리카, 양파, 애호박, 당근, 셀러리는 다이스(Dice)로 썰어 소금, 후추로 간하여 살짝 볶는다.
5. 시금치는 끓는 물에 데쳐 소금, 후추로 간하여 팬에 볶는다.
6. 믹싱 볼(Mixing Bowl)에 3의 비트, 4의 볶은 채소를 넣그 비트 소스와 레몬 비네그레트(Lemon Vinaigrette)에 살짝 버무린다.
7. 접시에 5의 볶은 시금치를 담고, 6의 버무린 채소와 2의 갠다이브를 사이사이에 담아 준다.
8. 7의 앤다이브 샐러드에 파르메산 치즈, 크루통(Croutons)을 뿌려 준다.

Ingredient

- Endive(앤다이브) 200g
- Spinach(시금치) 100g
- Bottom Mushroom(양송이) 100g
- Lemon Juice(레몬주스) 20mL
- Onion(양파) 50g / Squash(애호박) 50g
- Carrot(당근) 50g / Cresson(크레숑) 20g
- Celery(셀러리) 100g
- Beet(비트) 100g / Garlic(마늘) 10g
- Cherry Tomato(방울토마토) 3ea
- Crouton(크루통) 10g
- Butter(버터) 20g
- Parmesan Cheese(파르메산 치즈) 10g
- Amaranth(아마렌스 순) 20g
- Chervil(처빌) 5g
- White Wine(백포도주) 50mL
- Chicken Stock(닭 육수) 200mL
- Yellow Paprika(노란 파프리카) 50g
- Leaf Beet(적근대) 5g
- Chervil(처빌) 5g
- Vinegar(식초) 10mL
- Salt(소금) 조금
- Sugar(설탕) 조금 / Pepper(후추) 조금

Memory Point

- 레몬 비네그레트(Lemon Vinaigrette) p.151 참고

Nuts and Chickpeas Salad

ITALIAN COOK 4

견과류와 이집트콩 샐러드

Insalata di ceci e noccioline

Recipe

1. 이집트콩은 찬물에 담가 불려준다.
2. 1의 불린 이집트콩은 끓는 물에 넣고 삶는다.
3. 토마토는 깨끗이 씻어 씨를 제거한 후, 다이스(Dice)로 썰어 놓는다.
4. 완두콩은 손질한 후, 0.2mm 두께로 썰어 끓는 물에 살짝 데친다.
5. 비트는 토마토 크기로 썰어 식초, 설탕, 레몬주스에 삶는다.
6. 믹싱 볼(Mixing Bowl)에 2의 삶은 이집트콩, 3의 토마트, 4의 완두콩, 5의 비트를 넣고 잣 비네그레트(Pine nut Vinaigrette)에 버무린다.
7. 접시에 6의 이집트콩 샐러드를 소복히 담고, 아몬드, 피스타치오, 건포도를 뿌려 준다.

Ingredient

- Chick peas(이집트콩) 300g
- Walnut(호두) 50g
- Almond(아몬드) 20g
- Pistachio(피스타치오) 20g
- Raisin(건포도) 20g
- Pine Nut(잣) 20g
- Tomato(토마토) 1ea
- Basil(바질) 10g
- Olive Oil(올리브오일) 10mL
- White Wine(백포도주) 5mL
- Lemon Juice(레몬주스) 5mL
- Pea(완두콩) 50g
- Beet(비트) 10g
- Salt(소금) 조금
- Pepper(후추) 조금

Memory Point

- 잣 비네그레트(Pine nut Vinaigrette) p.157 참고

Seafoods Salad

ITALIAN COOK

5

해산물 샐러드

Insalata di frutti di mare

Recipe

1. 관자, 오징어, 새우, 주꾸미는 채소 육수(Vegetable Stock)에 데친다.
2. 달궈진 자루냄비(Pot)에 다진(Chopped) 양파, 다늘, 대파, 홍합 순으로 볶아 백포도주를 넣고 졸인다.
3. 2의 졸인 홍합에 찬물을 붓고 끓인 후, 껍질과 살을 분리한다.
4. 모시조개는 소금물에 담가 해감시킨 후 깨끗이 씻는다.
5. 모시조개는 3의 홍합과 동일하게 조리하여 껍질과 살을 분리한다.
6. 마늘을 슬라이스(Slice)하여 팬에 볶는다.
7. 적양파, 붉은 파프리카, 주황 파프리카는 다이스(Dice)로 썰어 볶는다.
8. 이탈리아 파슬리는 손질하여 다져(Chopped) 놓는다.
9. 믹싱 볼(Mixing Bowl)에 1의 해산물, 홍합, 모시조개, 채소, 마늘을 넣고 소금, 후추로 간하여 마늘 비네그레트(Garlic Vinaigrette)에 버무린다.
10. 7의 해산물 샐러드에 6의 다진 이탈리아 파슬리를 뿌려 준다.

Ingredient

Scallop(관자) 150g / Squid(오징어) 150g
Shrimp(새우) 100g / Mussel(홍합) 100g
Shortnecked Clam(모시조개) 100g
Webfoot Octopus(주꾸미) 100g
Red Onion(적양파) 50g
Onion(양파) 100g
Cherry Tomato(방울토마토) 3ea
Garlic(마늘) 30g
Red Paprika(붉은 파프리카) 50g
Orange Paprika(주황 파프리카) 50g
Leaf Beet(적근대) 5g
Balsamic Dressing(발사믹 드레싱) 50mL
Lemon Juice(레몬주스) 10mL
Red Wine Vinegar(적포도주 식초) 20mL
White Wine(백포도주) 20mL
Olive Oil(올리브오일) 20mL
Italian Parsley(이탈리아 파슬리) 20g
Chive(차이브) 5g / Leek(대파) 20g
Lemon(레몬) 20g
Peppercorn(통후추) 조금
Salt(소금) 조금

Memory Point

- 마늘 비네그레트(Garlic Vinaigrette) p.152 참고

Beet and Apple Compote

ITALIAN COOK

6

부드러운 비트와 와인에 졸인 사과

Marmellata di bietole e mele

Recipe

1. 비트는 깨끗이 씻어 껍질을 벗긴 후, 5~7cm로 썰어 준다.
2. 자루냄비(Pot)에 1의 썬 비트, 설탕, 식초, 레몬주스를 넣고 비트가 완전히 익을 때까지 삶는다.
3. 사과는 웨이지(Wage)로 썰어 갈색이 나도록 볶아 적포도주에 졸인다.
4. 달궈진 팬에 올리브 오일을 두르고 건포도를 볶다가 적포도주를 붓고 졸여 준다.
5. 오렌지는 껍질을 벗겨 웨이지(Wage)로 잘라 놓는다.
6. 일부의 비트는 곱게 채썰어 튀김용 기름에 튀겨 설탕을 살짝 뿌려 준다.
7. 믹싱 볼(Mixing Bowl)에 2의 삶은 비트, 3의 졸인 사과, 4의 졸인 건포도와 산딸기 퓌레를 넣고 비트 소스에 버무린다.
8. 접시에 7의 비트 샐러드를 담고, 5의 오렌지, 6의 비트, 블루베리와 함께 담는다.

Ingredient

Beet(비트) 200g
Apple(사과) 100g
Vinegar(식초) 20mL
Lemon Juice(레몬주스) 20mL
Blueberry(블루베리) 20g
Red Wine(적포도주) 50mL
Orange(오렌지) 1ea
Raspberry Puree(산딸기 퓌레) 20mL
Oilve Oil(올리브오일) 10mL
Pepper Mint(페퍼민트) 2g
Cooking Oil(식용유) 200mL
raisin(건포도) 30g
Sugar(설탕) 20g

Memory Point

- 비트 소스(Beet Sauce) p.134 참고

Yukon Gold and Radicchio Salad

ITALIAN COOK 7

알감자와 라디치오 샐러드

Insalata di Yukon Gold con insalata di radicchio

Recipe

1. 감자는 껍질을 벗긴 후, 둥글게 손질하여 끓는 물에 삶는다.
2. 라디치오, 로메인 레터스는 손질하여 깨끗이 씻어 물에 담가 둔다.
3. 식빵은 다이스(Dice)로 썬 후 팬에 살짝 볶아 크루통(Croutons)을 만든다.
4. 베이컨은 다이스(Dice)로 썰어 볶아 준다.
5. 이탈리아 파슬리는 곱게 다져(Chopped) 놓는다.
6. 적양파는 둥글게 썰어 놓는다.
7. 믹싱 볼(Mixing Bowl)에 1의 삶은 감자, 2의 라디치오, 로메인 레터스, 3의 크루통(Croutons), 4의 볶은 베이컨, 5의 다진 이탈리아 파슬리를 넣고 허브 드레싱(Herb Dressing)에 버무린다.
8. 접시에 7의 감자, 라디치오 샐러드를 담고 다진(Chopped) 이탈리아 파슬리를 뿌려 준다.

Ingredient

- potato(감자) 200g
- Radicchio(라디치오) 100g
- Romaine Lettuce(로메인 레터스) 50g
- Red Onion(적양파) 20g
- Bacon(베이컨) 20g
- Red Paprika(붉은 파프리카) 20g
- Bread(식빵) 20g
- Butter(버터) 10g
- Italian Parsly(이탈리아 파슬리) 10g
- Cresson(크레숑) 5g
- Herb Sauce(허브 소스) 50mL
- Oilve Oil(올리브오일) 5mL

Memory Point

- 허브 드레싱(Herb Dressing) p.159 참고

Part Ⅵ

수 프 (Suppa)

Suppa

수프(Soup)

수프는 프랑스어로 포타쥬(Potage)라 하며, 어원적으로는 포트(Pot)에 익혀 먹는 요리이다. 18세기 이후에 포타쥬는 영어의 수프(Soup)와 불어의 수페(Soupe)로 불리게 된다. 원래 수페는 포타쥬나 부이용(Bouillon)에 빵조각을 적셔 먹는 것을 의미했다고 한다. 당시에는 빵 만드는 기술이 발달되지 못한 관계로, 조금만 시간이 흘러도 빵이 단단해지기 때문에 와인이나 육즙에 담가 부드럽게 한 후 먹은 것으로 보인다. 요리의 양이 많고 장시간 동안 요리가 제공되던 프랑스에서는 수프 먹는 시간을 충분하게 주어 수프를 천천히 먹게 하였고, 수프를 먹는 동안 서로 간에 대화를 나누게 하는 것도 바로 수프를 제공하는 이유 중 하나였다.

현대에 와서 수프는 포타쥬와 동의어로 사용되는 경우가 있지만, 예전에는 야채나 생선, 육류를 이용하여 만든 맑은 수프에 빵이나 파스타, 잡곡류를 곁들여 내는 것이 일반화되어 있었다. 뿐만 아니라 상류층 계급에게 항상 수프에 빵을 함께 제공하던 것이 현대에도 전해져 오는 전통적인 프랑스식 양파수프인 것이다.

수프에 대한 고정 개념은 양식의 정찬에서 제공되는 요리로 생각하기 쉽지만 이제는 이러한 고정관념을 벗어나 수프의 다양함을 알아야 한다.

수프는 사람에 따라 한 끼 식사대용으로 먹을 수 있으며, 수프의 형태는 매우 다양하여 국수류나 샌드위치 등 다른 여러 가지 요리들과도 조화가 쉽게 이루어지므로 신경을 쓰면 훌륭한 메뉴를 만들 수 있다. 또한 식사의 두 번째 코스 음식으로 제공되는 영양가가 높은 액체로 된 요리이다. 수프의 역할은 소화흡수를 돕는 음식으로 식욕을 충족시키기보다는 본격적인 식사를 위해 위에 미세한 자극을 주는 것이다.

수프의 종류(Kind of Soup)

수프(Soup)는 기본적으로 농도에 따라서 맑은 수프(Clean Soup)와 걸쭉한 수프(Thick Soup)로 나눠고, 온도에 따라서는 뜨거운 수프(Hot Soup)와 차가운 수프(Cold Soup)로 분류된다.

① 맑은 수프(Clear Soup)

맑은 수프는 국물로 맛을 느낄 수 있어야 하며, 색깔도 깔끔하고 투명한 색이 나야 한다. 수프를 마무리 할 때는 채소나 신선한 허브 종류를 장식해주는 것이 좋다. 맑은 수프는 포만감을 느끼기 보다는 고급스러운 분위기를 이끌어 주며, 종류로는 콩소매 수프(Consomme Soup)와 브로스 수프(Broth Soup)등이 있다.

② 걸쭉한 수프(Thick Soup)

걸쭉한 수프는 맛이 브드럽고 감촉이 좋은 크림 수프(Cream Soup)의 하나로 주재료를 이용해 농도를 내거나 리게종(Liasion)을 이용해 농도를 내어 걸쭉한 상태가 되게 한다. 종류는 크림 수프(Cream Soup)와 퓌레 수프(Puree Soup), 비스큐 수프(Bisque Soup) 등이 있다.

③ 차가운 수프(Cold Soup)

차가운 수프는 유럽이나 미즈에서 더운 여름뿐만 아니라 다른 계절에도 식탁에 자주 나오는 수프의 하나이다. 따뜻한 수프는 재료를 넣고 끓여 만든 후 바로 손님의 식탁에 제공되어야 최고의 맛을 느낄 수 있으며, 차가운 수프는 끓인 후 일정한 시간이 지나야 향미와 맛을 최상으로 느낄 수 있다. 종류로는 가스파초(Gazpacho)와 비쉬주와즈(Vichyassoise) 등이 있다.

Vegetable Consomme

ITALIAN COOK 1

맑은 채소 수프

Consommé di verdure

Recipe

1. 감자, 양파, 대파는 깨끗이 씻어 껍질을 벗긴 후, 스몰 다이스(Small Dice)로 썰어 놓는다.
2. 토마토, 붉은 파프리카, 그린 파프리카는 깨끗이 씻어 씨를 제거한 후, 스몰 다이스(Small Dice)로 썰어 놓는다.
3. 당근, 애호박은 스몰 다이스(Small Dice)로 썰어 놓는다.
4. 자루냄비(Pot)에 올리브오일을 두르고 1, 2, 3의 채소를 넣고 색이 나지 않게 살짝 볶아 준다.
5. 4의 볶은 채소에 백포도주, 채소 육수(Vegetable Stock) 와 강낭콩, 월계수잎을 넣고 끓인다.
6. 5의 끓인 수프에 완두콩을 넣고 천천히 끓여 준다.
7. 수프 볼(Soup Bowl)에 6의 맑은 채소 수프를 담고, 허브와 잣으로 장식한다.

Ingredient

Potato(감자) 100 g
Tomato(토마토) 150g
Onion(양파) 100g
Red Paprika(붉은 파프리카) 30g
Green Paprika(그린 파프리카) 30g
Zucchini(애호박) 30g
Spring Onion(대파) 20g
Pea(완두콩) 10g
Kidney bean(강낭콩) 10g
Carrot(당근) 30g
White Wine(백포도주) 20mL
Bat Leaf(월계수잎) 1leaf
Olive Oil(올리브오일) 20mL
Vegetable Stock(채소 육수)300mL
Pine Nut(잣) 20g
Salt(소금) 조금
Pepper(후추) 조금

Memory Point

· 채소 육수 (Vegetable Stock) p.113 참고

Broccoli Consomme

ITALIAN COOK 2

맑은 브로콜리 수프

Consommé di broccoli

Recipe

1. 자루냄비(Pot)에 물을 끓여 올리브오일, 소금을 넣고 펜네를 삶는다.
2. 채두콩은 끓는 물에 데친 후, 찬물에 식혀 놓는다.
3. 마늘, 양파, 이탈리아 파슬리는 곱게 다져(Chcpped) 놓는다.
4. 셀러리는 깨끗이 씻어 껍질을 벗겨 다이스(Dice)로 썰어 놓는다.
5. 베이컨은 다이스(Dice)로 썰어 놓는다.
6. 토마토는 깨끗이 씻어 씨를 제거한 후 다이스(Dice)로 썰어 놓는다.
7. 브로콜리는 손질하여 줄기부분을 제거한 후, 다이스(Dice)로 썰어 놓는다.
8. 자루냄비(Pot)에 올리브오일을 두르고 3의 마늘 양파를 살짝 볶은 후, 4의 셀러리, 5의 베이컨, 6의 토마토, 7의 브로콜리 순으로 색이 나지 않게 볶는다.
9. 8의 볶은 채소에 닭 육수와 1의 삶은 펜네, 2의 데친 채두콩을 넣고 끓여 준다.
10. 9의 내용물에 다진 이탈리아 파슬리, 갈은 다르메산 치즈를 넣고 소금, 후추 간하여 끓여 준다.

Ingredient

- Broccoli(브로콜리) 300g
- Celery(셀러리) 100g
- Tomato(토마토) 1ea
- Lemon(레몬) 20g
- Garlic(마늘) 10g
- Penne Pasta(펜네 파스타) 50g
- Bacon(베이컨) 50g
- Kidney bean(채두콩) 50g
- Parmesan Cheese(파르메산 치즈) 20g
- Italian Parsley(이탈리아 파슬리) 20g
- Chicken Stock(닭 육수) 300mL
- Olive Oil(올리브오일) 20mL
- Onion(양파) 100g
- Salt(소금) 조금
- Pepper(후추) 조금

Memory Point

- 닭 육수(Chicken Stock) p.114 참고

Asparagus Cream Soup

ITALIAN COOK

3

아스파라거스 크림 수프

Vellutata di asparagi

Recipe

1. 양파, 대파는 잘게 다져(Chopped) 놓는다.
2. 감자는 껍질을 벗겨 얇게 슬라이스(Slice) 한다.
3. 아스파라거스는 깨끗이 씻어 껍질을 벗겨 잘게 썬 후, 긇는 물에 데쳐 찬물에 식힌다.
4. 자루냄비(Pot)에 버터를 녹여, 1의 다진(Chopped) 양파, 대파를 넣고 볶은 후 2의 감자, 3의 아스파라거스를 넣고 볶아 준다.
5. 4의 볶은 아스파라거스에 닭 육수를 붓고 끓여 준다.
6. 믹서기(Blender)에 5의 끓인 아스파라거스를 넣고 곱게 갈아 준다.
7. 자루냄비(Pot)에 6의 갈은 아스파라거스와 휘핑 크림을 넣고 끓인 후, 농도를 맞춘다.
8. 7의 아스파라거스 수프를 고운 체에 거른 후, 소금, 후추로 간한다.
9. 수프 볼(Soup Bowl)에 8의 아스파라거스 수프를 담고, 바질을 튀겨 꽂아 준다.

Ingredient

Asparagus(아스파라거스) 300g
Onion(양파) 100g
Potato(감자) 100g
Leek(대파) 50g
Butter(버터) 10g
Whipping Cream(휘핑 크림) 50mL
Chicken Stock(닭 육수) 300mL
Olive Oil(올리브오일) 20mL
Basil(바질) 1leaf
Salt(소금) 조금
Pepper(후추) 조금

Memory Point

- 닭 육수(Chicken Stock) p.114 참고

Mediterranean Seafoods
Chowder Soup

ITALIAN COOK 4

지중해 해산물 차우더 수프

Zuppa Mediterranea ai frutti di mare

Recipe

1. 양파, 마늘은 곱게 다져(Chopped) 놓는다.
2. 애호박, 당근, 양파를 깨끗이 씻어 스몰 다이스(Small Dice)로 썰어 놓는다.
3. 대구, 광어, 연어는 손질하여 껍질을 벗긴 후, 내장을 제거하여 다이스(Dice)로 썰어 놓는다.
4. 갑오징어는 껍질을 벗겨 내장을 제거한 후, 깨끗이 씻어 둥글게 썰어 놓는다.
5. 관자는 질긴 막을 제거하여 다이스(Dice)로 썰어 놓는다.
6. 홍합은 깨끗이 씻어 이물질과 수염을 제거한다.
7. 달궈진 자루냄비(Pot)에 다진(Chopped) 양파, 마늘, 홍합 순으로 볶아 백포도주에 졸인 후, 찬물을 붓고 긇여 껍질과 살을 분리한다.
8. 토마토는 끓는 물에 데쳐 껍질을 벗긴 후, 다이스(Dice)로 썰어 놓는다.
9. 자루냄비(Pot)에 올리브오일을 두르고 1의 양파, 마늘과 2의 채소를 볶는다.
10. 9의 볶은 채소에 3, 4, 5, 7의 해산물을 넣고 볶은 후, 토마토 페이스트를 넣고 볶아 준다.
11. 10의 내용물에 생선 육수와 다임, 월계수잎을 넣고 끓인 후, 소금, 후추로 간한다.
12. 수프 볼(Soup Bowl)에 10의 수프를 담고, 다진(Chopped) 파슬리를 뿌려 준다.

Ingredient

- Cod(대구) 100g / Halibut(광어) 100g
- Salmon(연어) 100g
- Cuttlefish(갑오징어) 100g
- Mussel(홍합) 50g
- Scallop(관자) 100g
- Clam(조개) 50g
- Bay Leaf(월계수잎) 1장
- Onion(양파) 50g
- Squash(애호박) 50g
- Carrot(당근) 20g / Garlic(마늘) 10g
- Tomato(토마토) 1ea
- Italian Parsley(이탈리아 파슬리) 20g
- Tomato Paste(토마토 페이스트) 20g
- Thyme(다임) 5g
- White Wine(백포도주) 20mL
- Olive Oil(올리브오일) 20mL
- Fish Stock(생선 육수) 300mL
- Pepper(후추) 조금
- Salt(소금) 조금

Memory Point

- 생선 육수(Fish Stock) p.115 참고

Mushroom Cream Soup

ITALIAN COOK 5

버섯 크림 수프

Zuppa di funghi

Recipe

1. 양파, 셀러리, 마늘은 곱게 다져(Chopped) 놓는다.
2. 양송이, 느타리버섯, 표고버섯은 깨끗이 씻어 손질한 후 슬라이스(Slice)한다.
3. 식빵은 0.2~0.3cm 크기로 썰어 달궈진 팬에 노릇노릇하게 구워 크루통(Croutons)을 만든다.
4. 자루냄비(Pot)에 버터를 녹여 1의 채소를 볶아준 후, 2의 버섯을 넣고 볶는다.
5. 4의 볶은 버섯에 백포도주(White Wine)를 넣고 졸인 후, 닭 육수를 붓고 끓여 준다.
6. 5의 내용물에 생크림을 넣고 끓인 후, 소금, 후추로 간한다.
7. 믹서기(Blender)에 6의 끓인 버섯을 붓고 곱게 갈아, 고운 체에 내린다.
8. 수프 볼(Soup Bowl)에 7의 수프를 담고 크루통(Croutons), 휘핑한 크림과 차이브로 가니쉬(Garnish)한다.

Ingredient

Bottom Mushroom(양송이버섯) 200g
Oyster Mushroom(느타리버섯) 100g
Shiitake Mushroom(표고버섯) 100g
Onion(양파) 30g
Chicken Stock(닭 육수) 200mL
Celery(셀러리) 10g
Garlic(마늘) 10g
Bread(식빵) 1ea
Butter(버터) 20g
Chive(차이브) 10g
Parsley(파슬리) 10g
Milk(우유) 100mL
Whipping Cream(휘핑 크림) 100mL
White Wine(백포도주) 20mL
Salt(소금) 조금
Pepper(후추) 조금

Memory Point

· 닭 육수(Chicken Stock) p.114 참고

Gazpacho

ITALIAN COOK 6

가스파초 수프

Gazpacho

Recipe

1. 토마토는 끓는 물에 데쳐 껍질을 벗겨 씨를 제거한 후, 토마토 콩카세(Concasse)로 썰어 놓는다.
2. 마늘은 곱게 다져(Chopped) 놓는다.
3. 양파, 오이, 붉은 파프리카, 셀러리, 할라피뇨는 브루누아즈(Brunoise)로 썰어 놓는다.
4. 믹서기(Blender)에 1의 토마토, 2의 마늘, 3의 일부 채소, 적포도주 식초, 토마토주스, 타바스코, 올리브오일을 넣어 곱게 갈아 준 후, 고운 체에 내린다.
5. 4의 가스파초 수프에 설탕, 소금, 후추로 간한다.
6. 방울토마토는 끓는 물에 데쳐, 윗부분을 잘라 속을 파낸다.
7. 3의 일부 채소를 볶은 후, 6의 방울토마토에 채워 살라만더(Salamander)에 노릇하게 색을 낸다.
8. 수프 볼(Soup Bowl)에 5의 가스파초 수프를 담고 7의 방울토마토를 얹는다.

Ingredient

Tomato(토마토) 2ea
Onion(양파) 50g
Cucumber(오이) 50g
Pimiento(피망) 50g
Red Paprika(붉은 파프리카) 50g
Celery(셀러리), 50g
Garlic(마늘) 10g
Bread(식빵) 1ea
Jalapeno(할라피뇨) 10g
Basil(바질) 10g
Tarragon(타라곤) 5g
Tomato Juice(토마토주스) 200mL
Tabasco(타바스코) 5mL
White Wine(백포도주) 20mL
Red Wine Vinegar(적포도주 식초) 10mL
Olive Oil(올리브오일) 20mL
Cherry Tomato(방울토마토) 2ea
Salt(소금) 조금
Sugar(설탕) 조금

Memory Point

Ginseng Soup

ITALIAN COOK 7

인삼 수프

Zuppa di Ginseng

Recipe

1. 팬에 밀가루와 버터를 1 : 1 동량으로 넣어 화이트 루(White Roux)를 볶는다.
2. 양파와 마늘을 곱게 다져(Chopped) 놓는다.
3. 인삼은 깨끗이 씻어 껍질을 벗긴 후, 작게 썰어 놓는다.
4. 자루냄비(Pot)에 버터를 녹여 2의 다진(Chopped) 양파, 마늘을 볶는다.
5. 4의 내용물에 3의 인삼을 넣고 볶아준 후, 백포도주를 붓고 졸여 준다.
6. 5의 인삼에 닭 육수와 1의 화이트 루(White Roux), 생크림, 월계수잎을 넣고 끓여 준다.
7. 믹서기(Blender)에 6의 내용물을 곱게 간 후, 고운 체에 내려 소금, 후추로 간한다.
8. 수프 볼(Soup Bowl)에 7의 인삼수프를 담고 얇게 썬 인삼과 차이브로 가니쉬(Garnish)한다.

Ingredient

Ginseng(인삼) 300g
Onion(양파) 50g
Garlic(마늘) 10g
Bay Leaf(월계수잎) 1leaf
Butter(버터) 50g
Flour(밀가루) 50g
Chicken Stock(닭 육수) 200mL
Fresh Cream(생크림) 100mL
Chive(차이브) 10g
White Wine(백포도주) 20mL
Butter(버터) 20g
Salt(소금) 조금
Sugar(설탕) 조금

Memory Point

· 닭 육수(Chicken Stock) p.114 참고

Onion Soup

ITALIAN COOK 8

양파 수프

Zuppa di cipolle

Recipe

1. 양파는 껍질을 벗긴 후, 1cm의 원형으로 썰어 팬에 갈색이 나도록 구워 준다.
2. 쇠고기는 지방과 핏물을 제거한 후, 커터기(Food Processor)로 곱게 갈아 놓는다.
3. 양파, 당근, 셀러리는 줄리엔느(Julienne)로 얇게 썰어 놓는다.
4. 달걀흰자는 거품기(Whisk)로 휘핑(Whipping)하여 준다.
5. 믹싱 볼(Mixing Bowl)에 2의 쇠고기, 3의 채소, 월계수잎, 정향, 다임, 통후추, 백포도주, 4의 달걀흰자를 넣고 섞어 준다.
6. 자루냄비(Pot)에 5의 내용물과 소고기 육수를 붓고 중불에서 끓기 시작하면 가운데를 둥글게 구멍을 뚫어 블순물을 흡수하게 만든다.
7. 6의 내용물에 1의 양파를 넣고 약한 불에서 맑은 갈색이 될 때까지 끓인 후, 체에 면보를 깔고 걸러 기름기를 제거한다.
8. 자루냄비(Pot)에 7의 양파 수프를 다시 한번 끓인 후, 소금, 후추로 간한다.
9. 바게트는 슬라이스(Slice)하여 마늘, 버터를 바른 후, 다진 파슬리를 뿌려 살라만더(Salamander)에 노릇하게 구워 준다.
10. 수프 볼(Soup Bowl)에 8의 양파 수프를 담은 후, 9의 구운 바게트를 얹는다.

Ingredient

Beef(소고기) 300g
Onion(양파) 200g
Carrot(당근) 50g
Celery(셀러리) 50g
Tomato(토마토) 2ea
Butter(버터) 50g
Bay Leaf(월계수잎) 1leaf
Thyme(다임) 10g
Clove(정향) 2ea
Peppercorn(통후추) 5g
Egg(달걀) 2ea
Brandy(브랜디) 20mL
White Wine(백포도주) 20mL
Baguette(바게트) 30g
Beef Stock(소고기 육수) 800mL
Salt(소금) 조금
Pepper(후추) 조금

Memory Point

- 소고기 육수(Beef Stock) p.117 참고

Tortellini Soup

ITALIAN COOK 9

토르텔리니 수프

Consomme'di tortellini

Recipe

1. 믹싱 볼(Mixing Bowl)에 밀가루, 달걀, 우유, 소금을 넣고 반죽한다.
2. 1의 토르텔리니(Tortellini) 반죽을 비닐봉지에 싸서 30분 정도 냉장고에 숙성시킨 후, 두께 0.2mm로 밀어 지름 5~7cm로 잘라 놓는다.
3. 달궈진 팬에 다진 소고기(Minced Beef)와 마늘, 양파를 볶아 소금, 후추로 간한다.
4. 2의 도우(Dough)에 3의 볶은 소고기를 채워 파르메산 치즈를 뿌린 후, 토르텔리니(Tortellini)의 모양으로 만들어 준다.
5. 주황 파프리카, 붉은 파프리카, 양파는 깨끗이 씻어 다이스(Dice)로 잘라 놓는다.
6. 자루냄비(Pot)에 버터를 녹여 다진(Chopped) 마늘과 5의 채소를 볶는다.
7. 6의 볶은 채소에 백포도주를 붓고 졸여준 후, 닭 육수(Chicken Stock)를 넣고 끓여 준다.
8. 7의 내용물에 4의 토르텔리니(Tortellini)를 넣고 끓인 후, 소금, 후추로 간한다.
9. 수프 볼(Soup Bowl)에 8의 토르텔리니(Tortellini) 수프를 담고 허브로 가니쉬(Garnish)한다.

Ingredient

Minced Beef(다진 소고기) 150g
orang Paprika(주황 파프리카) 50g
Red Paprika(붉은 파프리카) 50g
Onion(양파) 100g
Garlic(마늘) 10g
Egg(달걀) 3ea
Quail Egg(메추리알) 1ea
Parmesan Cheese(파르메산 치즈) 50g
Flour(밀가루) 300g
Cresson(크레송) 100g
Basil(바질) 20g
Chicken Stock(닭 육수) 300mL
Milk(우유) 50mL
Salt(소금) 조금
Pepper(후추) 조금

Memory Point

- 닭 육수(Chicken Stock) p.114 참고

Part Ⅶ

파스타 (Pasta)

1. 토마토 스파게티
2. 오븐에 구운 소고기 버섯 라자냐
3. 채소를 곁들인 가지 라자냐
4. 소고기를 채운 까넬로니
5. 매운 해산물 스파게티
6. 까르보나라 스파게티
7. 봉골레 스파게티
8. 알ㄹ 오 올리오 스파게티니
9. 여ㄹ 가지 해산물과 시금치 페투치네
10. 바질 페이스트로 맛을 낸 리가토니
11. 리코타 치즈로 속을 채운 삼색 라비올리
12. 고르곤졸라 소스에 버무린 마카로니
13. 전복을 곁들인 딸리아뗄레
14. 닭고기로 속을 채운 시금치 라비올리
15. 이탈리안 소스를 곁들인 감자 뇨끼

Pasta

파스타

파스타(Pasta)가 있기 전 고대 로마인들은 물과 밀가루로 간단하게 반죽한 '라가네(Lagane)'라고 불리는 음식을 만들어 먹었다고 한다. 파스타(Pasta)의 어원은 '인파스타래리'라는 이탈리아에서 전해온 것으로 밀가루를 반죽해서 여러 가지 모양으로 만들어 낸 음식을 뜻한다.

이 중 건조 파스타는 아라비아 상인들이 사막을 횡단하기 위해 부패하기 쉬운 밀가루 대신 밀가루 반죽을 얇게 밀어 가는 막대 모양으로 말아 건조시켜 실에 꿰어 가지고 다닌 것이 그 유래가 되었다.

파스타(Pasta)는 밀가루, 달걀, 소금 등의 기본재료를 물로 반죽하여 만든 이탈리아의 국수 요리로 그 종류는 150종 이상으로 매우 다양한데, 형태에 따라서 스파게티(Spagetti)로 분류되는 긴 파스타(long pasta)와 마카로니(Maccheroni), 펜네(Penne) 등의 짧은 파스타(short pasta)로 분류되고 제조법에 따라 건조 파스타(dried pasta)와 생 파스타(fresh pasta)로 나뉜다.

또한 건조 파스타(dried pasta)는 달걀을 소량 넣거나 전혀 넣지 않고 만들어 말린 면으로 최대 2년까지 보관이 가능하다. 생 파스타(fresh pasta)는 듀럼 밀가루(Durum wheat), 달걀, 물 등을 넣고 반죽하여 가늘고 길게 밀어 끓는 물에 올리브유를 넣고 삶아서 만든 것이다.

파스타(pasta)의 종류 중 이탈리아에서는 마카로니(Macaroni)와 스파게티(Spaghetti) 등이 세계적으로 유명하다. 대중적인 음식으로 재료는 육류, 해산물, 채소, 토마토, 치즈 등 다양한 재료를 이용해서 많은 종류의 파스타(pasta)를 만들 수 있다. 따라서 파스타(pasta)의 모양에 따라 면의 이름도 다양하다.

이탈리아 요리는 우리나라 음식과 조리방법, 맛, 음식의 재료 등 유사한 점이 많으며, 이탈리아 북부지역에서는 신선하고 맛이 부드러우며 부재료의 첨가에 따른 다양한 색깔과 모양 및 영양을 강화할 수 있는 생 파스타(fresh pasta)의 이용이 보편화 되어 있다.

Tomato Spaghetti

ITALIAN COOK 1

토마토 스파게티

Spaghetti al pomodoro

Recipe

1. 양파, 마늘은 잘게 다져(Chopped) 놓는다.
2. 방울토마토는 깨끗이 씻어 4등분으로 자른다.
3. 토마토는 끓는 물에 데쳐 껍질을 벗긴 후, 콩카세(Concasse)로 썰고 토마토홀은 다이스(Dice)로 자른다.
4. 이탈리아 파슬리, 오레가노, 다임은 잘게 다져(Chopped) 놓는다.
5. 바질은 가니쉬(Garnish)용으로 일부 남기고 나머지는 슬라이스(Slice)한다.
6. 자루냄비(Pot)에 물을 끓여 올리브오일, 소금을 넣어 스파게티를 7분 정도 삶은 후, 올리브오일에 버무린다.
7. 달궈진 팬에 6의 스파게티를 볶은 후, 토마토 소스를 넣고 볶아 준다.
8. 7의 토마토 스파게티에 그라나파다노 치즈와 바질 슬라이스, 소금, 후추로 간하여 고루 버무린다.

Ingredient

Spaghetti(스파게티) 200g
Onion(양파) 100g
Garlic(마늘) 20g
Tomato(토마토) 1ea
Cherry Tomato(방울토마토) 3ea
Whole Tomato(토마토홀) 200g
Parmesan Cheese(파르메산 치즈) 10g
Italian Parsley(이탈리아 파슬리) 5g
Basil(바질) 5g
Thyme(다임) 5g
Oregano(오레가노) 5g
White Wine(백포도주) 20mL
Olive Oil(올리브오일) 20mL
Granapadano(그라나파다노 치즈) 30g
Tomato Sauce(토마토 소스) 100m
Pepper(후추) 조금
Salt(소금) 조금

Memory Point

· 토마토 소스(Tomato Sauce) p.145 참고

Beef-Mushroom Lasagna

ITALIAN COOK 2

오븐에 구운 소고기 버섯 라자냐

Lasagna con ragu' di manzo e funghi

Recipe

1. 믹싱 볼(Mixing Bowl)에 밀가루, 올리브오일, 달걀, 물, 소금을 넣고 반죽하여 비닐봉지에 싸서 냉장고에 30분간 숙성시킨다.
2. 1의 도우(Dough)를 얇게 밀어 5~7cm 로 잘라 끓는 물에 소금, 올리브오일을 넣어 삶는다.
3. 양파와 마늘, 토마토, 이탈리아 토마토를 곱게 다져(Chopped) 놓는다.
4. 소고기 등심(Beef Sirloin)은 스몰 다이스(Small Dice)로 잘라 3의 다진(Chopped) 양파, 마늘을 넣고 볶아 준다.
5. 표고버섯, 양송이버섯, 느타리버섯은 얇게 슬라이스(Slice)하여 볶아 준다.
6. 라자냐(Ladagne) 그릇에 토마토 소스를 깔고, 2의 도우(Dough), 4의 쇠고기 등심, 5의 버섯순으로 담은 후, 베샤멜 소스를 뿌려주고 앞의 순서대로 3회 반복한다.
7. 6의 라자냐(Ladagne)위에 파르메산 치즈, 모짜렐라 치즈를 고루 뿌려 준다.
8. 예열된 200℃ 오븐에서 7의 라자냐(Ladagne)를 노릇하게 구워 준다.

Ingredient

Beef Sirloin(소고기등심) 200g
Shiitake Mushroom(표고버섯) 100g
Bottom Mushroom(양송이) 100g
Oyster Mushroom(느타리버섯) 100g
Onion(양파) 150g / Garlic(마늘) 20g
Tomato(토마토) 2ea
Italian Tomato(이탈리아 토마토) 100g
Hard Flour(강력분밀가루) 100g
Semolina(세몰리나) 40g
Parmesan Cheese(파르메산 치즈) 20g
Mozzarella Cheese(모짜렐라 치즈) 30g
Parsley(파슬리) 10g / Thyme(다임) 10g
Oregano(오레가노) 10g
Basil(바질) 10g / Milk(우유) 150mL
Fresh Cream(생크림) 150mL
Olive Oil(올리브오일) 50mL
Butter(버터) 10g / Egg(달걀) 1ea
Cherry Tomato(방울토마토) 1ea
Rosemary(로즈마리) 5g
Bechamel Sauce(베샤멜 소스) 100mL
Tomato Sauce(토마토 소스) 100mL
Pepper(후추) 조금 / Salt(소금) 조금

Memory Point

- 토마토 소스(Tomato Sauce) p.145, 베샤멜 소스(Bechamel Sauce) p.125 참고

Eggplant Lasagna with Assorted Vegetable

ITALIAN COOK 3

채소를 곁들인 가지 라자냐

Lasagna di melanzane con verdure miste

Recipe

1. 밀가루는 고운 체에 내린 후, 달걀, 올리브오일, 소금을 넣고 반죽한다.
2. 1의 반죽이 마르지 않도록 젖은 천이나 비닐을 덮어 실온에서 천천히 발효시킨다.
3. 2의 반죽을 밀대로 얇게 밀어 가지 길이로 잘라 끓는 물에 삶아 올리브오일에 버무린다.
4. 가지는 길게 슬라이스(Slice)하여 팬에 살짝 복아 소금 후추로 간한다.
5. 양파, 애호박, 붉은 파프리카는 줄리엔느(Julienne)로 썬 후 소금, 후추로 간하여 볶아 준다.
6. 마늘, 이탈리아 파슬리는 곱게 다져(Chopped) 놓는다.
7. 토마토는 깨끗이 씻어 씨를 제거한 후, 콩카세(Concasse)로 썰어 놓는다.
8. 파스타 볼(Pasta Bowl)에 토마토 소스를 깔아준 후, 3의 삶은 도우, 4의 가지를 얹고 5의 볶은 채소를 담아 베샤멜 소스, 모짜렐라 치즈 순으로 3회 반복해서 담는다.
9. 8의 내용물 위에 토마토 콩카세(Concasse), 다진(Chopped) 이탈리아 파슬리를 뿌려준 후, 살라만더(Salamander)에서 노릇하게 색을 낸다.
10. 9의 가지 라자냐(Ladagne)가 색이 나면 바질 슬라이스(Slice), 파르메산 치즈를 뿌린다.

Ingredient

- Hard Flour(강력분밀가루) 100g
- Semolina(세몰리나) 60g
- Egg Plant(가지) 300g
- Onion(양파) 150g / Carrot(당근) 100g
- Squash(애호박) 100g
- Garlic(마늘) 20g / Butter(버터) 10g
- Tomato(토마토) 1ea
- Parmesan Cheese(파르메산 치즈) 20g
- Mozzarella Cheese(모짜렐라 치즈) 30g
- Italian Parsley(이탈리아 파슬리) 20g
- Parsley(파슬리) 10g
- Oregano(오레가노) 10g
- Basil(바질) 10g
- Thyme(다임) 10g
- Tomato Sauce(토마토 소스) 200mL
- Flour(밀가루) 10g
- Fresh Cream(생크림) 150mL
- Olive Oil(올리브오일) 40mL
- Sage(세이지) 5g
- Red Paprika(붉은 파프리카) 50g
- Bechamel Sauce (베샤멜 소스) 100mL
- Salt(소금) 조금 / Pepper(후추) 조금

Memory Point

- 토마토 소스(Tomato Sauce) p.145 , 베샤멜 소스(Bechamel Sauce) p.125 참고

Beef Filled Cannelloni

ITALIAN COOK 4

소고기를 채운 까넬로니

Cannelloni ripieni di carne di manzo

Recipe

1. 믹싱 볼(Mixing Bowl)에 밀가루, 올리브오일, 달걀, 물, 소금을 넣어 반죽한다.
2. 1의 반죽을 비닐봉지에 싸서 냉장고에서 숙성시킨다.
3. 2의 반죽을 얇게 밀어 지름 5~7cm로 잘라, 끓는 물에 소금, 올리브오일을 넣고 삶는다.
4. 소고기, 양파, 당근, 셀러리, 양송이버섯, 토마토를 줄리엔느(Julienne)로 썰어 팬에 볶아 소금, 후추로 간한다.
5. 시금치는 깨끗이 씻어 손질한 후, 잎부분만 끓는 물에 데쳐 찬물에 식힌다.
6. 달궈진 팬에 다진(Chopped) 마늘, 양파, 5의 시금치를 볶은 후, 모네이 소스를 넣고 졸인다.
7. 3의 도우(Dough)에 4의 소고기, 채소, 6의 졸인 시금치를 넣고 둥글게 말아 준다.
8. 접시에 토마토 소스를 깔고, 7의 까넬로니를 담고 모네이 소스를 고루 뿌려 준다.
9. 8의 까넬로니에 모짜렐라 치즈를 뿌린 후, 예열된 180℃ 오븐에서 노릇하게 구워 준다.

Ingredient

Hard Flour(강력분밀가루) 150g
Beef(소고기) 100g
Semolina(세몰리나) 60g
Spinach(시금치) 100g
Onion(양파) 40g / Carrot(당근) 50g
Celery(셀러리) 60g
Bottom Mushroom(양송이) 50g
Egg(달걀) 1ea
Garlic(마늘) 2ea
Butter(버터) 20g
Tomato(토마토) 2ea
Whole Tomato(토마토홀) 100g
Tomato Pesto(토마토페스토) 10g
Mozzarella Cheese(모짜렐라 치즈) 50g
Basil(바질) 10g
Milk(우유) 100mL
Fresh Cream(생크림) 200mL
Olive Oil(올리브오일) 40mL
Salt(소금) 조금 / Pepper(후추) 조금
Mornay Sauce(모네이 소스) 200mL

Memory Point

· 토마토 소스(Tomato Sauce) p.145, 모네이 소스(Mornay Sauce) p.127 참고

Spicy Seafoods Spaghetti

ITALIAN COOK
5

매운 해산물 스파게티

Spaghetti ai frutti di mare in salsa piccante

Recipe

1. 양파, 마늘, 이탈리아 파슬리는 잘게 다져(Chopped)놓는다.
2. 새우, 관자는 손질하여 다이스(Dice)로 썰어 놓는다.
3. 홍합, 모시조개는 깨끗이 씻어 이물질을 제거한 후 익혀 일부의 홍합살과 껍질을 분리한다.
4. 자루냄비(Pot)에 물을 끓여 올리브오일, 소금을 넣고 스파게티를 7분간 알 덴떼(al dente)로 삶는다.
5. 바질은 깨끗이 씻어 슬라이스(Slice)하고, 방울토마토는 4등분으로 썰어 놓는다.
6. 달궈진 팬에 올리브오일을 두르고 1의 양파, 마늘을 볶다가 2, 3, 4의 내용물 순으로 넣고 볶아 준다.
7. 6의 볶은 스파게티에 토마토 소스, 5의 바질, 방울토마트를 넣고 고루 버무린다.
8. 7의 스파게티에 다진(Chopped) 이탈리아 파슬리, 파르데산 치즈, 소금, 후추로 간한다.

Ingredient

Spaghetti(스파게티) 200g
Shrimp(새우) 100g
Scallop(관자) 100g
Mussel(홍합) 100g
Onion(양파) 100g
Garlic(마늘) 20g
Tomato(토마토) 1ea
Cherry Tomato(방울토마토) 3ea
Whole Tomato(토마토홀) 200g
ParmesanCheese(파르메산 치즈) 10g
Italian Parsley(이탈리아 파슬리) 5g
Oregano(오레가노) 5g
Basil(바질) 5g
Thyme(다임) 5g
White Wine(백포도주) 20mL
Olive Oil(올리브오일) 20mL
Chili Powder(고운 고춧가루) 10g
Shortnecked Clam(모시조개) 100g
Tomato Sauce(토마토 소스) 100mL
Pepper(후추) 조금 / Salt(소금) 조금

Memory Point

- 토마토 소스 (Tomato Sauce) p.145 참고

Spaghetti Carbonara

ITALIAN COOK 6

까르보나라 스파게티

Spaghetti alla Carbonara

Recipe

1. 자루냄비(Pot)에 물을 끓여 올리브오일, 소금을 넣고 스파게티를 알 덴떼(al dente)로 삶는다.
2. 베이컨은 1cm 정도로 썰고, 통후추는 으깨어 놓는다.
3. 양파, 마늘, 이탈리아 파슬리는 곱게 다져(Chopped) 놓는다.
4. 믹싱 볼(Mixing Bowl)에 달걀노른자, 파르메산 치즈, 생크림, 후추를 넣고 거품기(Whisk)로 혼합한다.
5. 달궈진 팬에 2의 베이컨을 노릇하게 볶은 후, 3의 다진 양파, 마늘 순으로 볶아 준다.
6. 5의 베이컨에 4의 내용물을 넣고 은근히 졸여준 후, 삶은 스파게티, 소금, 후추를 넣고 버무린다.
7. 6의 스파게티에 파르메산 치즈, 다진(Chopped) 이탈리아 파슬리, 바질 슬라이스(Slice)를 고루 뿌려 준다.

Ingredient

Spaghetti(스파게티) 200g
Bacon(베이컨) 150g
Garlic(마늘) 10g
Egg Yolk(달걀노른자) 1ea
Cherry Tomato(방울토마토) 3ea
Pine Nut(잣) 10g
Parmesan Cheese(파르메산 치즈) 20g
Parsley(파슬리) 10g
Basil(바질) 5g
Italian Parsley(이탈리아 파슬리) 5g
Fresh Cream(생크림) 200mL
White Wine(백포도주) 20mL
Salt(소금) 조금
Pepper(후추) 조금

Memory Point

- 베샤멜 소스(Bechamel Sauce) p.125 참고

Spaghetti Vongole

ITALIAN COOK 7

봉골레 스파게티

Spaghetti alla Vongole

Recipe

1. 양파, 마늘, 이탈리아 파슬리는 잘게 다져(Chopped)놓는다.
2. 모시조개는 깨끗이 씻어 찬물에 담가 3시간 정도 해감시킨 후 씻어준다.
3. 자루냄비에 1의 양파, 마늘을 볶다가 2의 모시조개, 백포도주를 넣고 졸여준 후, 찬물을 부어 끓여 준다.
4. 3의 졸인 모시조개가 벌어지면 일부의 껍질과 살을 분리 한다.
5. 3의 조개국물은 고운 체에 걸러 준다.
6. 토마토는 반으로 잘라 씨를 제거한 후, 콩카세(Concasse)로 썰어 놓는다.
7. 자루냄비(Pot)에 물을 끓여 올리브오일, 소금을 넣고 스파게티를 7분 정도 알 덴떼(al dente)로 삶는다.
8. 달궈진 팬에 올리브오일을 두르고 1의 다진(Chopped) 양파, 마늘, 이탈리아 파슬리 일부를 넣고 볶다가 5의 조개국물을 넣고 반으로 졸인다.
9. 8의 내용물에 4의 조개살과 다진(Chopped) 이탈리아 파슬리, 레몬주스, 버터, 소금, 후추를 넣고 졸여 준다.
10. 9의 내용물에 7의 삶은 스파게티, 토마토 콩카세(Concasse), 올리브오일을 넣고 고루 버무려 준다.

Ingredient

Spaghetti(스파게티) 200g
Shortnecked Clam(모시조개) 200g
Onion(양파) 100g
Garlic(마늘) 20g
Tomato(토마토) 1ea
Butter(버터) 10g
Clam Stock(조개 육수) 50mL
Italian Parsley(이탈리아 파슬리) 10g
White Wine(백포도주) 20mL
Lemon Juice(레몬주스) 20mL
Olive Oil(올리브오일) 30mL
Peppercorn(통후추) 5g
Salt(소금) 조금
Pepper(후추) 조금

Memory Point

- 조개 육수(Clam Stock) p.116 참고

Spaghettini Aglio Olio

ITALIAN COOK

8

알리오 올리오 스파게티니

Spaghetti alla Aglio e Olio

Recipe

1. 자루냄비(Pot)에 물을 끓여 올리브오일, 소금을 넣고 스파게티를 알 덴떼(al dente)로 삶는다.
2. 이탈리아 파슬리는 곱게 다져(Chopped) 놓는다.
3. 마늘과 홍고추는 얇게 슬라이스(Slice)한다.
4. 달궈진 팬에 올리브오일을 두르고 3의 마늘과 건고추를 타지 않게 약불에서 튀기듯 볶아 준다.
5. 4의 내용물에 파스타 삶은 물을 2스푼 정도 넣고 졸인다.
6. 5의 내용물에 1의 삶은 스파게티를 넣고 볶은 후, 소금 후추로 간한다.
7. 스파게티니 볼(Spaghettini Bowl)에 5의 볶은 스파게티를 담고 다진(Chopped) 파슬리, 다홍고추, 구운 파스타 링으로 가니쉬(Garnish)한다.

Ingredient

Spaghetti(스파게티) 200g
Shortnecked Clam(모시조개) 200g
Onion(양파) 100g
Garlic(마늘) 20g
Tomato(토마토) 1ea
Butter(버터) 10g
Clam Stock(조개 육수) 50mL
Italian Parsley(이탈리아 파슬리) 10g
White Wine(백포도주) 20mL
Lemon Juice(레몬주스) 20mL
Olive Oil(올리브오일) 30mL
Peppercorn(통후추) 5g
Salt(소금) 조금
Pepper(후추) 조금

Memory Point

- 파스타 링 가니쉬
  1. 시금치 반죽, 토마토 반죽, 달걀노른자 반죽을 준비한다.
  2. 3가지 반죽을 얇게 밀어 길게 자른다.
  3. 둥근 링에 2의 자른 도우를 감싸 오븐에 굽는다.

Spinaci Fettuccine with Assorted Seafoods

ITALIAN COOK 9

여러 가지 해산물과 시금치 페투치네

Fettuccine agli spinaci con Frutti di mare misti

Recipe

1. 해산물은 깨끗이 손질하여 데친 후, 다이스(Dice)로 썰어 놓는다.
2. 애호박, 파프리카, 가지는 줄리안(Julian)으로 썰어 놓는다.
3. 할라피뇨, 블랙 올리브는 슬라이스(Slice)한다.
4. 이탈리아 파슬리는 곱게 다져(Chopped) 놓는다.
5. 자루냄비(Pot)에 물을 끓여 시금치 페투치네를 삶아 올리브 오일에 버무린다.
6. 달궈진 팬에 마늘, 2의 채소, 3의 해산물 순서대로 넣고 볶는다.
7. 6의 채소에 5의 시금치 페투치네를 넣고 볶다가 조개 육수, 할라피뇨, 블랙 올리브, 소금, 후추로 간하여 볶는다.
8. 7의 시금치 페투치네에 다진(Chopped) 이탈리아 파슬리 바질 슬라이스(Slice)를 고루 뿌려 준다.

Ingredient

- Spinach Fettuccine(시금치 페투치네) 200g
- Clam(조개) 200g
- Scallop(관자) 100g
- Shrimp(새우) 100g
- Mussel(홍합) 100g
- Onion(양파) 100g
- Squash(애호박) 50g
- Yellow Paprika(노란 파프리카) 50g
- Red Paprika(붉은 파프리카) 50g
- Eggplant(가지) 100g
- Carot(당근) 100g
- Garlic(마늘) 10g
- Jalapeno(할라피뇨) 10g
- Black Olive(블랙 올리브) 10g
- Basil(바질) 10g
- White Wine(백포도주) 20mL
- Olive Oil(올리브오일) 50mL
- Chive(차이브) 5g
- Italian Parsley(이탈리아 파슬리) 10g
- Clam Stock(조개 육수) 100mL
- Salt(소금) 조금
- Pepper(후추) 조금

Memory Point

- 조개 육수 (Clam Stock) p.116 참고

Rigatoni with Basil Pesto

ITALIAN COOK 10

바질 페이스트로 맛을 낸 리가토니

Rigatoni con pesto al basilico

Recipe

1. 마늘은 슬라이스(Slice)한다.
2. 가지, 애호박, 당근은 줄리안(Julian)으로 썰어 놓는다.
3. 이탈리아 파슬리는 곱게 다져(Chopped) 놓는다.
4. 토마토는 깨끗이 씻어 씨를 제거한 후, 콩카세(Concasse)한다.
5. 바질은 깨끗이 씻어 바질 페이스트(Basil Pasto)를 만든다.
6. 자루냄비(Pot)에 물을 끓여 리가토니를 삶아 물기를 제거한 후, 올리브오일에 버무린다.
7. 달궈진 팬에 1의 마늘, 2의 채소를 볶다가, 6의 리가토니를 넣고 볶아 준다.
8. 7의 리가토니 파스타에 5의 바질 페이스트(Basil Pasto), 다진(Chopped) 이탈리아 파슬리, 토마토 콩카세(Concasse)를 넣고 버무려 준다.
9. 접시에 8의 리가토니를 담고 잣가루, 파르메산 치즈를 그루 뿌려 준다.

Ingredient

Rigatoni(리가토니) 150g
Basil(바질) 200g
Pine Nut(잣) 50g
Garlic(마늘) 20g
Olive Oil(올리브오일) 100mL
Parmesan Cheese(파르메산 치즈) 20g
Tomato(토마토) 1ea
Eggplant(가지) 100g
Squash(애호박) 100g
Carrot(당근) 100g
Italian Parsley(이탈리아 파슬리) 5g
Flour(밀가루) 5g
Salt(소금) 조금
Pepper(후추) 조금

Memory Point

- 바질 페이스트(Basil Pasto) p.122 참고

Ricotta Cheese Ravioli

ITALIAN COOK

11

리코타 치즈로 속을 채운 삼색 라비올리

Ravioli con ricotta

Recipe

1. 세 가지의 시금치 반죽, 달걀노른자 반죽, 토마토 반죽을 만든다.
2. 1의 세 가지 반죽을 7cm로 잘라 리코타 치즈를 채워준 후, 터지지 않게 접어 가장자리를 눌러 준다.
3. 자루냄비(Pot)에 물을 끓여 올리브오일, 소금을 넣고 2의 삼색 라비올리를 삶아 올리브오일에 버무린다.
4. 콜리플라워는 손질하여 우유, 백포도주, 소금, 후추를 넣고 끓여 준다.
5. 믹서기(Blender)에 4의 삶은 콜리플라워를 넣고 곱게 갈아준다.
6. 5의 갈은 콜리플라워에 리코타 치즈를 넣고 졸인 후, 3의 삼색 라비올리, 파르메산 치즈를 넣고 소금, 후추로 간한다.

Ingredient

Hard Flour(강력분밀가루) 300g
Milk(우유) 50mL
Spinach(시금치) 200g
Egg(달걀) 2ea
Butter(버터) 20g
Tomato(토마토) 2ea
Whole Tomato(토마토홀) 200g
Parmesan Cheese(파르메산 치즈) 20g
Basil(바질) 20g
White Wine(백포도주) 20mL
Olive Oil(올리브오일) 40mL
Cauliflower(콜리플라워) 100g
Onion(양파) 50g
Ricotta Cheese(리코타 치즈) 30g
Chive(차이브) 5g
Parsley(파슬리) 5g
Fresh Cream(생크림) 50mL
Pepper(후추) 조금
Salt(소금) 조금

Memory Point

· 스파게티 가니쉬

1. 스파게티는 비트 국물에 삶는다.
2. 1의 삶은 스파게티를 막대기에 말아 오븐에서 굽는다.

Macaroni with Gorgonzola Sauce

ITALIAN COOK 12

고르곤졸라 소스에 버무린 마카로니

Maccheroni con salsa di gorgonzola

Recipe

1. 양파는 곱게 다져(Chopped) 놓는다.
2. 프로슈토햄은 2cm 길이로 썰어 놓는다.
3. 이탈리아 파슬리는 다져(Chopped) 놓는다.
4. 방울토마토는 깨끗이 씻어 6등분으로 썰어 놓는다.
5. 자루냄비(Pot)에 물을 끓여 올리브오일, 소금을 넣고 마카로니를 10분간 삶아 올리브오일에 버무린다.
6. 달궈진 팬에 1의 다진 양파를 볶다가 2의 프로슈토햄, 5의 마카로니, 고르곤졸라 치즈를 넣고 볶는다.
7. 6의 마카로니에 3의 다진(Chopped) 이탈리아 파슬리, 4의 방울토마토, 바질 슬라이스(Slice), 파르메산 치즈를 넣고 버무린다.

Ingredient

Maccheroni(마카로니) 200g
Prosciutto Ham(프로슈토햄) 50g
Tomato(토마토) 1ea
Butter(버터) 10g
Gorgonzola Cheese(고르곤졸라 치즈) 20g
Pecorino Romano Cheese(페코리노로마노 치즈) 10g
Parmesan Cheese(파르메산 치즈) 10g
Flour(밀가루) 20g
Italian Parsley(이탈리아 파슬리) 10g
Basil(바질) 10g
Thyme(다임) 5g
Milk(우유) 100mL
Fresh Cream(생크림) 200mL
White Wine(백포도주) 20mL
Olive Oil(올리브오일) 20mL
Cherry Tomato(방울토마토) 3ea
Onion(양파) 50g
Pepper(후추) 조금
Salt(소금) 조금

Memory Point

· 고르곤졸라 소스(Gorgonzola Sauce) p.124 참고

Tagliatelle with Abalone

ITALIAN COOK 13

전복을 곁들인 딸리아뗄레

Tagliatelle con Abalone

Recipe

1. 마늘은 곱게 다져(Chopped) 놓는다.
2. 가지, 당근, 애호박은 얇게 슬라이스하여 줄리안(Julian)으로 썰어 놓는다.
3. 전복은 손질하여 얇게 슬라이스(Slice)한다.
4. 토마토는 콩카세하고, 방울토마토는 4등분으로 썰어 놓는다.
5. 자루냄비(Pot)에 물을 끓여 올리브오일, 소금을 넣고 딸리아딸레를 10분간 삶아 올리브오일에 버무린다.
6. 달궈진 팬에 마늘, 2의 채소를 볶다가, 3의 전복, 5의 딸리아뗄레를 넣고 볶아준 후, 크림 소스, 리코타 치즈를 넣는다.
7. 6의 딸리아뗄레에 다진(Chopped) 파슬리, 토마토 콩카세(Concasse), 방울토마토를 넣고 버무린다.

Ingredient

Tagliatelle(딸리아뗄레) 200g
Abalone(전복) 100g
Eggplant(가지) 100g
Carrot(당근) 100g
Squash(애호박) 50g
Garlic(마늘) 10g
Egg(달걀) 1ea
Tomato(토마토) 1ea
Ricotta Cheese(리코타 치즈) 20g
Italian Parsley(이탈리아 파슬리) 10g
Marjoram(마조람) 5g
Saffron(샤프란) 5g
Milk(우유) 100mL
Fresh Cream(생크림) 200mL
White Wine(백포도주) 20mL
Olive Oil(올리브오일) 40mL
Flour(밀가루) 20g
Butter(버터) 20g
Cherry Tomato(방울토마토) 3ea
Peppercorn(통후추) 조금
White Wine Sauce(백포도주 소스) 100mL
Salt(소금) 조금

Memory Point

- 백포도주 소스(White Wine Sauce) p.126 참고

Spinach Ravioli filled With Chicken

ITALIAN COOK 14

닭고기로 속을 채운 시금치 라비올리

Ravioli ripieni di spinaci e pollo

Recipe

1. 시금치 도우(Dough)를 만든다.
2. 닭가슴살은 곱게 다져(Chopped) 놓는다.
3. 달궈진 팬에 다진 양파, 마늘을 볶다가 2의 닭가슴살을 넣고 넛멕, 소금, 후추를 넣어 볶는다.
4. 1의 시금치 반죽을 5cm 크기로 잘라 3의 내용물을 채워 달걀노른자를 바른 후, 모서리가 터지지 않게 가장자리를 눌러 준다.
5. 자루냄비(Pot)에 물을 끓여 4의 시금치 라비올리와 올리브오일, 소금을 넣고 삶는다.
6. 달궈진 팬에 다진(Chopped) 양파를 볶다가 백포도주, 크림소스, 5의 시금치 라비올리를 넣고 볶은 후, 버무린다.
7. 접시에 6의 시금치 라비올리를 담고, 파르메산 치즈, 붉은 파프리카, 바질을 얹는다.

Ingredient

Hard Flour(강력분밀가루) 60g
Semolina(세몰리나) 40g
Chicken Breast(닭가슴살) 150g
Onion(양파) 100g
Spinach(시금치) 200g
Red Paprika(붉은 파프리카) 50g
Garlic(마늘) 5g
Butter(버터) 10g
Egg(달걀) 2ea
Sage(세이지) 5g
Nutmeg(넛멕) 5g
Fresh Cream(생크림) 200mL
Milk(우유) 100mL
White Wine(백포도주) 20mL
Olive Oil(올리브오일) 40mL
Parmesan Cheese(파르메산 치즈) 20g
Pepper(후추) 조금
Salt(소금) 조금

Memory Point

・ 백포도주 소스(White Wine Sauce) p.126 참고

Gnocchi with Italian Sauce

ITALIAN COOK 15

이탈리안 소스를 곁들인 감자 뇨끼

Gnocchi al pomodoro e basilico

Recipe

1. 감자는 깨끗이 씻어 껍질째로 삶아 껍질을 벗긴다.
2. 1의 감자를 뜨거울 때 고운 체에 내린다.
3. 2의 감자에 세몰리나, 달걀노른자, 소금, 후추를 넣어 골고루 섞으면서 반죽한다.
4. 3의 반죽으로 뇨끼를 가래떡처럼 두께 1~2cm 정도의 크기로 잘라, 포크의 날 끝으로 눌러서 모양을 일정하게 낸다.
5. 자루냄비(Pot)에 물을 끓여 3의 뇨끼를 삶아 올리브오일을 발라 식힌다.
6. 팬에 이탈리아 볼로네즈 소스 (Italian Bolognese)를 넣고 끓인 후, 4의 삶은 감자 뇨끼를 넣고 끓여 준다.
7. 접시에 6의 감자 뇨끼를 넣고 파르메산 치즈, 바질 슬라이스(Slice)를 뿌려 준다.

Ingredient

Potato(감자) 200g
Semolina(세몰리나) 60g
Egg(달걀) 2ea
Amaranth(아마렌스 순) 20g
Tomato(토마토) 100g
Sage(세이지) 5g
Onion(양파) 100g
Whole Tomato(토마토홀) 150g
Butter(버터) 20g
White Wine(백포도주) 20mL
Garlic(마늘) 10g
Granapadano(그라나파다노 치즈) 30g
Nutmeg(넛멕) 5g
Parmesan Cheese(파르메산 치즈) 20g
Italian Bolognese(이탈리아 볼로네즈 소스) 200mL
Salt(소금) 조금

Memory Point

- 이탈리아 볼로네즈 소스 (Italian Bolognese) p.143 참고

Part Ⅷ

리조또 (Risotto) & 피자 (Pizza)

1. 마르게리타 피자
2. 살라미 피자
3. 페퍼로니 피자
4. 해산물 모둠 피자
5. 칼조네
6. 새우를 곁들인 버섯 리조또
7. 파르메산 치즈를 뿌린 샤프란 리조또
8. 여러가지 해산물을 곁들인 리조또

Risotto & Pizza
리조또 & 피자

1. 리조또 (Risotto)

리조또란 버터를 두른 팬에 쌀을 볶다가 화이트 와인과 육수를 넣고 끓여 만든 요리이다. 이탈리아는 유럽에서 가장 많은 쌀을 생산하는 국가로 15세기부터 쌀을 이용한 요리가 발달하면서 리조또가 생겨났다.

리조또의 주 재료인 쌀은 카르나롤리(Carnaroli), 아르보리오(Arborio), 비아로네 나노(Vialone–nano) 등이 있다. 리조또는 들어가는 재료에 따라 종류가 다양해지며, 해산물 · 육류 · 버섯 · 토마토 · 마늘 · 치즈 · 크림 등 다양한 식재료가 사용된다.

이탈리아 리조또 중 유명한 것은 샤프란 리조또(Risotto alla milaness)로 밀라노식 리조또라고도 불린다. 향신료인 샤프란을 이용해 황금색을 띠는 리조또이다. 그 외에도 오징어 먹물을 이용해 만든 피렌체식 리조또, 고기육수 또는 채소육수에 쌀을 넣어 끓인 후에 파르메산 치즈를 넣은 리조또, 오븐에 넣어 익힌 리조또 등 다양한 요리가 있다.

2. 피자 (Pizza)

피자(Pizza)는 밀가루 반죽을 하여 둥글게 밀어 토마토 소스, 모짜렐라 치즈를 얹은 후 둥글고 납작한 형태로 구운 빵이다. 반죽 위에 올리는 재료는 육류, 해산물, 채소, 치즈 등 다양한 소재료를 사용할 수 있다.

피자는 이탈리아의 대표 요리 중 하나로 나폴리 지역에서 유래되었으며, 고대 로마시대에는 이스트 없이 기름과 식초로 밀가루 반죽을 하여 납작하게 빵을 만들어 먹는 것에서 점차 발전하여 만들어졌다고 한다.

나폴리 피자(Pizza napoletana)는 토마토, 앤초비, 모짜렐라 치즈, 오레가노, 올리브 오일을 사용해 화덕에 구운 담백한 피자이다.

마르게리타 피자(Pizza margherita)는 1889년에 움베르토 1세의 왕비 마르게리타를 위해 요리사 돈 라파엘 에스폰트가 이탈리아 국기를 상징하는 피자를 만들게 되었는데 밀가루 반죽에 바질, 모짜렐라 치즈, 토마토를 이용해 초록색, 흰색, 빨간색으로 피자를 만들면서 여왕의 이름을 따서 '마르게리타 피자'라고 불리게 되었다.

그 외에도 이탈리아 피자의 종류는 마리나라 피자(Pizza marinara), 콘 페퍼로니 피자(PIzza con peperoni), 루콜라 피자(Pizza rucola), 칼조네(Calzone) 등이 있다.

Margherita Pizza

ITALIAN COOK 1

마르게리타 피자

Pizza Margherita

Recipe

1. 피자 반죽 200g을 얇게 밀어 직경 30cm 정도로 밀어준다.
2. 1의 피자 도우(Dough)를 팬에 패닝하여 20분 가량 발효시킨 후, 포크로 중간중간 구멍을 낸다.
3. 2의 피자 도우(Dough)에 피자 소스를 둥글게 원형을 그리며 발라 준다.
4. 3의 피자 도우(Dough)에 모짜렐라 치즈를 고루 뿌려 준다.
5. 예열된 250℃ 오븐에서 4의 피자를 노릇노릇하게 구워 준다.
6. 5의 구운 피자 위에 바질을 고루 올려 준다.

Ingredient

Pizza Dough(피자 반죽) 150g
Pizza Sauce(피자 소스) 200mL
Cherry Tomato(방울토마토) 5ea
Thyme(다임) 5g
Basil(바질) 5g
Milk(우유) 250mL
Mozzarella Cheese(모짜렐라 치즈) 20g
Parmesan Cheese(파르메산 치즈) 20g
Oregano(오레가노) 5g
Oilve Oil(올리브오일) 10mL
Salt(소금) 조금
Pepper(후추) 조금

[파스타반죽]
Flour(밀가루) 500g
Yeast(생이스트) 20g
Sugar(설탕) 20g

Memory Point

· 피자 반죽

1. 밀가루는 고운 체에 내린다.
2. 1의 밀가루에 생이스트, 달걀, 올리브 오일, 소금를 넣는다.
3. 2의 내용물에 포크나 손으로 천천히 섞어 주면서 10분 정도 치대어 반죽한다.
4. 3의 반죽이 마르지 않도록 젖은 천이나 비닐을 덮어 실온에서 1시간 정도 발효시킨다.

피자 소스(Pizza Sauce) p.142 참고

Salami Pizza

ITALIAN COOK

2

살라미 피자

Pizza con salame

Recipe

1. 피자 반죽 200g을 얇게 밀어 직경 30cm 정도로 밀어준다.
2. 1의 피자 도우(Dough)를 팬에 패닝하여 20분가량 발효시킨 후, 포크로 중간중간 구멍을 낸다.
3. 2의 피자 도우(Dough)에 피자 소스를 둥글게 원형을 그리며 발라 준다.
4. 살라미는 얇게 슬라이스(Slice)한다.
5. 파프리카, 표고버섯은 줄리안(Julian)으로 썰어 소금, 후추 간하여 볶는다.
6. 블랙 올리브, 그린 올리브는 둥글게 슬라이스(Slice) 한다.
7. 3의 피자 도우(Dough)에 4의 살라미, 5의 채소, 6의 올리브의 순으로 고루 뿌린 후, 모짜렐라 치즈를 올린다.
8. 예열된 250℃ 오븐에서 4의 피자를 노릇노릇하게 구워 준다.
9. 8의 구운 피자 위에 바질을 고루 올려 준다.

Ingredient

Pizza Dough(피자 반죽) 150g
Pizza Sauce(피자 소스) 200mL
Cherry Tomato(방울토마토) 5ea
Mozzarella Cheese(모짜렐라 치즈) 20g
Parmesan Cheese(파르메산 치즈) 20g
Oregano(오레가노) 5g
Thyme(다임) 5g
Oilve Oil(올리브오일) 10mL
Salami(살라미) 50g
Red Paprika(붉은 파프리카) 50g
Orange Paprika(주황 파프리카) 50g
Yellow Paprika(노랑 파프리카) 50g
Oyster Mushroom(표고버섯) 30g
Basil(바질) 5g
Black Olive(블랙 올리브) 20g
Green Oilve(그린 올리브) 20g
Salt(소금) 조금
Pepper(후추) 조금

Memory Point

· 피자 소스 (Pizza Sauce) p.142 참고

Pepperoni Pizza

ITALIAN COOK 3

페퍼로니 피자

Pizza ai Peperoni

Recipe

1. 피자 반죽 200g을 얇게 밀어 직경 30cm 정도로 밀어준다.
2. 1의 피자 도우(Dough)를 팬에 패닝하여 20분가량 발효시킨 후 포크로 중간중간 구멍을 낸다.
3. 2의 피자 도우(Dough)에 피자 소스를 둥글게 원형을 그리며 발라 준다.
4. 페퍼로니는 얇게 슬라이스(Slice) 하여 둥글게 말아 준다.
5. 붉은, 주황 파프리카는 줄리엔느(julienne)로 썰어 소금, 후추 간하여 볶는다.
6. 바질은 깨끗이 씻어 잎부분만 채썰어 준다.
7. 3의 피자 도우(Dough)에 4의 페퍼로니, 5의 파프리카를 고루 뿌려준 후, 모짜렐라 치즈를 얹는다.
8. 7의 피자 위에 페퍼로니를 둥글게 말아 일정한 간격으로 놓는다.
9. 예열된 250℃ 오븐에서 8의 피자를 노릇노릇하게 구워 준다.
10. 9의 구운 피자 위에 바질을 고루 올려 준다.

Ingredient

- Pizza Dough(피자 반죽) 150g
- Pizza Sauce(피자 소스) 200mL
- Pepperoni(페퍼로니)
- Mozzarella Cheese(모짜렐라 치즈) 50g
- Garlic(마늘) 10g
- Red Paprika(붉은 파프리카) 50g
- Orange Paprika(주황 파프리카) 50g
- Olive Oil(올리브오일) 40mL
- Basil(바질) 10g
- Salt(소금) 조금
- Pepper(후추) 조금

Memory Point

- 피자 소스(Pizza Sauce) p.142 참고

Seafoods Pizza

ITALIAN COOK 4

해산물 모둠 피자

Pizza ai Frutti di mare

Recipe

1. 피자 반죽 200g을 얇게 밀어 직경 30cm 정도로 밀어준다.
2. 1의 피자 도우(Dough)를 팬에 패닝하여 20분가량 발효시킨 후, 포크로 중간중간 구멍을 낸다.
3. 2의 피자 도우(Dough)에 피자 소스를 둥글게 원형을 그리며 발라 준다.
4. 마늘은 곱게 다져(Chopped) 놓는다.
5. 양파, 피망, 블랙 올리브는 슬라이스(Slice)한다.
6. 모시조개, 홍합은 양파, 마늘, 백포도주로 볶아준 후, 껍질을 제거하고, 오징어는 껍질을 벗겨 링으로 썰어 놓는다.
7. 새우는 껍질을 벗겨 내장을 제거하고 관자는 다이스(Dice)로 썰어 놓는다.
8. 달궈진 팬에 4의 마늘, 5의 채소, 6의 해산물, 순으로 볶아준 후, 백포도주, 토마토 소스를 넣고 졸여 준다.
9. 3의 피자 도우(Dough)에 8의 볶은 해산물을 고루 얹고 모짜렐라 치즈를 뿌려 준다.
10. 예열된 250℃ 오븐에서 4의 피자를 노릇노릇하게 구워 준다.
11. 10의 구운 피자 위에 슬라이스(Slice)한 파르메산 치즈, 바질 슬라이스(Slice)를 고루 올려 준다.

Ingredient

- Pizza Dough(피자 반죽) 150g
- Pizza Sauce(피자 소스) 100mL
- Basil(바질) 10g
- Mozzarella Cheese(모짜렐라 치즈) 50g
- Garlic(마늘) 10g
- Short Necked Clam(모시조개) 200g
- Parmesan Cheese(파르메산 치즈) 20g
- Onion(양파) 80g
- Olive Oil(올리브오일) 40mL
- Black Olive(블랙 올리브) 10g
- Shrimp(새우) 50g
- Squid(오징어) 50g
- Mussel(홍합) 50g
- Scallop(관자) 50g
- Salt(소금) 조금

Memory Point

· 피자 소스 (Pizza Sauce) p.142 참고

calzone pizza

ITALIAN COOK 5

칼조네

pizza calzone

Recipe

1. 도우 반죽 200g을 얇게 밀어 직경 30cm 정도로 밀어준다.
2. 1의 도우(Dough)를 팬에 패닝하여 20분가량 발효시킨 후, 포크로 중간중간 구멍을 낸다.
3. 2의 도우(Dough)에 토마토 소스를 둥글게 원형을 그리며 발라 준다.
4. 마늘을 곱게 다져(Chopped)놓는다.
5. 달궈진 팬에 4의 다진(Chopped) 마늘을 볶은 후, 양파 피망, 블랙 올리브를 슬라이스(Slice)하여 함께 볶아 준다.
6. 2의 도우에 5의 내용물을 담고 모짜렐라 치즈를 뿌린 후, 반으로 접어 가장자리를 눌러 붙여 준다.
7. 예열된 200℃ 오븐에서 노릇노릇하게 구워 준다.
8. 감자, 가지는 얇게 슬라이스(Slice)하여 튀김기름에 튀겨 기름기를 제거한 후 칼조네에 곁들여 준다.

Ingredient

Pizza Dough(피자 반죽) 100g
Tomato Sauce(토마토 소스) 100mL
Kalamata Olive(칼라마타 올리브) 30g
Salami(살라미) 50g
Mozzarella Cheese(모짜렐라 치즈) 50g
Parmesan Cheese(파르메산 치즈) 50g
Mushroom(양송이) 100g
Oregano(오레가노) 5g
Egg(달걀) 1ea
Caper(케이퍼) 10g
Red Paprika(붉은 파프리카) 50g
Oilve Oil(올리브오일) 20mL
Anchovy(앤초비) 5g
Potato(감자) 50g
Eggplant(가지) 50g
Salt(소금) 조금
Pepper(후추) 조금

Memory Point

- 토마토 소스(Tomato Sauce) p.145 참고

Mushroom Risotto with Shrimp

ITALIAN COOK 6

새우를 곁들인 버섯 리조또

Risotto ai funghi con gamberi

Recipe

1. 양파, 이탈리아 파슬리는 곱게 다져(Chopped) 놓는다.
2. 새우는 껍질을 벗겨 내장을 제거한 후 다이스(Dice)로 썰어 놓는다.
3. 표고버섯은 손질하여 슬라이스(Slice)한다.
4. 달궈진 팬에 2의 새우, 3의 표고버섯을 볶은 후, 백포도주, 소금, 후추로 간한다.
5. 팬에 올리브오일을 두르고 1의 다진(Chopped) 양파를 볶다가 쌀을 넣고 볶아 준다.
6. 5의 볶은 쌀에 조개육수(Stock)를 조금씩 첨가하면서 반복해서 볶는다.
7. 6의 내용물에 4의 새우, 표고버섯을 첨가하여 볶는다.
8. 7의 버섯 리조또에 파르메산 치즈, 다진(Chopped) 이탈리아 파슬리, 소금, 후추로 간한다.
9. 접시에 8의 버섯 리조또를 담은 후, 볶은 표고버섯을 그루 얹는다.

Ingredient

Rice(쌀) 100g
Shrimp(새우) 100g
Onion(양파) 50g
Shiitake Mushroom(표고버섯) 100g
Clam Stock(조개 육수) 1000mL
Butter(버터) 20g
Parmesan Cheese(파르메산 치즈) 20g
Italian Parsley(이탈리아 파슬리) 20g
Chervil(처빌) 5g
Salt(소금) 조금
Pepper(후추) 조금

Memory Point

- 조개 육수(Clam Stock) p.116 참고

Saffron Risotto with Parmigiano

ITALIAN COOK
7

파르메산 치즈를 뿌린 샤프란 리조또

Risotto allo zafferano con Parmigiano

Recipe

1. 양파는 곱게 다져(Chopped) 놓는다.
2. 쌀은 깨끗이 씻어 물기를 제거한다.
3. 자루냄비(Pot)에 물을 부어 샤프란을 넣고 샤프란 육수(Stock)를 끓인다.
4. 달궈진 팬에 버터를 녹여 다진(Chopped) 양파를 볶은 후, 2의 쌀을 넣고 함께 볶아 준다.
5. 4의 볶은 쌀에 3의 샤프란 육수(Stock)를 1컵씩 부어가면서 볶아 준다.
6. 5의 쌀이 알 덴떼(al dente)로 익으면 버터, 파르메산 치즈, 다진(Chopped) 이탈리아 파슬리, 소금, 후추로 간한다.

Ingredient

Rice(쌀) 100g
Onion(양파) 50g
Saffron(샤프란) 5g
Garlic(마늘) 10g
Butter(버터) 10g
Parmesan Cheese(파르메산 치즈) 30g
Parsley(이탈리아 파슬리) 10g
Basil(바질) 5g
Saffron(샤프란) 5g
Olive Oil(올리브오일) 20mL
White Wine(백포도주) 20mL
Vegetable Stock(채소 육수)
Salt(소금) 조금
Pepper(후추) 조금

Memory Point

- 채소 육수(Vegetable Stock) p.113 참고

Risotto with Assorted Seafoods

ITALIAN COOK 8

여러 가지 해산물을 곁들인 리조또

Risotto ai Frutti di mare

Recipe

1. 해산물은 깨끗이 씻어 손질한다.
2. 양파, 마늘은 곱게 다져(Chopped) 놓는다.
3. 달궈진 팬에 2의 다진(Chopped) 양파, 마늘을 볶은 후, 홍합, 백포도주 순으로 볶아 껍질과 살을 분리한다.
4. 모시조개도 3의 홍합과 같은 방법으로 껍질과 살을 분리 한다.
5. 새우, 관자는 손질하여 다이스(Dice)로 썰어 놓는다.
6. 오징어는 머리부분과 내장을 제거한 후, 껍질을 벗겨 링으로 자른다.
7. 달궈진 팬에 3, 4, 5, 6의 해산물을 넣고 볶은 후, 백포도주를 첨가하여 볶아 준다.
8. 팬에 버터를 녹여 다진(Chopped) 양파를 볶은 후, 쌀을 넣어 볶는다.
9. 8의 볶은 쌀에 조개 육수(Stock)를 1컵씩 넣으면서 볶아 준다.
10. 9의 쌀이 알 덴떼(al dente)로 익으면 7의 볶은 해산물, 토마토 소스, 토마토 콩까세(Concasse)를 넣고 함께 볶는다.
11. 10의 해산물 리조또에 파르메산 치즈, 다진(Chopped) 이탈리아 파슬리, 소금, 후추로 간한다.

Ingredient

- Rice(쌀) 100g
- Mussel(홍합) 100g
- Shortnecked Clam(모시조개) 150g
- Shrimp(새우) 50g
- Scallop(관자) 50g
- Squid(오징어) 50g
- Onion(양파) 20g
- Olive Oil(올리브오일) 20mL
- Tomato(토마토 소스) 50mL
- Cherry Tomato(방울토마토) 3ea
- Garlic(마늘) 10g
- Butter(버터) 10g
- Clam Stock(조개 육수) 1000mL
- White Wine(백포도주) 10mL
- Parmesan Cheese(파르메산 치즈) 10g
- Italian Parsley(이탈리아 파슬리) 10g
- Oregano(오레가노) 5g
- Basil(바질) 5g / Thyme(다임) 5g
- Chervil(처빌) 5g / Dill(딜) 5g
- Onion(양파) 30g / Tomato(토마토) 30g
- Pepper(후추) 조금
- Salt(소금) 조금

Memory Point

- 조개 육수(Clam Stock) p.116 참고

Part Ⅸ

육류 및 가금류 요리 (Carne on Pollame)

1. 버섯 리조또를 곁들인 송아지 오쏘부코
2. 구운 거위간을 얹은 송아지 안심
3. 블루베리 소스를 곁들인 구운 닭가슴살
4. 피렌체풍식 양갈비구이
5. 건자두를 채워 만 돼지등심구이
6. 프로슈토 크루도로 감싼 소고기안심구이
7. 오븐에 구운 오리가슴살과 오렌지 소스

Carne on Pollame

육류 및 가금류 요리

주 요리는 식사 단계 중 가장 으뜸이 되는 요리로 일명 앙트레(Entree)라고 부르는데, 중세기에 앙트레는 육류를 갈아서 만든 파테(Paté) 또는 테린(Terrine)이나 치즈 그라탱(Cheese gratin)과 같은 요리들이 제공되다가, 조리법이 점차 발달하면서 생선과 해산물 및 파스타 등 여러 가지 요리로 발달하였다.

일반적으로 주 요리에는 육류로 만든 음식이 많이 제공된다. 쇠고기, 돼지고기, 양고기, 가금류 등이 있다.

주 요리를 육류로 제공할 때는 주로 스테이크가 많으며, 쇠고기의 여러 부위 중 안심을 가장 많이 사용하고, 다음으로 등심과 우둔 순으로 사용된다. 조리방법으로는 팬에 굽거나 오븐에 구워 제공하는 스테이크, 고기를 얇게 잘라 팬에 볶는 방법, 고기를 일정하게 잘라서 소스에 채소와 함께 익혀 내는 스튜(Stew) 조리방법, 안심이나 등심을 통째로 일정한 온도의 오븐에 구워 1인분씩 잘라 제공하는 로스트(Roast) 조리법 등이 있다.

질 좋은 수육을 생산하려면 우량한 도체가 필요하며 축육의 체형, 성별, 연령, 품종, 영양상태에 따라 육질이 좌우된다. 오늘날의 육류 소비 경향은 전반적으로 지방보다 살코기를 더 선호하는데, 이와 같은 소비 성향은 지방의 섭취로 체내에 콜레스테롤의 양이 증가된다는 사실이 알려짐으로써 더 증가되고 있다.

콜레스테롤이란 핏속에 들어 있는 일종의 지방성분으로, 혈관벽에 침투되어 혈액순환에 지장을 주게 된다. 그러므로 과다하게 섭취할 경우, 동맥경화 등 각종 질병의 원인이 되기도 한다.

양고기는 고기 빛깔이 밝고 지방질이 적당히 섞인 백색이 좋으며, 근섬유가 가늘고 조직이 약하기 때문에 소화가 잘 된다.

가금류는 영양분이 풍부하고 지방질을 많이 함유하고 있다. 식용으로는 닭, 오리, 거위, 꿩, 칠면조 등이 있다. 드한 가정에서 사육할 수 있는 가금을 의미하며, 고기의 색깔에 따라 구분되고, 종류와 부위에 따라 분류할 수 있다. 일반적으로 흰 고기는 닭가슴살, 검은 고기는 다리부분의 고기를 의미한다. 종류에 대한 분류는 치킨이나 칠면조와 같은 것들이 흰 고기에 속하고 오리나 거위 등은 검은 고기에 속한다.

이탈리아 요리에 쓰이는 메인 요리로 육류 및 가공품은 쿨라텔로 디 지벨로(Culatello di Zibello), 프로슈토(Prosciutto)와 살라미(Salame), 루카니카(Loukanika), 티본 스테이크(T-Bone Steak), 살팀보카(Saltimbocca) 등이 있다.

이탈리아의 전통 요리는 말고기를 제외하고 대부분의 육류나 가금류 등이 사용되며 햄이나 염장법으로 절여 만든 소시지나 향신료, 허브를 넣어 만든 스테이크나 구운 고기 등 다양한 조리법을 이용한 요리가 발달되었다.

한편, 쿨라텔로 디 지벨로(Culatello di Zibello)는 돼지의 넓적다리를 소금에 절여 말린 프로슈토로, 이탈리아어로 '햄' 을 뜻한다. 공기 중에 말려 고기가 숙성되기 시작하면 짭짤하며 부드러운 맛이 난다.

살라미(Salami)는 이탈리아어로 'Salame'라고 하며, 소금에 절인 소시지를 뜻한다. 살라미는 생고기를 먼저 발효시킨 후 소시지의 형태를 길고 가늘게 만들어 소금이나 향신료 등에 절여 럼주 또는 포도주에 담갔다가 건조시킨 것이다. 전통 살라미는 돼지고기, 소고기, 염소, 가금류 등의 고기로 만든다.

루카니카(Loukanika)는 라틴어 '루카니쿠스(Lucanicus)'에서 유래되었으며 이탈리아 바실리카타주의 주요리로 돼지고기로 만든 소시지이다. 루카니카는 돼지고기뿐만 아니라 양고기로 만들기도 한다. 향신료와 허브 등을 가미하여 굽거나 튀기거나 삶아 요리하였으며 맛은 진하고 매콤한 양념을 만들어 함께 먹었다.

티 본 스테이크(T-Bone Steak)는 토스카나 지역의 주요리이다. 키아나(Chiana) 계곡에서 방목하여 자란 돼지고기가 많이 사용되고 이를 이용해 만든 요리는 피렌체식 스테이크라고도 불린다.

Veal Osso-Buco with Mushroom Risotto

ITALIAN COOK 1

버섯 리조또를 곁들인 송아지 오쏘부코

Osso-Buco di con risotto ai funghi

Recipe

1. 송아지 정강이살은 지방을 제거하고 손질하여 소금, 후추로 간한다.
2. 달궈진 팬에 1의 양념한 송아지 정강이살을 밀가루를 묻힌 후, 노릇하게 색을 내어 구워 준다.
3. 양파, 마늘은 곱게 다져(Chopped) 놓는다.
4. 당근, 셀러리는 껍질을 벗겨 곱게 다져(Chopped) 놓는다.
5. 레몬은 껍질을 벗겨 얇게 제스트(Zest) 해놓는다.
6. 달궈진 팬에 3, 4의 채소를 볶다가 적포도주를 넣고 졸여 준다.
7. 6의 졸인 채소에 닭 육수, 허브, 토마토 소스, 레몬 제스트(Zest)를 넣고 끓여 준다.
8. 7의 내용물이 끓기 시작하면 2의 송아지 정강이살을 넣고, 2시간 정도 시머링(Smmering)하여 소금, 후추로 간하여 천천히 끓여 준다.
9. 접시에 8의 송아지를 담고 버섯 리조또를 접시 주위에 곁들인다.

Ingredient

Veal Shank(송아지 정강이살) 250g
Onion(양파) 100g / Carrot(당근) 50g
Celery(셀러리) 50g
Porcini Mushroom(포르치니버섯) 100g
Chicken Stock(닭육수) 800mL
Tomato(토마토) 1ea / Garlic(마늘) 10g
Butter(버터) 10g / Flour(밀가루) 10g
Tomato Sauce(토마토 소스) 150g
Parsley(파슬리) 10g
Rosemary(로즈마리) 5g
Mushroom Risotto(버섯 리조또) 50g
Oregano(오레가노) 5g / Sage(세이지) 5g
Bay Leaf(월계수잎) 1leaf
Beef Stock(소고기 육수) 300mL
Thyme(다임) 5g
White Wine(백포도주) 50mL
Red Wine(적포도주) 200mL
Salt(소금) 조금 / Pepper(후추) 조금
Rosemary(로즈마리) 5g
Demi-glace(데미그라스) 100g

Memory Point

- 버섯 리조또
  1. 양파, 버섯은 곱게 다져(Chopped) 놓는다
  2. 팬에 버터를 녹여 양파를 넣어 볶다가 쌀을 첨가하여 볶는다.
  3. 2의 쌀에 백포도주를 넣어 볶다가 닭 육수를 조금씩 넣으면서 볶는다.
  4. 달궈진 팬에 버터를 녹여 1의 다진(Chopped) 버섯을 볶는다.
  5. 3의 쌀에 4의 볶은 버섯을 넣고 파르메산 치즈가루를 넣고 소금으로 간한다.
- 닭 육수(Chicken Stock) p.114 참고

Veal Tenderloin with Pan-Fried Foie Gras

ITALIAN COOK 2

구운 거위간을 얹은 송아지 안심

Filetto di vitello con scaloppa di Foie Gras

Recipe

1. 송아지 안심은 지방을 제거하여 180g 잘라, 소금, 후추, 올리브오일로 간한다.
2. 달궈진 석쇠(Grill)에 1의 송아지 안심을 격자 무늬로 색을 내어 미디움(Medium)으로 굽는다.
3. 감자는 깨끗이 씻어 삶아 매시드 포테이토를 만든다.
4. 팬에 거위간을 소금, 통후추로 간하여 노릇하게 굽는다.
5. 대파는 파란 부분을 채썰어 전분을 살짝 묻혀 튀긴다.
6. 방울토마토는 끓는 물에 데쳐 껍질을 벗긴 후 올리브오일, 설탕, 소금간하여 예열된 80℃ 오븐에서 천천히 굽는다.
7. 브로콜리는 손질하여 끓는 물에 데친 후, 소금, 후추로 간하여 볶는다.
8. 사과는 볼 커트기(Bowl Cutter)로 잘라 팬에 볶다가 적포도주를 조금씩 넣으면서 졸인 후, 설탕으로 간한다.
9. 접시에 파프리카 소스를 충분히 뿌려준 후, 2의 송아지 안심, 3의 감자, 4의 거위간, 5의 대파 순으로 올린다.
10. 9의 송아지 안심에 6의 방울토마토, 7의 브로콜리, 8의 사과를 곁들인다.

Ingredient

- Veal Tenderloin(송아지 안심) 200g
- Foie Gras (거위간) 20g
- Onion(양파) 50g
- Rosemary(로즈마리) 5g
- Spring Onion(대파) 10g
- Chive(차이브) 2g
- Potato(감자) 1ea
- Milk(우유) 30mL
- Kalamata Olive(칼라마타 올리브) 1ea
- Broccoli(브로콜리) 50g
- Cherry Tomato(방울토마토) 1ea
- Grape(포도) 1ea
- Red Wine(적포도주) 100mL
- Red Paprika(붉은 파프리카) 50g
- Orange Paprika(주황 파프리카) 50g
- Tomato(토마토) 1ea
- Garlic(마늘) 1ea
- Peppercorn(통후추) 조금
- apple(사과) 50g
- Salt(소금) 조금
- Pepper(후추) 조금

Memory Point

- 매시드 포테이토(Mashed potato)
  1. 감자는 깨끗이 씻어 끓는 물에 삶아준다.
  2. 1의 삶은 감자는 고운 체에 내린 후 자루냄비(pot)에 담아 약한 불에서 수분을 제거한다.
  3. 2의 감자에 우유를 조금씩 넣으면서 부드럽게 만들어 소금으로 간한다.
- 이탈리아 볼로네즈 소스(Italian Bolognese) p.143 참고

Grilled Chicken Breast with Blueberry Sauce

ITALIAN COOK

3

블루베리 소스를 곁들인 구운 닭가슴살

Petto di pollo alla griglia con salsa di mirtilli

Recipe

1. 닭가슴살은 껍질을 벗겨 칼집을 준 후, 미트 텐더라이저(Meat Tenderizer)로 두들겨 소금, 후추로 간한다.
2. 시금치는 끓는 물에 데친 후, 다진(Chopped) 양파, 마늘, 소금, 후추로 간하여 볶아 준다.
3. 1의 닭가슴살에 밀가루를 뿌려주고 2의 시금치 볶은 것을 가지런히 깔아준 후, 건살구를 넣고 둥글게 말아 준다.
4. 둥글게 말은 3의 닭가슴살을 조리용 끈으로 매듭이 생기게 묶어 준다.
5. 달궈진 팬에 4의 닭가슴살을 노릇하게 굽는다.
6. 방울토마토는 반으로 잘라 볶은 채소를 채워 빵가루, 모짜렐라 치즈를 뿌려 오븐에 굽는다.
7. 비트는 껍질을 벗겨 곱게 채썰어 튀긴다.
8. 접시에 버섯 리조또를 둥글게 깔고 채소 라따뚜이, 토마토, 프로방살, 감자칩을 곁들인다.
9. 구운 5의 닭가슴살 위에 7의 비트 튀긴 것을 올려 준다.

Ingredient

Chicken Breast(닭가슴살) 200g
Blueberry(블루베리) 100g
Dry Apricot(건살구) 50g / Onion(양파) 50g
Yellow Paprika(노란 파프리카) 50g
Spinach(시금치) 50g / Carrot(당근) 50g
Squash(애호박) 50g / Egg Plant(가지) 50g
Tomato(토마토) 1ea / Garlic(마늘) 20g
Butter(버터) 10g / Flour(밀가루) 10g
Potato(감자) 100g / Basil(바질) 10g
Pistachio(피스타치오) 20g
Fresh Thyme(프레시 다임) 5g
Beet(비트) 50g / Starch(전분) 10g
Mushroom Risotto(버섯 리조또) 60g
Bread Crumbs(빵가루) 50g
Tomato Paste(토마토 페이스트) 20g
Chicken Stock(닭 육수) 800mL
Red Paprika(붉은 파프리카) 50g
Cherry Tomato(방울토마토) 1ea
Olive Oil(올리브오일) 20mL
Mozzarella Cheese(모짜렐라 치즈) 50g
Chabils Wine Sauce
(샤블리 와인 소스) 100mL
Pepper(후추) 조금 / Salt(소금) 조금

Memory Point

- 토마토 프로방살(Provencal Tomato)
  1. 이탈리아 토마토는 윗부분을 잘라 속을 파낸다.
  2. 마늘을 곱게 다져(Chopped) 놓는다.
  3. 양파, 붉은 · 주황 · 그린 파프리카, 당근, 가지 애호박은 스몰 다이스(small dice)로 썰어 놓는다.
  4. 토마토는 콩카세(tomato concasse)로 썰어 놓는다.
  5. 달궈진 팬에 2의 마늘, 3의 채소 순으로 볶아 준 후 토마토 페이스트를 넣고 소금, 후추로 양념한다.
  6. 1의 이탈리아 토마토에 5의 볶은 채소를 채운 후, 빵가루, 다진(Chopped) 이탈리아 파슬리를 뿌려 준다.
  7. 살라만더에(salamander) 6의 이탈리아 토마토를 노릇노릇하게 구워 준다.
- 샤블리 와인 소스(Chabils Wine Sauce) p.118 참고

Rack of Lamb

ITALIAN COOK 4

피렌체풍식 양갈비구이

Costolette di agnello

Recipe

1. 양갈비는 지방과 힘줄부분을 제거한 후, 깨끗이 손질한다.
2. 마늘, 로즈마리, 다임, 오레가노는 곱게 다져(Chopped) 놓는다.
3. 1의 양갈비에 2의 허브, 올리브오일, 소금, 통후추로 마리네이드(Marinade)한다.
4. 달궈진 팬에 3의 마리네이드(Marinade)한 양갈비를 빵가루에 입혀 미디움(Medium)으로 굽는다.
5. 감자, 단호박, 고구마는 삶아 고운 체에 내린 후, 우유, 소금, 설탕으로 간한다.
6. 사과는 웨이지(Wage)로 썰어 팬에 갈색이 나게 구워 적포도주, 설탕, 다임, 월계수잎, 통후추를 넣고 윤기나게 졸인다.
7. 표고버섯은 손질한 후, 슬라이스(Slice)하여 다진(Chopped) 양파, 소금, 후추에 볶는다.
8. 미니비타민, 처빌은 깨끗이 씻어 적포도주, 올리브오일, 식초에 버무린다.
9. 접시에 양파 처트니, 4의 구운 양갈비를 놓고 5의 채소, 6의 사과, 7의 표고버섯, 8의 허브를 곁들인다.

Ingredient

Lamb Chops(양갈비) 200g
Asparagus(아스파라거스) 1ea
Potato(감자) 100g / Onion(양파) 100g
Carrot(당근) 50g / Celery(셀러리) 50g
Oregano(오레가노) 10g / Lemon(레몬) 20g
Garlic(마늘) 5g / Butter(버터) 20g
Black Olive(블랙 올리브) 20g
Thyme(다임) 10g / Chervil(처빌) 10g
Rosemary(로즈마리) 10g
Marjoram(마조람) 5g
Demiglace(데미그라스) 100mL
Milk(우유) 100mL / Apple(사과) 50g
Fresh Cream(생크림) 20mL
White Wine(백포도주) 30mL
Mini Vitamin(미니비타민) 10g
Pumpkin(단호박) 50g
Oyster Mushroom(표고버섯) 50g
Cherry Tomato(방울토마토) 1ea
Salt(소금) 조금 / Pepper(후추) 조금
Bread Crumbs(빵가루) 30g

Memory Point

- 양파 처트니 (Onion Chuteny)
  1. 양파는 껍질을 벗겨 줄리엔(Julienne)으로 썰어 놓는다.
  2. 달궈진 팬에 양파를 갈색이 나게 볶은 후 적포도주, 설탕, 로즈마리, 다임, 월계수잎을 넣고 윤기나게 졸여 준다.
  3. 2의 졸여진 양파에 월계수잎, 다임, 로즈마리를 건져 내고 소금, 후추로 간한다.
- 마데이라 소스 (Madeira Sauce) p.119 참고

Dried-Plum Stuffed
Pork Sirloin Roll

ITALIAN COOK

5

건자두를 채워 만 돼지등심구이

Rotolo di controfiletto di maiale farcito con prugne secche

Recipe

1. 돼지등심은 지방을 제거하여 반으로 칼집을 넣어 미트 텐더라이저(Meat Tenderizer)로 두들겨 소금, 후추로 간한다.
2. 건살구, 건자두는 반으로 썰어, 팬에 올리브오일을 두르고 볶아준 후 적포도주를 넣어 천천히 졸여 준다.
3. 1의 돼지등심에 밀가루를 뿌려준 후, 2의 건자두와 건살구 처트니를 가지런히 놓고 둥글게 말아, 조리용 끈으로 묶는다.
4. 달궈진 팬에 3의 돼지등심을 노릇하게 구워 준다.
5. 단호박은 껍질을 벗겨 썰어 삶은 후 고운 체에 내려 설탕, 우유에 졸인다.
6. 치즈 바게트는 얇게 썰어 오븐에서 바삭하게 굽는다.
7. 당근은 손질하여 잘라 끓는 물에 삶아 버터, 레몬주스, 설탕에 졸여 준다.
8. 모둠콩은 끓는 물에 삶아 소금, 후추 양념하여 볶아 준다.
9. 달궈진 팬에 엔다이브를 볶아 천천히 브레이징(Braising)한다.
10. 접시에 5의 단호박을 담은 후, 4의 구운 돼지등심을 썰어 담는다.
11. 10의 돼지등심 위에 6의 치즈바게트를 얹고, 7의 당근, 8의 모듬콩, 9의 앤다이브를 함께 곁들어 준다.

Ingredient

Pork Sirloin(돼지고기등심) 250g
Onion(양파) 50g / Thyme(다임) 10g
Red Paprika(붉은 파프리카) 50g
Potato(감자) 100g / Carrot(당근) 50g
Cheese Baguette(치즈 바게트) 20g
Dried Plum(건자두) 2ea
Dry Apricot(건살구) 10g
Pumpkin(단호박) 100g
Tomato(토마토) 1ea
Endive(엔다이브) 50g
Cherry Tomato(방울토마토) 2ea
Garlic(마늘) 10g / Flour(밀가루) 20g
Rosemary(로즈마리) 10g
Tomato Paste(토마토 페이스트) 10g
Bay Leaf(월계수잎) 2leaf
Red Wine(적포도주) 10mL
Peppercorn(통후추) 5g
Pea(완두콩) 30g
Kidney Bean(강낭콩) 30g
Salt(소금) 조금 / Pepper(후추) 조금

Memory Point

- 건자두 처트니 (Dry Prune Chuteny)
  1. 건자두(Dry Prune)는 다이스(dice)로 썰어 넣는다.
  2. 붉은 파프리카, 양파는 파인 브뤼누아즈(Find Brunoise)로 썰어 넣는다.
  3. 토마토는 끓는 물에 데쳐 껍질을 벗겨 토마토 콩카세(Tomato Concasse)로 썰어 놓는다.
  4. 자루냄비(Pot)에 1의 건자두(Dry Prune), 2의 채소를 팬에 담고 볶은 후, 적포도주 식초, 설탕, 월계수잎, 로즈마리, 다임을 넣어 윤기나게 졸여 준다.
  5. 4의 졸인 건자두에서 월계수잎, 로즈마리, 다임을 건진 후 소금, 후추로 간한다.
- 부르귀뇽 소스 (bourguignon Sauce) p.130 참고

Prosciutto crudo Wrapped Beef Tenderloin

ITALIAN COOK 6

프로슈토 크루도로 감싼 소고기안심구이

Filetto di manzo arrotolato in cintura di prosciutto di crudo

Recipe

1. 소고기안심은 지방을 제거하여 반으로 칼집을 넣어 미트 텐더라이저(Meat Tenderizer)로 두들겨 펴준 후 소금, 후추로 간한다.
2. 표고버섯, 양송이는 곱게 다져(Chopped) 놓는다.
3. 달궈진 팬에 2의 표고버섯, 양송이를 볶다가 적포도주를 조금씩 넣어 주면서 볶는다.
4. 1의 소고기 안심에 밀가루를 뿌린 후, 3의 볶은 버섯을 넣고 둥글게 말아 준다.
5. 4의 소고기 안심에 얇게 슬라이스(Slice)한 파마햄으로 감싼 후, 팬에 구워 오븐에서 익힌다.
6. 미니 파프리카는 둥글게 슬라이스(Slice)하여 소금, 후추로 간하여 볶는다.
7. 양파는 처트니(Chutney)로 준비한다.
8. 방울토마토는 잘라 채소를 볶아 넣고 오븐에서 살짝 구워 준다.
9. 감자, 당근은 샤또(Chateau)로 잘라 끓는 물에 삶은 후, 팬에 볶는다.
10. 자루냄비(Pot)에 폴렌타, 우유를 넣고 끓여 소금으로 간한다.
11. 접시에 6의 볶은 미니 파프리카, 5의 구운 소고기 안심을 담고 7의 양파 처트니(Onion Chuteny)를 올려 준다.
12. 11의 소고기 안심에 8의 방울토마토, 9의 감자, 당근, 10의 폴렌타를 곁들여 담는다.

Ingredient

- Beef Tenderloin(소고기안심) 200g
- Parma Ham(파마햄) 80g
- Onion(양파) 200g / Potato(감자) 100g
- Carrot(당근) 100g / Lemon(레몬) 10g
- Garlic(마늘) 50g / Butter(버터) 30g
- Cherry Tomato(방울토마토) 1ea
- Squash(애호박) 50g
- Rosemary(로즈마리) 5g
- Thyme(다임) 20g
- Demiglace(데미그라스) 100mL
- Dijon Mustard(디존 머스터드) 100mL
- Fresh Cream(생크림) 50mL
- White Wine(백포도주) 50mL
- Red Wine(적포도주) 100mL
- Button Mushroom(양송이) 50g
- Oyster Mushroom(표고버섯) 50g
- Baguette(바게트) 10g
- Mini Red Paprika(미니 붉은 파프리카) 50g
- Mini Orange Paprika 50g (미니 주황 파프리카)
- Salt(소금) 조금
- Pepper(후추) 조금

Memory Point

- 샤또 포테이토 (Chateau Potato)
  1. 감자는 깨끗이 씻어 껍질을 벗겨 샤또(chateau) 모양으로 잘라 끓는 물에 소금을 넣고 삶는다.
  2. 자루냄비에 버터를 녹여 1의 감자를 볶은 후 소금, 후추로 양념한다.
- 마데이라 소스 (Madeira Sauce) p.119 참고

Roasted Duck Breast with Orange Sauce

ITALIAN COOK

7

오븐에 구운 오리가슴살과 오렌지 소스

Petto d'anatra arrosto con salsa all' arancia

Recipe

1. 오리가슴살은 지방을 제거한 후, 껍질 쪽에 칼집을 넣고 소금, 후추로 간한다.
2. 사과는 껍질 벗겨 웨이지(Wage)로 잘라 팬에 노릇하게 굽는다.
3. 2의 구운 사과에 적포도주를 조금씩 넣으면서 졸여, 갈색이 나면 설탕을 넣어 윤기나게 졸인다.
4. 후르츠칵테일은 백포도주에 졸여 전분을 풀어 농도를 맞춘다.
5. 오렌지는 껍질을 벗겨 웨이지(Wage)로 썰어 놓고 껍질은 곱게 채썰어 놓는다.
6. 사과, 멜론, 수박은 볼 커트기(Bowl Cutter)로 잘라 놓는다.
7. 파인애플은 백포도주, 오렌지주스, 설탕에 졸인다.
8. 오렌지 소스에 5의 오렌지 웨이지(Wage)를 넣어 졸여 준다.
9. 달궈진 팬에 1의 오리가슴살을 노릇노릇하게 구워 기름기를 빼준다.
10. 접시에 3의 졸인 사과, 4의 후르츠 칵테일을 담고 9의 구운 오리가슴살을 썰어 가지런히 담는다.
11. 10의 오리가슴살에 8의 오렌지 웨이지(Orange Wage)를 얹고 6, 7의 과일로 가니쉬(Garnish)한다.

Ingredient

- Duck Breast(오리가슴살) 200g
- Autumn Squash(단호박) 200g
- Grape Can(캔포도) 100g
- Apple(사과) 150g
- Orange(오렌지) 2ea
- Cherry Tomato(방울토마토) 3ea
- Starch(전분) 10g
- Thyme(다임) 5g
- Rosemary(로즈마리) 5g
- Red Wine(적포도주) 200mL
- Orange Juice(오렌지주스) 150mL
- Melon(멜론) 10g
- Watermalon(수박) 10g
- Fruit Cocktail(후르츠칵테일) 20g
- Pepper Mint(페퍼민트) 5g
- Pineapple(파인애플) 20g
- Grape(포도) 10g
- Sugar(설탕) 조금
- Salt(소금) 조금
- Pepper(후추) 조금

Memory Point

- 사과 콤포트 (Apple Compote)
  1. 사과는 껍질을 벗겨 웨지(wage)로 썰어 놓는다.
  2. 달궈진 팬에 1의 사과를 갈색이 나게 구워 준다.
  3. 2의 구운 사과에 레드와인을 조금씩 붓고 졸여 준다.
  4. 3의 졸인 사과에 설탕, 꿀, 다임, 월계수잎을 넣고 윤기나게 졸여 준다.
- 오렌지 소스 (Orange Sauce) p.137 참고

Part X

생선 (Pesce) 요리

1. 프로슈토 크루도로 감싼 가자미
2. 각종 해산물 그라탕
3. 해산물 라따뚜이와 왕새우 요리
4. 채소를 곁들인 홍합
5. 샤프란 리조또를 곁들인 농어구이
6. 바닷가재 그라탱
7. 모둠 콩을 곁들인 구운 연어
8. 고르곤졸라 소스를 곁들인 광어찜
9. 토마토 처트니를 곁들인 채소로 만 도미구이

Pesce

생선 요리

오늘날 여러 환경적 요인에 의해 어패류에 대한 선호도가 날로 증가하고 있는 추세이다. 어패류란 다른 육류에 비해 육질이 빠르게 변화하며 사후 1~2시간 사이에 경직현상이 일어난다. 사후경직이란 생선의 크기, 저장온도, 종류 등에 따라서 달라진다.

일반적으로 활발한 갈색의 생선이 흰 생선보다 자기소화가 빠르고, 담수어는 해수어보다 자기소화가 빨리 진행된다. 자기소화에 따라 일어나는 부패현상은 여러 유해물질을 발생시킨다. 악취가 생기기 전에 부패현상이 일어나므로 특별히 주의해야 한다.

어패류가 일년 중 맛이 가장 좋은 시기는 산란기 바로 전이라고 할 수 있다. 생선은 산란기 몇 개월 전부터 미리 산란 준비를 위해 먹이를 많이 먹기 때문에 육질이나 지방이 많아져 맛이 좋다. 하지만 산란기에 이미 알을 낳은 생선은 육질이나 맛이 떨어진다.

또한 생선은 조직이 연하기 때문에 조리하는 과정에서 모양을 유지하기 어려우며 특히 건열조리에서 생선살이나 껍질이 붙지 않게 하려면 브로일러나 팬에 기름을 둘러 높은 온도를 유지하여 껍질이나 조직이 잘 떨어지도록 해야 한다. 생선은 종류에 따라 조리법이 각기 다르며 생선을 너무 오랫동안 익히면 근육 섬유가 수축되어 질겨지게 된다.

조리과정에서 생선의 근육은 빠르게 수축된다. 짧고 가는 섬유로 이루어져 있기 때문에 부드러우며 조리 중 열에 의한 조직의 변화가 빨리 일어난다.

한편 생선을 구우면 비린내가 수분과 함께 휘발하고 단백질이나 지방 등이 타는 냄새가 구수하여 일반적으로 찌거나 삶은 생선보다 맛이 더 좋다.

주로 생선 요리는 찜이나 조림, 볶음, 팬 프라이, 구이요리가 중심이 된다. 익힌 채소나 생채소를 곁들여 먹는다.

이탈리아는 지역마다 특색 있는 요리가 만들어졌으며, 지역에 따라 잡히는 생선이나 해산물로 찜, 구이, 수프, 파스타 등 다양한 조리법이 발달하였다.

이탈리아의 북부지역의 트렌티노알토아디제 주는 알프스 산맥과 아디제강의 상류에 위치하고 있기 때문에 민물에서 잡은 신선한 생선을 이용해 소박하고 깔끔한 요리를 만들었다.

베네토 지역은 전통 요리가 유명하며, 가르다 호수와 베네치아 석호에서 잡은 생선과 해산물이 잘 알려져 있다. 그 중 바칼라(Baccalà)는 이탈리아어로 대구나 청어를 소금에 절여 만든 요리이다. 요리할 때는 소금기를 제거하기 위해 물에 담가 몇 번 씻은 후에 튀겨 먹거나 구워 먹는다. 이탈리아의 중부의 움브리아 지역의 요리에는 향신료를 많이 사용한다. 비옥한 토지를 갖고 있어 여러 채소와 송어, 민물고기, 농어, 대구 등의 생선이 많이 잡히고 조리법으로는 올리브 오일에 반죽을 하여 튀기거나 끓여 먹는다.

마르케 주는 해안 지방으로 해산물과 생선이 풍부하여 생선 요리가 유명하다. 그 중 앙코나(Ancona) 지방의 13가지 생선을 넣고 만든 생선 수프가 가장 유명하다.

Prosciutto crudo
Wrapped Sole
2011

ITALIAN COOK 1

프로슈토 크루도로 감싼 가자미

Filetto di sogliola arrotolato nel prosciutto di parma

Recipe

1. 가자미(Sole)는 비늘과 내장을 제거한 후, 4등분으로 필렛(Fillet)한 후, 껍질을 벗겨 소금, 후추, 백포도주에 양념한다.
2. 프로슈토햄(Prosciutto crudo)은 얇게 슬라이스(Slice)한다.
3. 1의 가자미에 2의 슬라이스(Slice)한 프로슈토햄으로 감싸 준다.
4. 시금치는 깨끗이 씻은 후, 끓는 물에 데쳐 찬물에 식힌다.
5. 표고버섯은 손질하여 얇게 슬라이스(Slice)한 후, 4의 시금치와 함께 소금, 후추로 간하여 볶아 준다.
6. 방울토마토는 데친 후, 껍질을 벗겨 설탕, 소금, 올리브오일에 양념하여 예열된 68℃ 오븐에서 굽는다.
7. 감자, 당근은 볼 커트기(Bowl Cutter)로 자른 후, 끓는 물에 삶는다.
8. 7의 삶은 감자는 버터, 소금, 후추에 간하여 볶고, 당근은 버터, 레몬주스, 설탕에 졸여 준다.
9. 아루굴라는 올리브오일, 식초, 소금, 후추로 간하여 버무린다.
10. 아스파라거스는 끓는 물에 데친 후 2cm 길이로 썰어 소금, 후추로 양념하여 볶는다.
11. 달궈진 팬에 3의 말아 놓은 가자미를 노릇하게 굽는다.
12. 오렌지 껍질은 얇게 슬라이스(Slice)하여 오렌지 소스에 졸여 준다.
13. 접시에 4의 아스파라거스를 나란히 담고 11의 구운 가자미를 얹은 후, 12의 졸인 오렌지 껍질을 뿌려 준다.
14. 13의 가자미 주위에 5의 표고버섯, 시금치, 6의 방울토마토, 7의 감자, 당근을 곁들인다.

Ingredient

Sole(가자미) 200g
Prosciutto crudo(프로슈토 크루도) 100g
Onion(양파) 50g
Spinach(시금치) 50g
Asparagus(아스파라거스) 4ea
Cherry Tomato(방울토마토) 3ea
Lemon(레몬) 50g
Shiitake Mushroom(표고버섯) 50g
Garlic(마늘) 10g / Egg(달걀) 1ea
Arugula(아루굴라) 50g
Italian Parsley(이탈리아 파슬리) 10g
Butter(버터) 20g
White Wine(백포도주) 20mL
Red Wine(적포도주) 20mL
Lemon Juice(레몬주스) 10mL
Potato(감자) 20g / Carrot(당근) 20g
Balsamic Sauce(발사믹 소스) 20mL
Vinegar(식초) 10mL
Brussels Sprouts(브뤼셀 수프라우트) 50g
Salt(소금) 조금 / Pepper(후추) 조금

Memory Point

- 드라이 방울토마토 (Dry cherry tomato)
  1. 방울토마토는 끓는 물에 데친 후 찬물에 식혀 껍질을 벗긴다.
  2. 1의 방울토마토에 올리브오일, 설탕, 소금, 통후추로 양념을 한다.
  3. 예열된 68℃ 오븐에서 천천히 말린다.
- 발사믹 소스 (Balsamic Sauce) p.123 참고
- 토마토 소스 (Tomato Sauce) p.145 참고

Seafoods Gratinati

ITALIAN COOK 2

각종 해산물 그라탱

Frutti di mare Gratinati

Recipe

1. 홍합은 깨끗이 씻어 이물질과 수염을 제거한다.
2. 달궈진 자루냄비(Pot)에 다진(Chopped) 양파, 마늘, 대파, 홍합 순으로 볶아 백포도주로 졸인다.
3. 2의 졸인 홍합에 찬물을 붓고 끓인 후, 껍질과 살을 분리한다.
4. 모시조개는 소금물에 담가 해감시킨 후, 깨끗이 씻는다.
5. 모시조개는 3의 홍합과 동일하게 조리하여 껍질과 살을 분리한다.
6. 새우, 쭈꾸미, 랍스타, 오징어는 다이스(Dice)로 썰어 놓는다.
7. 양파, 양송이, 셀러리, 붉은 파프리카, 노란 파프리카는 다이스(Dice)로 썰어 놓는다.
8. 팬에 3, 5, 6의 해산물, 7의 채소를 볶아 준 후, 베샤멜 소스, 백포도주, 레몬주스를 넣어 졸여 준다.
9. 접시에 8의 해산물을 담고 토마토 소스를 뿌려 준 후 모짜렐라, 체다 치즈를 고루 뿌려 준다.
10. 살라만더(Salamander)에 8의 해산물을 노릇하게 색을 낸 후, 다진(Chopped) 이탈리아 파슬리를 뿌려 준다.

Ingredient

Mussel(홍합) 100g / Shrimp(새우) 100g
Shortnecked Clam(모시조개) 100g
Webfoot Octopus(주꾸미) 100g
Lobster(랍스타) 100g / Squid(오징어) 100g
Onion(양파) 50g / Garlic(마늘) 10g
Celery(셀러리) 50g
Button Mushroom(양송이) 50g
Red Paprika(붉은 파프리카) 50g
Yellow Paprika(노란 파프리카) 50g
White Wine(백포도주) 20mL
Lemon Juice(레몬주스) 10mL
Tomato Sauce(토마토 소스) 30mL
Mozzarella Cheese(모짜렐라 치즈) 50g
Italian Parsley(이탈리아 파슬리) 10g
Rosemary(로즈마리) 5g
Bread Crumbs(빵가루) 10g
Olive Oil(올리브오일) 20mL
Cherry Tomato(방울토마토) 3ea
Peppercorn(통후추) 조금
Flour(밀가루) 20g / Butter(버터) 20g
Fresh Cream(생크림) 200mL
Cheddar Cheese(체다 치즈) 20g
Salt(소금) 조금 / Pepper(후추) 조금

Memory Point

Seafood Ratatouille with Giant Shrimp

ITALIAN COOK 3

해산물 라따뚜이와 왕새우 요리

Ratatouille di frutti di mare con gambero gigante

Recipe

1. 대하(King Prawm)는 머리, 내장을 제거한 후, 꼬리 부분의 껍질을 제외한 나머지 껍질을 벗긴다.
2. 1의 대하 배쪽부분에 칼집을 넣고 소금, 후추, 백포도주, 레몬주스로 간한다.
3. 관자, 새우, 홍합은 손질하여 다이스(Dice)로 썰어 놓는다.
4. 양파, 당근, 붉은 파프리카, 애호박, 가지, 토마토는 다이스(Dice)로 썰어 놓는다.
5. 달궈진 팬에 3의 해산물을 볶다가 4의 채소를 넣고 볶아 준 후, 토마토 페이스트, 소금, 후추로 간하여 볶는다.
6. 사과는 둥글게 썰어 팬에 갈색이 나게 볶은 후, 설탕, 적포도주로 졸인다.
7. 팬에 마늘을 노릇하게 볶은 후, 오븐에서 익힌다.
8. 달궈진 팬에 2의 새우를 노릇하게 굽는다.
9. 바게트는 얇게 슬라이스(Slice)하여 둥근 몰드(Mold)에 감싸 오븐에 굽는다.
10. 접시에 둥근 몰드를 얹고 5의 해산물 라따뚜이를 채워 가볍게 눌러 준 후, 몰드(Mold)를 빼고 8의 새우를 얹는다.
11. 9의 구운 바게트에 크레숑을 소복이 담고 10의 새우 위에 얹는다.
12. 크레숑 퓌레와 발사믹 소스를 11의 새우 주위에 뿌려 준다.

Ingredient

King Prawm(왕새우) 3ea
Onion(양파) 100g / Potato(감자) 100g
Carrot(당근) 100g / Tomato(토마토) 1ea
Red Paprika(붉은 파프리카) 100g
Squash(애호박) 100g
Yellow Paprika(노란 파프리카) 100g
Egg Plant(가지) 80g
Tomato Paste(토마토 페이스트) 50g
Scallop(관자) 100g
Balsamic Sauce(발사믹 소스) 50mL
Butter(버터) 50g / Shrimp(새우) 100g
Mussel(홍합) 80g / Cresson(크레송) 50g
Chervil(처빌) 5g / Dill(딜) 5g
Basil(바질) 100g / Pine Nut(잣) 10g
Parmesan Cheese(파르메산 치즈) 10g
Apple(사과) 80g
Red Wine(적포도주) 150mL
Baguette(바게트) 10g / Garlic(마늘) 2ea
Italian Parsley(이탈리아 파슬리) 5g
Salt(소금) 조금 / Pepper(후추) 조금

Memory Point

- 해산물 라따뚜이(Seafood Ratatouille)
  1. 마늘을 곱게 다져(Chopped) 놓는다.
  2. 새우, 관자, 홍합은 손질하여 스몰 다이스(small dice)로 썰어 놓는다.
  3. 양파, 당근, 가지, 애호박, 파프리카는 스몰 다이스(small dice)로 썰어 놓는다.
  4. 토마토는 콩카세(tomato concasse)로 썰어 놓는다.
  5. 이탈리아 파슬리, 다임은 굵게 다져(Chopped) 놓는다.
  6. 달궈진 팬에 1의 마늘, 2의 해산물, 3의 채소 순으로 볶아 준다.
  7. 6의 볶은 채소에 토마토 페이스트를 넣고 다시 한번 볶아 소금, 후추로 양념한다.
  8. 7의 내용물에 다진 이탈리아 파슬리, 다임, 토마토 콩카세(tomato concasse)를 넣어 완성한다.
- 블루베리 소스(Blue Berry Sauce) p.131 참고
- 크레숑 소스(Cresson Sauce) p.144 참고

Mussel with Assorted Vegetables

ITALIAN COOK 4

채소를 곁들인 홍합

Cozze con verdure miste

Recipe

1. 홍합은 깨끗이 씻어 이물질과 수염을 제거한다.
2. 달궈진 자루냄비(Pot)에 다진(Chopped) 양파, 마늘, 대파, 홍합 순으로 볶아 백포도주로 졸인다.
3. 2의 졸인 홍합에 찬물을 붓고 끓인 후, 껍질과 살을 분리한다.
4. 양파, 붉은, 노랑 파프리카, 애호박, 가지, 토마토는 스몰 다이스(Small Dice)로 썰어 놓는다.
5. 달궈진 팬에 4의 채소를 토마토 페이스트, 소금, 후추로 간하여 볶는다.
6. 3의 홍합에 5의 볶은 채소를 담은 후, 파르메산 치즈, 빵가루, 다진(chopped) 이탈리아 파슬리를 뿌려 살라만더(Salamander)에 노릇하게 색을 낸다.
7. 6의 구운 홍합에 처빌, 딜을 얹어 가니쉬(Garnish)한다.

Ingredient

Mussel(홍합) 200g
Shortnecked Clam(모시조개) 100g
Onion(양파) 100g
Red Paprika(붉은 파프리카) 100g
Yellow Paprika(노란 파프리카) 100g
Squash(애호박) 50g
Egg Plant(가지) 50g
Leek(대파) 50g
Garlic(마늘) 20g
Lemon(레몬) 20g
Tomato(토마토) 1ea
Peppercorn(통후추) 조금
Parmesan Cheese(파르메산 치즈) 20g
Tomato Paste(토마토 페이스트) 20g
Bread Crumbs(빵가루) 20g
Italian Parsley(이탈리아 파슬리) 10g
White Wine(백포도주) 50mL
Lemon Juice(레몬주스) 10mL
Olive Oil(올리브오일) 20mL
Dill(딜) 5g
Chervil(처빌) 5g
Pepper(후추) 조금
Salt(소금) 조금

Memory Point

- 채소 육수 (Vegetable Stock) p.113 참고

Pan-Fried Sea Bass and Saffron Risotto

ITALIAN COOK 5

샤프란 리조또를 곁들인 농어구이

Risotto allo zafferano con filetto di branzino In padella

Recipe

1. 농어(Sea Bass)는 비닐과 내장을 제거한 후 두쪽으로 펠레(Filet)하여 200g 잘라, 껍질쪽에 칼집을 넣는다.
2. 1의 농어에 다진(Chopped)허브, 백포도주, 레몬주스, 소금, 후추로 간한다.
3. 비트는 곱게 채썰어 레드와인 식초, 올리브오일에 살짝 버무린다.
4. 아스파라거스는 끓는 물에 데쳐 석쇠(Grill)에 굽는다.
5. 토마토는 웨이지(Wage)로 썰어 올리브오일, 허브찹, 소금, 설탕 간하여 오븐에서 천천히 굽는다.
6. 감자는 채칼로 길게 썰어 둥근 몰드(Mold)에 감아 튀긴다.
7. 달궈진 팬에 올리브오일을 두르고 2의 농어를 노릇하게 천천히 굽는다.
8. 접시에 샤프란 리조또를 둥글게 담고 7의 구운 농어를 얹는다.
9. 8의 구운 농어 위에 3의 비트, 4의 아스파라거스를 올리고 5의 토마토, 6의 튀긴 감자링을 곁들어 준다.
10. 이탈리안 소스, 피스타치오 가루를 9의 농어 주위에 함께 뿌려 준다.

Ingredient

Bass(농어) 200g / Saffron(샤프란) 2g
Red Paprika(붉은 파프리카) 100g
Orange Paprika(주황 파프리카) 100g
Yellow Paprika(노란 파프리카) 100g
Shrimp(새우) 50g / Potato(감자) 100g
Asparagus(아스파라거스) 50g
Beet(비트) 50g / Parsley(파슬리) 10g
Rosemary(로즈마리) 10g / Thyme(다임) 10g
Dried Tomato(말린 토마토) 20g
Rice(쌀) / Radish(래디시) 10g
Bread Crumbs(빵가루) 20g
Flour(밀가루) 20g / Milk(우유) 100mL
White Wine(백포도주) 20mL
Pistachio(피스타치오) 20g
Chicken Stock(닭 육수) 800mL
Fresh Cream(생크림) 100mL
Olive Oil(올리브오일) 10mL
Oregano(오레가노) 5g / Dill(딜) 5g
Parmesan Cheese(파르메산 치즈가루) 10g
Butter(버터) 20g / Onion(양파) 50g
Red Wine Vinegar(레드와인 식초) 20mL
Salt(소금) 조금 / Pepper(후추) 조금

Memory Point

· 샤프란 리조또 (Saffron Risotto)

1. 양파는 곱게 다져(Chopped) 놓는다.
2. 쌀은 깨끗이 씻어 물기를 제거한다.
3. 자루냄비(Pot)에 물을 부어 샤프란을 넣고 샤프란 육수(Stock)를 끓인다.
4. 달궈진 팬에 버터를 녹여 다진(Chopped) 양파를 볶은 후, 2의 쌀을 넣고 함께 볶아 준다.
5. 4의 볶은 쌀에 3의 샤프란 육수(Stock)를 1컵씩 부어가면서 볶아 준다.
6. 5의 쌀이 알 덴떼(al dente)로 익으면 버터, 파르메산 치즈, 다진(Chopped) 이탈리아 파슬리, 소금, 후추로 간한다.

Lobster Gratinati

ITALIAN COOK 6

바닷가재 그라탱

Aragosta gratinata al forno

Recipe

1. 양파, 파슬리, 처빌은 다져(Chopped) 놓는다.
2. 양송이는 다이스(Dice)로 썰어 놓는다.
3. 달궈진 팬에 버터를 두르고, 1의 다진 양파를 볶다가 2의 양송이를 넣고 살짝 볶아 준다.
4. 바닷가재는 머리부분을 제거한 후, 살은 분리하고 껍질은 깨끗이 손질하여 끓는 물에 데친다.
5. 1의 분리한 바닷가재살은 다이스(Dice)로 썰어 놓는다.
6. 3의 내용물에 5의 바닷가재, 백포도주, 레몬주스의 순서로 넣고 볶은 후, 바닥에 즙이 생기면 밀가루를 조금씩 뿌려주면서 농도 조절을 하여 소금, 후추로 간한다.
7. 4의 바닷가재 껍질 속에 6의 볶은 내용물을 담고, 베샤멜 소스와 체다 치즈를 뿌려준 후, 살라만더(Salamander)에서 노릇하게 색이 나면, 다진(Chopped) 파슬리, 처빌을 뿌린다.
8. 주꾸미, 오징어, 문어는 깨끗이 손질하여 슬라이스(Slice)하여 끓는 물에 살짝 데쳐 찬물에 식힌다.
9. 달궈진 팬에 8의 해산물, 백포도주, 레몬주스, 베샤멜 소스, 소금, 후추로 간하여 볶아 준다.
10. 채두콩, 브뤼셀 수프라우트(Brusse:s Sprouts)는 끓는 물에 데쳐 소금, 후추로 간하여 볶는다.
11. 접시에 7의 바닷가재 그라탱(Gratinati)을 담고, 9의 해산물, 10의 채소를 곁들인다.

Ingredient

- Lobster(바닷가재) 300g
- Onion(양파) 50g
- Webfoot Octopus(주꾸미) 20g
- Brusse;s Sprouts(브뤼셀 수프라우트) 20g
- Button Mushroom(양송이) 50g
- Lemon(레몬) 10g
- Garlic(마늘) 5g
- Radish(래디시) 20g
- Parmesan Cheese(파르메산 치즈) 20g
- Flour(밀가루) 10g
- Parsley(파슬리) 10g
- Chervil(처빌) 5g
- Butter(버터) 20g
- Bechamel Sauce(베샤멜 소스) 150mL
- Bearnaise Sauce(베어네즈 소스) 100mL
- White Wine(백포도주) 20mL
- Bean(채두콩) 20g
- Squid(오징어) 20g
- Cheddar Cheese(체다 치즈) 50g
- Octopus(문어) 20g
- Pepper(후추) 조금
- Salt(소금) 조금

Memory Point

- 베샤멜 소스(Bechamel Sauce) p.125, 베어네즈 소스(Bearnaise Sauce) p.128 참고

Grilled Salmon with Assorted Beans

ITALIAN COOK

7

모둠 콩을 곁들인 구운 연어

Salmone alla griglia con fagioli misti

Recipe

1. 연어(Salmon)는 비늘과 내장을 제거한 후, 2등분으로 필레(Filet)한다.
2. 1의 연어는 200g으로 썰어 다진(Chopped) 허브, 백포도주, 레몬주스, 소금, 후추로 간한다.
3. 강낭콩, 완두콩은 끓는 물에 데쳐 백포도주 소스, 소금, 후추로 간하여 살짝 볶는다.
4. 당근, 단호박은 볼 커터기(Bowl Cutter)로 잘라 끓는 물에 삶아 팬에서 노릇하게 볶는다.
5. 자루냄비(Pot)에 물을 끓여 브뤼셀 수프라우트(Brussels Sprouts)를 데쳐 찬물에 식힌다.
6. 감자는 삶아 체에 내려 꼭지모양으로 만들어 스타게티면을 꽂아 기름에 튀긴다.
7. 아보카도는 껍질을 벗겨 다이스(Dice)로 잘라 끓는 물에 데쳐 곱게 갈아 소금으로 간한다.
8. 블랙 올리브는 곱게 다져(Chopped) 물기를 제거한다.
9. 달궈진 팬에 2의 연어를 껍질 부분이 노릇하게 굽는다.
10. 접시에 3의 볶은 강낭콩, 완두콩을 담고 9의 구운 연어를 얹는다.
11. 10의 구운 연어에 4의 채소, 5의 브뤼셀 수프라우트, 6 감자, 7 아보카도, 8 블랙 올리브를 곁들인다.

Ingredient

- Salmon(연어) 200g
- White Wine(백포도주) 20mL
- Potato(감자) 150g
- Yellow Paprika(노란 파프리카) 100g
- Red Paprika(붉은 파프리카) 100g
- Carrot(당근) 50g / Pumpkin(단호박) 50g
- Onion(양파) 50g
- Black Olive(블랙 올리브) 60g
- Avocado(아보카도) 100g
- Garlic(마늘) 20g
- Kidney Bean(강낭콩) 50g
- Pea(완두콩) 50g / Dill(딜) 5g
- Rye Baguette(호밀 바게트) 10g
- Thyme(다임) 5g
- White Wine(백포도주) 50mL
- Brussels Sprouts(브뤼셀 수프라우트) 20g
- Lemon Juice(레몬주스) 10mL
- Spaghetti(스파게티) 10g
- Oregano(오레가노) 5g
- Salt(소금) 조금
- Pepper(후추) 조금

Memory Point

· 윌리엄 포테이토 (William patato)

1. 감자는 깨끗이 씻어 삶아 껍질을 벗긴 후, 고운 체에 내린다.
2. 1의 감자에 소금, 후추, 버터, 생크림을 넣어 혼합하여 준다.
3. 2의 감자를 작은 배(Pear)모양으로 만들어 밀가루, 달걀, 빵가루 순으로 묻혀 스파게티면을 위에 꽂아 준다.
4. 3의 내용물을 180℃의 튀김용 기름에 노릇하게 튀겨준 후 키친타월(Kitchen Towel)로 기름기를 제거한다.

Steamed Halibut with Gorgonzola Sauce

ITALIAN COOK 8

고르곤졸라 소스를 곁들인 광어찜

Halibut al vapore con salsa di gorgonzola

Recipe

1. 광어(Halibut)는 내장을 제거하여 두쪽으로 필레(Filet)하여 껍질을 벗긴다.
2. 1의 광어살을 60g씩 잘라 백포도주, 레몬주스, 소금, 후추로 간한다.
3. 찜기통에 물 1.8L를 붓고 셀러리, 양파, 대파, 파슬리줄기, 월계수잎, 통후추, 백포도주, 레몬, 소금을 넣고 중불에 은근하게 끓여 쿠르부용(Court Bouillom)을 만든다.
4. 자색 고구마를 삶아 고운 체에 내린 후, 우유, 설탕에 즐여 부드럽게 만든다.
5. 비트를 껍질을 벗긴 후 채썰어 적포도주, 식초, 올리브오일에 버무린다.
6. 단호박을 껍질을 벗겨 끓는 물에 삶는다.
7. 믹서기(Blender)에 그린, 블랙 올리브, 앤초비, 케이퍼를 곱게 갈아 넬모양으로 만든다.
8. 바게트는 얇게 썰어 예열된 180℃ 오븐에서 노릇하게 굽는다.
9. 크레숑은 끓는 물에 데쳐 믹서기(Blender)에 갈아 올리브오일, 소금, 후추로 간한다.
10. 3의 찜기에 2의 광어살을 넣고 약불에서 천천히 익힌다.
11. 접시에 고르곤졸라 소스를 충분히 뿌려준 후, 10의 익힌 광어살을 담는다.
12. 11의 광어살에 5의 비트, 6의 단호박, 7의 내용물을 각각 담고 9의 크레숑, 올리브오일을 뿌린다.

Ingredient

Halibut(광어) 200g
Black Olive(블랙 올리브) 50g
Green Oilve(그린 올리브) 50g
Beet(비트) 20g / Pumpkin(단호박) 50g
Carrot(당근) 50g
Sweet potato(고구마) 100g
Baguette(바게트) 20g
Gorgonzola Cheese(고르곤졸라 치즈) 20g
White Wine(백포도주) 20mL
Fresh Cream(생크림) 100mL
Milk(우유) 100mL / Flour(밀가루) 20g
Butter(버터) 20g / Basil(바질) 20g
Olive Oil(올리브오일) 20mL
Onion(양파) 20g
Lemon Juice(레몬주스) 10mL
Anchovy(앤초비)10g
Caper(케이퍼)10g
Cresson(크레숑) 50g
Peppercorn(통후추) 5g
Red Wine Vinegar(레드와인 식초) 20mL
Salt(소금) 조금
Pepper(후추) 조금
Sugar(설탕) 조금

Memory Point

· 고르곤졸라 소스(Gorgonzola Sauce) p.124 참고

Vegetable Wrapped Snapper and Tomato Chutney

ITALIAN COOK

9

토마토 처트니를 곁들인 채소로 만 도미구이

Orata arrotolata con chutney di pomodoro

Recipe

1. 도미(Snapper)는 비닐과 내장을 제거한 후, 두쪽으로 필레(Filet)하여 껍질을 벗긴다.
2. 1의 손질한 도미살은 200g으로 썰어 백포도주, 레몬주스, 소금, 후추로 간한다.
3. 감자, 당근, 애호박은 채소커터기(Vegetable Cutter)로 잘라 끓는 물에 데쳐 찬물에 식힌다.
4. 2의 도미살에 밀가루를 묻힌 후, 3의 감자, 당근, 애호박으로 촘촘히 말아 준다.
5. 대파는 곱게 채썰어 튀김기름에 바싹하게 튀겨 낸다.
6. 크레송은 끓는 물에 데쳐 곱게 갈아 퓌레를 만든다.
7. 브뤼셀 수프라우트(Brussels Sprouts)는 끓는 물에 데쳐 소금, 후추 간하여 살짝 볶는다.
8. 달궈진 팬에 4의 말아놓은 도미를 노릇하게 구워 준다.
9. 접시에 8의 도미를 담고 5의 튀긴 대파를 얹는다.
10. 토마토 처트니(Tomato Chutney), 파프리카 소스를 도미 주위로 뿌려 준다.

Ingredient

Snapper(도미) 200g / Onion(양파) 50g
Squash(애호박) 1/2ea / Carrot(당근) 1/2ea
Potato(감자) 1/2ea / Celery(셀러리) 20g
Brussels Sprouts(브뤼셀 수프라우트) 30g
Celery(샐러리) 30g / Leek(대파) 50g
Italian Parsley(이탈리아 파슬리) 10g
Red Paprika(붉은 파프리카) 50g
Garlic(마늘) 10g / Butter(버터) 10g
Orange Paprika(주황 파프리카) 50g
Fish Stock(생선 육수) 200mL
Fresh Cream(생크림) 100mL
White Wine(백포도주) 20mL
Lemon Juice(레몬주스) 10mL
Garlic(마늘) 10g
Onion(양파) 20g
Cresson(크레송) 20g
Olive Oil(올리브오일) 20mL
Tomato(토마토) 300g
Salt(소금) 조금
Pepper(후추) 조금

Memory Point

- 토마토 처트니 (Tomato Chuteny)
  1. 토마토는 끓는 물에 데쳐 껍질을 벗긴 후 토마토 콩카세(Tomato Concasse)로 썰어 놓는다.
  2. 양파는 껍질을 벗겨 브뤼누아즈(Brunoise)로 썰어 놓는다.
  3. 자루냄비(Pot)에 양파, 토마토를 볶은 후, 백포도주, 설탕, 월계수잎, 로즈마리, 다임을 넣어 윤기 나게 졸여 준다.
  4. 3의 내용물에서 향신료를 건져낸 후, 소금, 후추로 간하여 토마토 처트니(Tomato Chuteny)를 마무리한다.

Part XI

디저트 (Dolce)

1. 블루베리를 곁들인 바닐라 아이스크림
2. 딸기 무스 케이크
3. 초콜릿 타르트
4. 망고를 곁들인 마스카포네 치즈 케이크
5. 체리를 채운 산딸기, 망고 젤리
6. 신선한 여러가지 과일

Dolce

디저트

디저트는 프랑스어로 'Desservir'라 불리며 뜻은 '테이블을 치운다.' 라는 뜻이다.

고대 문명 때부터 자연에서 나는 천연 재료인 과일, 꿀, 견과류 등을 이용하여 만들어졌으며 사탕수수로 설탕을 제조하게 되면서 디저트를 만들어 먹었다. 과거에는 왕족과 부유층만이 접할 수 있는 귀한 음식으로 식사 중에 먹는 코스 요리 중 가장 마지막에 나왔다. 달콤한 맛이 나는 디저트는 식사 후에 먹음으로써 입안을 개운하게 하는 역할을 한다.

고대에 먹었던 케이크는 현재와는 달리 빵에 꿀을 발라 먹은 형태이거나 과일이나 견과류를 함께 먹는 정도였지만, 제빵 기술이 발전하면서 빵과 케이크가 발달해 다양한 형태의 디저트가 생겨나게 되었다. 디저트의 종류로는 아이스크림, 케이크, 파이, 과일, 초콜릿 등 다양하다.

디저트의 종류 중 아이스크림은 아랍에 의해 지배를 받던 시기에 다양한 과일나무가 수입되면서 과일즙과 리큐어(Liqueur)로 만든 셔벗(Sherbet)이라고 불리는 아이스크림의 한 종류가 생겨났다. 불어로는 소르베(Sorbet)라고 불린다. 그뿐만 아니라 아이스크림은 달걀과 우유 및 얼음을 배합하여 과일이나 초콜릿 등을 올려 만들 수 있다.

파이는 고대 이집트에서 '페이스트리'라고 불리는 빵에 꿀, 과일, 견과류 등을 첨가한 것에서 발전해 밀가루 반죽을 파이 그릇에 맞게 모양을 만들어 그 안에 곡물이나 고기 및 과일 등으로 속을 채워서 구운 디저트이다. 파이 반죽은 두껍고 바삭바삭하여 과일이나 커스터드 크림 및 푸딩과 같은 다양한 재료로 채워 만들기도 한다.

마스카포네(Mascarpone)는 이탈리아에서 유명한 치즈 중 하나로 티라미수(Tiramisu)의 주재료이다.

티라미수는 에스프레소 시럽에 담근 스펀지 케이크와 부드러운 크림 치즈를 사이사이에 넣고 쌓아 올려 코코아 가루를 맨 위에 뿌린 케이크이다.

몽블랑(Mont Blanc)은 이탈리아와 프랑스에서 만든 케이크의 종류로 밤 퓌레와 머랭을 이용해 만든 디저트이다. 이탈리아어로 '몬테비앙코(Monte Bianco)'로 흰 산이라는 뜻이다. 모양은 과자 위에 생크림과 설탕을 섞은 크림 샹틸리(Creme Chantilly)를 얹어 밤 퓌레를 국수 모양으로 짜서 올린 것이다.

Vanilla Ice Cream with Blueberry

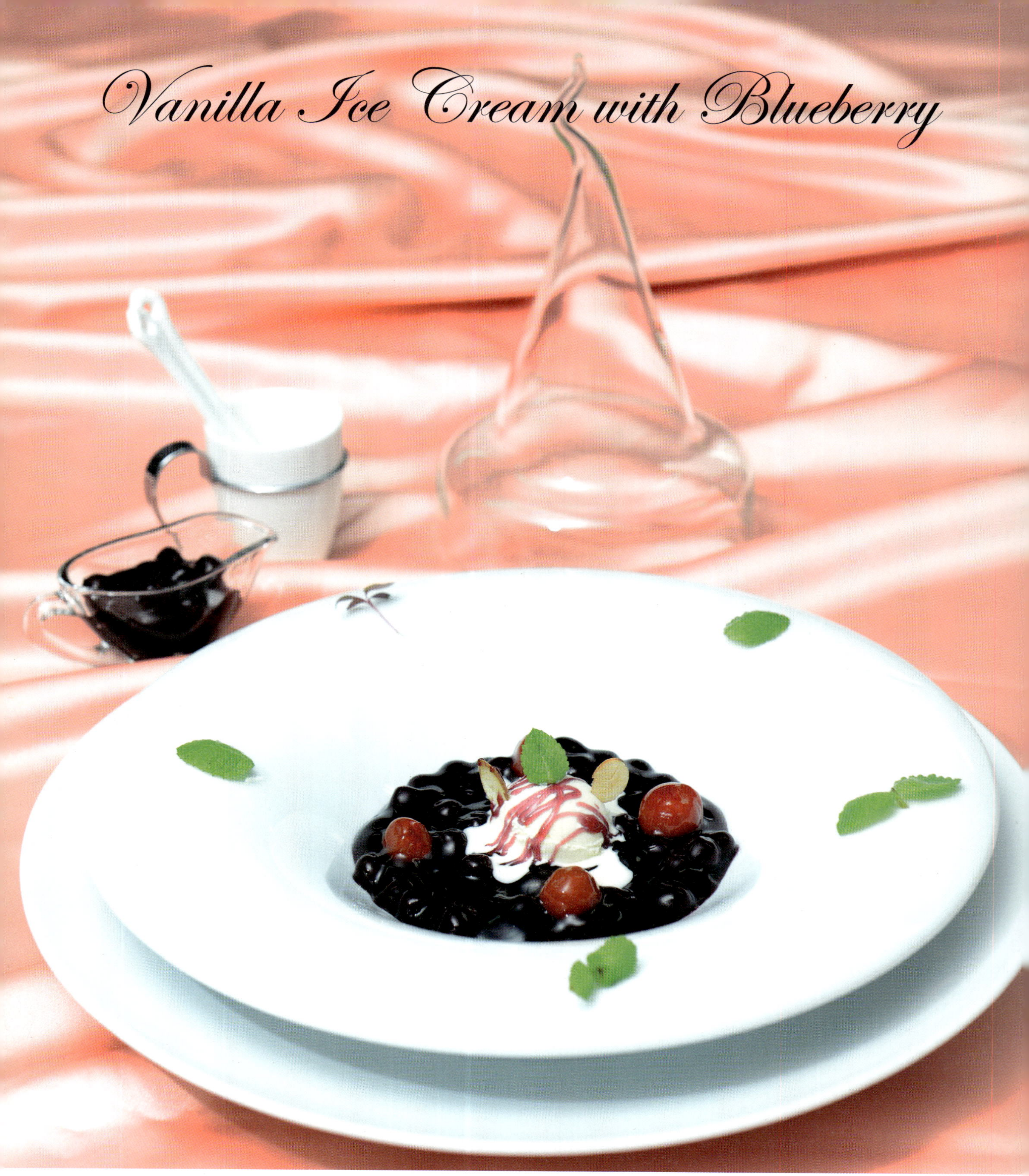

ITALIAN COOK 1

블루베리를 곁들인 바닐라 아이스크림

Gelato alla vaniglia con mirtilli

Recipe

1. 자루냄비(Pot)에 적포도주(Red Wine)를 붓고 끓인다.
2. 1의 졸인 적포도주에 다크 체리를 넣고 함께 졸인다.
3. 2의 다크 체리에 전분을 넣고 농도를 보면서 졸여 준다.
4. 마지막에 버터를 넣고 불을 끄고, 천천히 녹여 저어 준다.
5. 접시에 4의 다크 체리를 담고 바닐라 아이스크림을 스쿱(Scoop)을 이용해 동그랗게 떠서 위에 올린다.
6. 5의 다크 체리와 아이스크림에 민트로 가니쉬(Garnish)한다.

Ingredient

Dark cherry(다크 체리) 100g
Cherry(체리) 3ea
Starch(전분) 10g
Mint(민트) 4leaf
Vanilla Ice Cream 50g
(바닐라 아이스크림)
Red Wine(적포도주) 50mL
Water(물) 30mL
Butter(버터) 30g
Sugar(설탕) 10g

Memory Point

Strawberry Mousse Cake

ITALIAN COOK 2

딸기 무스 케이크

Mousse alle fragole

Recipe

1. 스펀지 시트를 만든다.
2. 믹싱 볼(Mixing Bowl)에 생크림과 설탕을 넣고 80% 정도까지 휘핑(Whipping)한다.
3. 젤라틴(Gelatin)은 찬물에 불려 따뜻한 물로 중탕시킨다
4. 믹서기(Blender)에 딸기를 곱게 갈아 산딸기 퓌레와 섞어 준다.
5. 2의 휘핑(Whipping)한 생크림에 3의 젤라틴과 4의 딸기 퓌레를 섞는다.
6. 사각 무스틀(Mousse Mold)에 스펀지 시트를 깔고 5의 구스를 채워 냉동고에 굳힌다.
7. 6의 무스(Mousse)에 생크림을 발라 과일을 올려 준다.

Ingredient

Strawberry(딸기) 50g
Fresh Cream(생크림) 150mL
Raspberry Puree(산딸기 퓌레) 100g
Gelatin(젤라틴) 10g
Sugar(설탕) 20g
Weak flour(박력분) 20g
Egg(달걀) 2ea
Milk(우유) 20mL
Butter(버터) 30g

Memory Point

- 스펀지 시트(Sponge Sheet)
  1. 믹싱 볼(Mixing Bowl)에 버터를 담아 크림상태로 부드럽게 풀어 준다.
  2. 1의 녹인 버터에 설탕과 달걀을 넣고 아이코리색이 날 때까지 거품기(Whisk)로 저어 준다.
  3. 2의 내용물에 우유를 조금씩 넣으면서 거품기(Whisk)로 저어 준다.
  4. 3의 내용물에 체에 내린 밀가루를 넣고 주걱으로 잘 섞어 준다.
  5. 예열된 180℃ 오븐에서 10분 정도 구워 준다.

Chocolate Tart

ITALIAN COOK 3

초콜릿 타르트

Torta al cioccolato

Recipe

1. 믹싱 볼(Mixing Bowl)에 버터를 담아 크림상태로 부드럽게 풀어 준다.
2. 1의 녹은 버터에 달걀노른자, 설탕을 넣어 아이보리색이 날 때까지 거품기(Whisk)로 저어 준다.
3. 2의 내용물에 체에 내린 밀가루, 코코아파우더, 슈거파우더, 베이킹파우더를 넣고 잘 섞어 준다.
4. 3의 반죽을 랩에 싸서 냉장고에서 30분 정도 숙성시킨다.
5. 숙성시킨 반죽을 꺼내 바닥에 붙지 않도록 밀가루를 뿌린 후, 3mm 두께로 밀어 펴 준다.
6. 5의 타르트(Tart) 반죽은 예열된 180℃ 오븐에서 굽는다.
7. 6의 구운 타르트(Tart)를 식힌 후, 크림치즈무스를 짤주머니에 담아 짜 준다.
8. 7의 내용물에 신선한 과일로 장식해 준다.

Ingredient

Weak flour(박력분) 100g
Cocoa powder(코코아파우더) 20g
Sugar Powder(슈거파우더) 50g
Baking powder(베이킹파우더) 1g
Sugar(설탕) 60g
Butter(버터) 80g
Grape(포도) 10g
Orange(오렌지) 10g
Cherry(체리) 1ea
Cream Cheese(크림 치즈) 80g
Egg(달걀) 2ea
Fresh Cream(생크림) 100mL
Gelatin(젤라틴) 10g

Memory Point

- 크림치즈무스(Cream Cheese Mousse)
  1. 믹싱 볼(Mixing Bowl)에 달걀노른자, 설탕을 넣고 아이보리색이 날 때까지 거품기(Whisk)로 저어 준다.
  2. 1의 내용물에 크림 치즈를 넣고 섞는다.
  3. 믹싱 볼(Mixing Bowl)에 생크림, 설탕을 넣고 80% 정도로 휘핑(Whipping)한다.
  4. 젤라틴은 찬물에 불려 따뜻한 물로 중탕시킨다.
  5. 2의 내용물에 3의 휘핑 크림, 4의 젤라틴을 순서대로 넣어 혼합한다.

Mascarpone Cheese Cake with Mango Sauce

ITALIAN COOK 4

망고를 곁들인 마스카포네 치즈 케이크

Cheesecake al mascarpone con salsa di mango

Recipe

1. 믹싱 볼(Mixing Bowl)에 달걀노른자, 설탕을 넣고 아이보리색이 날 때까지 거품기(Whisk)로 저어 준다.
2. 1의 달걀노른자에 마스카포네 치즈를 넣고 섞어 준다.
3. 젤라틴은 잘게 잘라 찬물에 불린 후, 따뜻한 믈로 중탕시킨다.
4. 믹싱 볼(Mixing Bowl)에 생크림을 넣고 80% 정도로 휘핑(Whipping)한다.
5. 2의 내용물에 3의 녹인 젤라틴과 4의 휘핑 크림을 넣고 섞는다.
6. 사각 무스틀(Mousse Mold)에 비스킷 가루와 버터를 바닥에 깔아준 후, 5의 반죽을 채워 준다.
7. 6의 채운 내용물에 마스카포네 치즈를 올려 예열된 180℃ 오븐에 굽는다.

Ingredient

Mascarpone Cheese 50g
(마스카포네 치즈)
Fresh Cream(생크림) 100g
Chocolate(초콜릿) 20g
Mango(망고) 20g
Mango Puree(망고 퓌레) 40mL
Strawberry(딸기) 2ea
Egg(달걀) 2ea
Butter(버터) 80g
Gelatin(젤라틴) 10g
Sugar(설탕) 60g
Biscuit(비스킷 가루) 30g

Memory Point

- 망고 소스(Mango Sauce) p.120 참고

Raspberry and Mango Jelly

ITALIAN COOK

5

체리를 채운 산딸기, 망고 젤리

Jelly di Lampone e Mango

Recipe

1. 젤라틴은 찬물에 불려 따뜻한 물로 중탕시킨다.
2. 믹싱 볼(Mixing Bowl)에 설탕을 가열하여 천천히 녹인다.
3. 2의 녹인 설탕을 두 개의 믹싱 볼(Mixing Bowl)에 나누어 담아 1의 녹인 젤라틴(Gelatin)을 넣고 같이 섞는다.
4. 3의 믹싱 볼(Mixing Bowl)에 산딸기 퓌레와 망고 퓌레를 각각 나누어 넣고 섞어 준다.
5. 4의 망고 퓌레에는 망고를 다이스(Dice)로 썰어 넣어 혼합한다.
6. 4의 산딸기 퓌레에는 체리를 다이스(Dice)로 썰어 넣어 혼합한다.
7. 무스틀(Mousse Mold)에 5의 망고 젤리를 채워 굳힌 후, 그 위에 산딸기 젤리를 채워 냉장고에서 굳힌다.

Ingredient

Raspberry Puree(산딸기 퓌레) 50mL
Mango Puree(망고 퓌레) 50mL
Gelatin(젤라틴) 10g
Cherry(체리) 2ea
Mango(망고) 20g
Gold dust(금가루) 1g
Mint(민트) 2g
Green grape(청포도) 5g
Sugar(설탕) 40g

Memory Point

Fresh Fruits

ITALIAN COOK 6

신선한 여러 가지 과일

Frutta fresca

Recipe

1. 체리는 깨끗이 씻는다.
2. 멜론과 수박의 일부는 반으로 잘라 씨를 제거한 후, 껍질을 벗겨 삼각형으로 자른다.
3. 파인애플은 껍질을 벗겨 삼각형으로 자른다.
4. 수박과 멜론은 볼 커트기(Bowl Cutter)로 속을 파내어 볼모양을 내준다.
5. 청포도는 깨끗이 씻어 한 알씩 떼어 준다.
6. 접시에 2의 수박, 멜론, 3의 파인애플을 가지런히 세운 후, 4의 청포도를 가운데 담는다.
7. 6의 과일에 5의 수박, 멜론볼, 1의 체리를 곁들인다.

Ingredient

Watermelon(수박) 80g
Melon(멜론) 80g
Pineapple(파인애플) 100g
Cherry(체리) 1ea
Grape(포도) 10g
Green grape(청포도) 50g
Orange(오렌지) 50g
Peppermint(페퍼민트) 5g

Memory Point

부록

이탈리아 조리 용어

Fish 생선류

영어(English)	이탈리아(Italia)	한글(Korean)
Anchovy	Acciughe	앤초비
Cod	Baccala	대구
Dry Cod	Baccala	말린 대구
Dry shrimp	Secchi	말린 새우
Eel	Anguilla	뱀장어
Halibut	Impoglosso	광어
Herring	Arringa	청어
Monkfish	Pescatrice	아귀
Salmon	Salmone	연어
Sea bass	Branzino	농어
Sea Bream	Orata	도미
Tuna	Tonna	참치
Turtle	Tartauga	거북이
Pike	luccio	창 꽁치
Plaice	Pesce passera	가자미의 일종
Perch	Pesce persico	민물농어
Mackerel	Sgombro	고등어
Sturgeon	Sogliola	철갑상어
Trout	Trota	송어
Mullet	Cefalo	숭어
Yellow fin	Pisci spada	황새치
Sole	Solioia	가자미
Red mullet	Triglia	붉은숭어과 생선
Sardine	Sardine	정어리
Skate	Razza	홍어(가오리과)

Shell fish 갑각류

영어(English)	이탈리아(Italia)	한글(Korean)
king crab	Granchio	대게
Lobster	Aragosta	바닷가재
Mussel	Cozze	홍합
Octopus	Polipo	문어
Oyster	Ostriche	굴
Prawn	Scampi	참새우
Scallops	Capesante	관자
Sea Urchin	ricco di Mare	성게
Shrimp	Gamberi	새우
Squid	Calamari	오징어
Clam	Vongole	조개
Crab	Gamberi	게살
Cuttlefish	Calamari	갑오징어
Little squid	Calamaretto	주꾸미
Prawns	Gamberetti	대하
Shrimp large	Gamberi	새우

Beef 소고기류 1

영어(English)	이탈리아(Italia)	한글(Korean)
Beef	Manzo	소고기
Blood	Sangue	피
Bone Marrow	Midollo	사골
Bone	Ossa	뼈
Head	Testa	머리
Heart	Cuore	심장
Liver	Fegato	간
Ox Tail	Coda	소꼬리
Ox Tongue	Lingua	소 혀
Small Intestini	Intestini	염통

Beef 소고기류 2

영어(English)	이탈리아(Italia)	한글(Korean)
Stomach	Stomaco	위
Tripes	Trippe	내장
T-bone	Costata	티 뼈
Beef filet	Filetto di manzo	소고기 안심
Veal knuckle	Stinco di vitello	송아지의 무릎도가니
Calf's feet	Zampetto di vitello	송아지 발
Calf's head	Testina di vitello	송아지 머리
Calf's liver	Fegato di vitello	송아지 간
Calf's sweetbread	Animelle di vitello	송아지의 췌장, 흉선
Leg of veal	Coscia di vitello	송아지의 다리
Loin of veal	Lombata d' vitello	송아지의 등심
Roast sirlion of veal	Arrosta di vitello	오븐에 구운 송아지 등심
Smoked beef	Carne fumare	훈제한 소고기

Pork 돼지고기류

영어(English)	이탈리아(Italia)	한글(Korean)
Bacon	Panchotto	베이컨
Belly	Grasso	삼겹살
Bone	Ossa	뼈
Fillet	Fietto	안심
Liver	Fegato	간
Loin	Lonza	등심
Pork whole	Maiale	돼지고기
Skin	Pelle	껍질
Spare rib	Costine	갈비
Pork hock	Stinco di maiale	돼지발의 살
Leg of pork	Coscia of porce	돼지의 다리
Loin of pork	Lombata di porce	돼지의 등심

Poultry and Game 가금류와 조류

영어(English)	이탈리아(Italia)	한글(Korean)
Chicken breast	Pollo	닭가슴살
Chicken spring	Galleto	병아리
Duck	Anatra	오리
Lamb	Agnello	양
Quail	Quaglia	메추리
Rabbit	Conigilo	토끼
Turkey	Tacchino	거위
Chicken drumstick	Coscia di pollo	닭다리
Pheasant	Fagiano	꿩
Chicken breast	Petto di pollo	닭가슴살
Squab	Piccione	비둘기 새끼
Roast goose	Oca arrosto	오븐에 구운 거위
Goose liver	Fegato d'oca	거위 간
Gguinea fowl	Gallina faraona	뿔 닭
Heathcock	Urogallo	수멧 닭
Tteal	Alzavola	물오리
Spring chicken	Galletto	영계

Fruit 과일류 1

영어(English)	이탈리아(Italia)	한글(Korean)
Apple	Mela	사과
Apricot	Albiacocca	살구
Banana	Banana	바나나
Grape	Uva	포도
Grapefruit	Pompelmo	자몽
Kiwi	Kiwi	키위
Lemon	Limone	레몬
Mandarin	Mandarino	귤
Musk melon	Molone	멜론
Peaches	Pesche	복숭아

Fruit 과일류 2

영어(English)	이탈리아(Italia)	한글(Korean)
Pear	Pere	배
Persimmon	Kaki	감
Pineapple	Anans	파인애플
Plums	Prugne	자두
Strawberry	Pragole	딸기
Water Melon	Anguria	수박
Orange	Arancia	오렌지
Japanese persimmon	Cachi	단감
Chestnuts	Castagne	밤
Limes	Cedro	라임
Cherry	Ciliege	체리
Dates	Datteri	대추야자
Season fruit	Frutta fresca	계절과일
Fig	Fichi	무화과
Dry fruit	Frutta secca	마른과일
Raspberry	Lamponi	산딸기
Uva	Grape	포도
Plum	Prugna	자두
Dry Persimmon	Kaki secchi	곶감
Black currant	More	검은색의 건포도
Fruit dried	Frutta secca	말린 과일
Morello cherries	Marasche	검은 버찌(체리)
Mulberry	More	뽕나무, 오디
Quince	Cotogna	모과
Red currant	Ribes rosso	붉은 건포도
Raspberry	Lampone	나무딸기

Vegetables 채소 1

영어(English)	이탈리아(Italia)	한글(Korean)
Bean	Fagioli	콩
Beet	Barbabietoia	사탕무
Cabbage	Cavolo	양배추
Kale	Cavolo riccio	케일
Red cabbage	Cavolo rosso	적양배추
Brussels sprouts	Cavoini di bruxelles	작은 꽃양배추
Fava	Fava	잠두콩
Lettuce	Lattuga	상추
Lentil	Lenticchie	제비콩
Egg plant	Melanzana	가지
Turnip	Ravanello	무
Almond	Mandorle	아몬드
Walnut	Noce	호두
Peanut	Nocioline	땅콩
Angelica	Angelica	안젤리카, 멧두릅 속 식물
Artichoke	Carciofo	아티초크
Ahes	Ceneri	서양 물푸레나무, 목서 과식물
Barley	Orzo	보리
Fermented cabbage	Crauti	발효시킨 양배추
Gherkins	Cetriolini	작은 오이
Morels	Spungnole	그물버섯
Nettles	Ortiche	쐐기풀
Watercress	Cresinoe	물냉이
Whit soybean	Semi di soia	콩
Sweet pumpkin	Zucca	단호박
Wild onion	Copolli Selvatiche	양파
Leek	Porri	대파
Zucchini	Zucchina	애호박
Paprika	Parprica	파프리카
Mushroom	Funghi	양송이

Vegetables 채소 2

영어(English)	이탈리아(Italia)	한글(Korean)
Asparagus	Asparagi	아스파라거스
Beetroot	Rape	비트
Broccoli	Broccolo	브로콜리
Brussel Sprout	Cavoli di Brussel	양배추의 일종
Cabbage Red	Cavolo Rosso	붉은 양배추
Carrot	Carote	당근
Cauliflower	Cavolofioil	콜리플라워
Celery	Sedano	셀러리
Cherry tomato	Pomodorini	방울토마토
Chive	Cipollina	차이브
Corn fresh	Grano	옥수수
Cucumber	Cetrioil	오이
Egg plant	Melanzane	가지
Garlic	Aglio	마늘
Ginger	Ginger	생강
Green bean	Fagiolini	완두콩
Green pea	Piselli	강낭콩
Green pepper	Peperocino	후추
Leek	Porri	파
Lettuce Head	Lattuga	양상추
Mushroom	Funghi	버섯
Pimiento Green	Peperoni Vridi	파란 피망
Pimento Red	Peperoni rossi	빨간 피망
Potato	Patate	감자
Pumpkin	Zucca	호박
Shallot	Scalogno	샬롯
Spinach	Spinaci	시금치
Sweet potato	Patate Dolci	고구마

Herb and Spice 허브와 스파이스

영어(English)	이탈리아(Italia)	한글(Korean)
Basil	Bassilco	바질
Bay leaf	Alloro	월계수잎
Chervil	Cerfoglio	처빌
Cinnamon	Cannella	계피
Cloves	Chiodi di Garofano	정향
Coriander	Coriandolo	고수
Dill	Aneto	딜
Fennel	Finocchio	펜넬
Juniper berry	Ginepro	주니퍼베리
Marjoram	Maggiorana	마조람
Mint	Menta	민트
Mustard	Senape	겨자씨
Nutmeg	Noce Moscata	넛멕
Oregano	Origano	오레가노
Parsley	Prezzemolo	파슬리
Peppercorn	Pepe	후추
Rosemary	Rosmarino	로즈마리
Sage	Salvia	세이지
Tarragon	Estragone	타라곤
Thyme	Time	다임
Vanilla	Vaniglia	바닐라
Allspice	Pimienta especia	올스파이스
Aniseed	Anise	아니스(향신료)
Aroma	Aroma	향기
Curry	Curry	커리
Saffron	Zafferano	샤프란
Vanilla	Vaniglia	바닐라

Other 기타

영어(English)	이탈리아(Italia)	한글(Korean)
and	e(에)	그리고
Appetizer	Antipasti	전채요리
Bread	Pane	빵
Butter	Burro	버터
Caper	Capperi	케이퍼
Cheese	Formaggio	치즈
Chestnut	Castagne	밤
Cracker	Biscotti	비스킷
Cream	Crema	크림
East	Lievito	이스트
Egg	Uova	달걀
Egg yolk	Tuorlo	달걀노른자
Fish Pasta	Pasta di pesce	어포
Fish Stock	Fumetto di pesce	생선육수
For	Con	~를 위하여
Fresh cream	Panna	크림
Freash Milk	Latte	밀크
Fresh Yeast	Lievito	이스트
Honey	Miele	꿀
Ice Cream	Gellato	아이스크림
Mixed	Misto	섞은, 혼합의
of	di	~의, ~식으로
Oil	Olio	기름
Oven	Forno	오븐
Persimmon	Cachi	곶감
Raisin	Sultanina	건포도
Risotto	Risotto	이탈리아식 쌀 요리
Salad	Insalata	샐러드
Salt	Sala	소금
Sauce	Salsa	소스
Sausage	Salami	소시지

영어(English)	이탈리아(Italia)	한글(Korean)
Sea	Mare	바다
Stock	Brodo	육수
White cheese	Ricotta	하얀색 치즈
White soybean	Semi di Soia	콩
Wine	Vino	포도주
Vinegar	Aceto	식초
Caraway	Comino	캐러웨이
Seasoning, spices	Condimento	양념
Jelly	Conserva di frutta	과일 젤리
Aspic	Gelatina	아스픽 젤리
Fat	Grasso	지방
Ketchup	Ketchup	케첩
Bacon	Lardo	베이컨
Mayonnaise	Maionese	마요네즈
Margarine	Margarina	마가린
Cream	Salsa alla crema	크림
Soy sauce	Salsa forte	간장
Sugar	Zucchero	설탕
Anchovies	Acciughe	굵은 서양 멸치젓
Cold cut	Affettato misto	소시지의 일종
Smoked eel	Anguilla affumicata	훈제장어
Caviar	Caviale	철갑상어 알
Toasted bread	Bruschetta	구운 빵
Lobster cocktail	Cocktail di gamberetti	바닷가재 칵테일
Crab, crawfish	Gamberi	민물가재
Seafood	Mare	해산물
Pickled tongue	Lingua salmistrata	식초에 절인 소의 혀
Clear soup	Brodetto	맑은 수프
Thick soup	Mminestra	진한 수프
Noodle	Brodo	면 수프
Soup	Zuppa	수프

영어(English)	이탈리아(Italia)	한글(Korean)
Soft- boiled egg	Uova alla coque	반숙
Hard- boiled egg	Uova sode	완숙
Pickled cucumber	Cetriolini sottaceto	오이 피클
Pickled onion	Cipolline sottaceto	양파 피클
Corn meal mash	Polenta	옥수수가루
Dish of fried fish	Fritto di pesce	튀긴 생선요리
Lamb	Agnello	양고기
Abbacchio	Roast lamb	오븐에 구운 양고기
Suckling kid	Capretto	어린짐승
Venison	Capriolo	사슴고기
Wild boar	Cinghiale	멧돼지
Leg	Cosciotta	다리
Cutlet	Costoletta	얇게 저민 살코기
Veal cutlet	Costoletta di vitello	얇게 저민 송아지고기
Tenderloin	Filetto di carne	안심
Hare	Lepre	산토끼
Lung	Polmone	허파
Small veal escalopes	Piccata	잘게 썬 송아지고기
Blue cheese	Gorgonzola	블루 치즈
Gruyere cheese	Gruviere	그뤼에르 치즈
Mozzarella	Mozzarella	모짜렐라 치즈
Parmeasan cheese	Parmigiano	파르메산 치즈
Cream cheese	Stacchino	크림 치즈
Pudding	Budino	푸딩
Stewed fruit	Frutta cota	과일 조림
Cider	Sider	사과를 이용한 발효주
Apple cake	Totra di mele	사과 케이크
Cheese cake	Totra di ricotta	치즈 케이크
Alcoholic beverages	Alcolici	알코올 음료
Beer	Birra	맥주
Dark beer	Birra scura	흑맥주
Draft	Birra alla spina	생맥주

영어(English)	이탈리아(Italia)	한글(Korean)
Gin	Gin	진
Grog	Grog	그로그주
Liquor	Liquore	혼성주
Fruit juice	Succo di frutta	과일 주스
Lemon juice	Succo di limore	레몬주스
Juice	Succo	주스
Mineral water	Acqua minerale	천연 광천수
Water	Acqua	물
A cup of tea	Un te	차 한 잔
Candy	Dolciume	캔디
Chocolate	Cioccolata	초콜릿
Cookie	Biscotti	쿠키
Meringue	Meringa	머랭
Sherbet	Sorbetto	셔벗
Sugar	Zucchero	정제설탕
Cube sugar	Zzucchero	각설탕
Sweets	Dolci	후식
Fruit tart	Torta di frutta	과일 타르트
Whipped cream	Panna montata	휘핑한 크림
Alcohol	Alcole	알코올
Crust	Crosta	빵 껍질
Cup	Bacinella	컵
Cotage cheese	Cacio bianco	코티지 치즈
Cutlet	Costoletta	커틀렛
Daily menu	Carta del giorni	오늘의 메뉴
Deer	Cervo	사슴
Tender	Tenero	연한
Appetite	Appetito	식욕
Baker	Fornaio	빵 제조인
Banquet	Banchetto	연회
Dining room	Sala da pranzo	식당
Dough pasta	Pasta	파스타 반죽

영어(English)	이탈리아(Italia)	한글(Korean)
Egg yolk	Tuorlo d' uova	달걀의 노른자
Egg white	Albume	달걀의 흰자
Essence	Essenza	진한 수프
Bread crumb	Pangrattato	빵가루
Cake	Pasticceria	케이크
Fish paste	Pasta di pesce	어묵
Fish market	Pescheria	생선을 파는 가게
Forcemeat	Ripieno	테린, 빠테, 갈라틴을 만들기 위해 갈은 고기
Frog	Rana	개구리
Gastronome	Buongustaio	미식가
Gibelts	Frattaglie	내장
Gravy	Sugo	육즙
Grits	Orzo	거칠게 빻은 곡식
Hash	Carne tritata	다진 고기
Haunch	Coscia di capriolo	다리와 허리 중간 부위
Hazel nut	Nocciola	개암나무 열매
Head chef	Capo cuoco	조리장
Head waiter	Primo cameriere	수석 웨이터
Hotel	Albergo	호텔
Hunger	Appetito	배고픔
Kitchen	Cucina	부엌
Knife	Coltello	칼
Macaroni	Maccheroni	마카로니
Malt	Malto	엿기름
Manager	Direttore	지배인
Mashed potato	Passato di poate	매시드 포테이토
Fruit plate	Recipiente per frutta	과일 접시
Mould	Forma-stampo	틀
Mustard	Senape	양 겨자
Napkin	Tovagliolo	냅킨

영어(English)	이탈리아(Italia)	한글(Korean)
Mutton cutlet	Braciola di monton	양고기를 이용한 커틀렛
Noodles	Taghrini	국수류
Omelette	Frittata	오믈렛
Palate	Palato	미각
Pancake	Frittella	팬 케이크
Parings	Ritagle	껍질, 찌꺼기
Port	Vino di porto	포트와인
Punch	Ponce	펀치
Rice	Riso	쌀
Rolls	Panini	빵
Roebuck	Carriolo	노루
Rum	Rhum	럼주
Rye bread	Pane nero	호밀빵
Gingerbread	Pan pepao	생강빵
Salad	Insalata	샐러드
Semolina	Semolino	세몰리나
Sherry	Sherry	셰리주 (스페인 남부지역 백포도주)
Sieve	Staccio	고운 체
Skin	Pelle	껍질
Stomach	Stomaco	위
Tripes	Frippe	내장
Water bath	Bagno-maria	중탕냄비

이탈리아 조리용어(Professional Cooking Terminology)

영어(English)	이탈리아(Italia)	한글(Korean)
smoked	affumicato	훈제한
grilled	alla griglia	건열조리법(석쇠)
rare	al sangue	덜 익은
roasted	arrostito	건열조리법
well done	ben cotto	완전히 익힌
hot	caldo	뜨거운
seasoned	condito	양념한
pickled	conservato in slamoia	양념해 둔
baked	cotto al forno	건열요리법(오븐)
medium	cotto a meta	중간만 익힌
steamed	cotto a vapore	고온 증기로 익힌 요리
stewed	cotto in umido	장시간 익힌 요리
raw	croudo	생고기
hard	duro	단단한
tough	duro	질긴
stuffed / stuffing	farcito / ripieno	속을 채운
cold	freddo	찬 음식
deep fried	fritto bene	기름에 튀기는 것
boiled	lessato, bollito	습열 조리법(물로 끓이는 것)
mince	macinara	갈다
lean	margro	순 살코기
soft	morbido	연한
hot(spicy)	piccante	매운
slated	salato	염장처리
juicy	sugoso	주스가 풍부한
braised	stufato	오븐에서 소스나 육수를 첨가하여 조리하는 방법
slice	fetta	슬라이스

참고 문헌

• 강옥구 외, "최신 서양조리기술", 도서출판 아트디자인, 2007

• 김동일 외, "최신 이탈리아 요리", 대왕사, 2010

• 김세한 외, 새로운 고급 서양조리", 백산출판사, 2012

• 김현철 외, "호텔스 전통 서양요리", 훈민사, 2007

• 고범석, "이탈리아 요리의 세계", 훈민사, 2008

• 나영선 외, "올리브 향 가득한 이태리요리", 형설출판사, 1999

• 민계홍, "이태리요리", 백산출판사, 2012

• 정선이, "이탈리아 기행 예감출판사", 2004

• 안토니오 심, "안토니오 셰프의 이탈리아 요리", 도서출판 대가, 2012

• 양신철 외, "이탈리아요리", 대왕사, 2010

• 염진철, "기초 조리이론과 조리용어", 벽산출판사, 2007

• 오석태 외, "고급 서양조리", 지구문화사, 2010

• 이동열, "현대 이탈리아 요리", 훈민사, 2007

• 임성빈 외, "맛있는 이탈리아 요리", 도서출판 효일, 2004

• 최수근, "소스의 이론과 실제", 형설출판사,1988

• 최수근 외, "셰프가 알려주는 54가지 향신료 수첩", 우듬지, 2011

• 최효근 외, "디저트의 이론과 실제", 형설출판사, 2000

• 한춘섭 외, "정통 이태리 요리", 백산출판사, 2011

새로운 이탈리아 요리 [수정 제2판]

2014년 2월 25일 초판 발행
2017년 5월 20일 수정판 발행

저 자 김세한 · 정수식 · 공석길 · 김인환 · 박범우 · 박진수
손수익 · 안곤열 · 안 홍 · 이광일 · 채현석 · 허영욱

발행인 주 병 오

발행처 지구문화사 JIGU PUBLISHING Co.

주 소 경기도 파주시 회동길 209
파주출판문화정보산업단지

전 화 (031)955－7566 · 7577

F A X (031)955－7730

E-Mail jigupub@hanmail.net

등록번호 1979년 7월 13일 제957호

ISBN 978-89-7006-671-4 값 33,000원

FRANCIA
Monte Bianco
4.807 m
(15.771 pies)
Turín
MÓNACO
Golfo
del
León
ANDORRA
Córs
CIUDAD
ESPAÑA
0
100 Millas
0
100 Kilómetros
Mar de
Baleares
Sassa
Cerdeñ
Islas Baleares
(ESP.)
Mar Mediterráneo

AUSTRIA
HUNGR
Bolzano
Alpes
ESLOVENIA
Bergamo
Trieste
Milán
Brescia
CROACIA
Venecia
Verona
Padua
Parma
Po
BOSNIA Y
HERZEGOVI
Bolonia
La Spezia
Ravenna
Apeninos
Florencia
SAN MARINO
Pisa
Ancona
Siena
Perugia
Tíber
Elba
Terni
Pescara
Mar Adriático
DEL VATICANO
Roma
Foggia
Anzio
Bari
Nápoles
Olbia
Salerno
Capri
Nuoro
Oristano
Mar Tirreno
Cagliari
Cosenza
Catanzaro
Islas Lipari
Palermo
Messina
Reggio di Calabria
Trapani
Sicilia
Mte. Etna
Catania
Agrigento
Siracusa
Estrecho de Sicilia